新手开微店从入门到精通

紫　微　编著

清华大学出版社
北　京

内 容 简 介

本书包括9大专题，从安装、注册、开店、货源、商品等角度，帮你从新手成为微店高手；150个纯高手干货技巧，从店铺推广、商品管理、粉丝培育、微店运营、营销策略等方面，帮助你玩转微店，日入万金！

本书结构清晰、案例丰富、实战性强，适合微店卖家、淘宝网店卖家、网店客服、网店销售人员、在职白领、大学生、工薪阶层、家庭主妇、互联网与移动互联网营销的从业者，以及对微店与移动互联网营销感兴趣的读者，希望通过微店这个新领域获得第一桶金的投资者、创业者，也能从本书中汲取营养。

图书在版编目(CIP)数据

新手开微店从入门到精通/紫微编著. --北京：清华大学出版社，2015　（2015.11 重印）

ISBN 978-7-302-39744-1

I. ①新…　II. ①紫…　III. ①网络营销　IV. ①F713.36

中国版本图书馆CIP数据核字(2015)第071316号

责任编辑：杨作梅
装帧设计：杨玉兰
责任校对：马素伟
责任印制：沈　露

出版发行：清华大学出版社
网　址：http://www.tup.com.cn，http://www.wqbook.com
地　址：北京清华大学学研大厦 A 座　**邮　编**：100084
社总机：010-62770175　**邮　购**：010-62786544
投稿与读者服务：010-62776969，c-service@tup.tsinghua.edu.cn
质 量 反 馈：010-62772015，zhiliang@tup.tsinghua.edu.cn
印 刷 者：北京鑫丰华彩印有限公司
装 订 者：三河市溧源装订厂
经　销：全国新华书店
开　本：169mm×230mm　**印　张**：18.25　**字　数**：378 千字
版　次：2015 年 6 月第 1 版　**印　次**：2015 年 11 月第 2 次印刷
印　数：3001～4500
定　价：49.80 元

产品编号：061997-01

前言

写作驱动

二十年前的“商店时代”，造就了“国美”和“苏宁”。

十年前的“网店时代”，造就了“淘宝”“天猫”“京东”。

现在，“微店时代”来了！

随着微博、微信的发展，架设在这类平台上的电子商务新模式——微商，变得火热起来。远低于实体店和网店的门槛和运营成本，数以万计的潜在客户，造就了微店潜力无限的市场前景。

目前，微店还是一块待开发的新大陆，谁能抢先占领这个市场可能就是下一个电商巨头。本书紧随微店发展的趋势，详细讲解微店的运营流程和策略，帮助读者从微店新手迅速成长为电商高手。

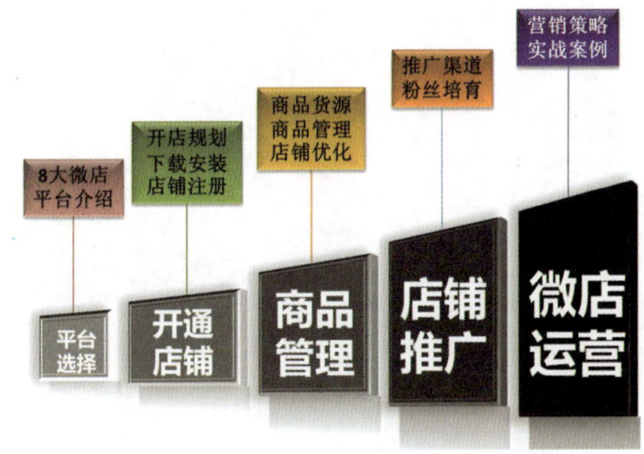

本书特色

(1) 图文结合，全程实战操作。笔者亲身实践，深入微店开店最前线，通过图表+步骤的方式，详细介绍微店开店运营的流程。

(2) 应用全面，策略技巧分享。总结微店主第一手经验，分享商品管理、店铺推广、购物流程、粉丝培育、营销运营等技巧策略。

(3) 内容丰富，微店专题讲解。9章微店运营专题、50多个专家指点、600多张实战操作图片，帮助读者看透微商，玩转微店。

本书内容

本书共分为9章，具体内容包括：微店基础知识速学、微店特色商城打造、微店管理平台的构建、微店推广渠道的开拓、微店购物流程的掌握、微店粉丝用户的培育、微店运营战略拓展、精通微店营销技巧、微商实战案例解析。

作者分工

本书由紫微编著，参与编写的还有谭贤、柏松、罗磊、向彬珊、苏高、罗林、刘嫔、宋金梅、曾杰、罗权、周旭阳、袁淑敏、谭俊杰、徐茜、杨端阳、谭中阳等人，在此表示感谢。由于编者知识水平有限，书中难免有错误和疏漏之处，恳请广大读者批评、指正，联系邮箱：licaijulebu@foxmail.com。

编　者

目录

第1章 微店基础知识速学 …… 1

1.1 初学必读，认识微店店铺 …… 2

1.1.1 微店的诞生与发展 …… 2
1.1.2 微店的营销前景 …… 3

1.2 深入了解，微店开店的优势 …… 5

1.2.1 与淘宝网店对比 …… 5
1.2.2 与官网直购对比 …… 6

1.3 焦点关注，微店的商业价值 …… 7

1.3.1 微店流量入口 …… 7
1.3.2 微店与传统电商 …… 9
1.3.3 微信LBS定位 …… 10

1.4 重点解析，微店的营销模式 …… 12

1.4.1 情感营销 …… 12
1.4.2 口碑营销 …… 12
1.4.3 植入营销 …… 13
1.4.4 价值营销 …… 14

第2章 微店特色商城打造 …… 19

2.1 前期规划，开店的必要准备工作 …… 20

2.1.1 店铺选择定位 …… 20
2.1.2 店铺的硬件准备 …… 23
2.1.3 确定开店平台 …… 24

2.2 快速掌握，微店的开店流程 …… 25

2.2.1 安装微店 …… 25
2.2.2 微店注册 …… 28
2.2.3 添加商品 …… 31
2.2.4 微店的应用 …… 34

2.3 基础设置，微店的优化须知 …… 41

2.3.1 店铺名称 …… 41
2.3.2 店铺图标 …… 43
2.3.3 微信号 …… 45
2.3.4 店铺公告 …… 47
2.3.5 运费设置 …… 48
2.3.6 更换店招 …… 51
2.3.7 担保交易 …… 53
2.3.8 货到付款 …… 55
2.3.9 注册信息 …… 57

第3章 微店管理平台的构建 …… 59

3.1 贴心服务，订单管理 …… 60

3.1.1 待处理的订单 …… 60
3.1.2 未付款的订单 …… 63
3.1.3 完成与关闭订单 …… 64
3.1.4 一键导出订单 …… 65

3.2 流量分析，销售管理 …… 66

3.2.1 成交订单 …… 66
3.2.2 成交金额 …… 67
3.2.3 每日访客 …… 67

3.3 行情把握，客户管理 …… 68

3.3.1 聊天消息 …… 68
3.3.2 客户管理 …… 69

3.4 优惠活动，促销管理 …… 70

3.4.1 促销原则 …… 70
3.4.2 促销管理 …… 72

3.5 店铺展示，商品管理 …… 74

3.5.1 选择目标商品 …… 74
3.5.2 寻求进货途径 …… 76
3.5.3 学会展示商品 …… 82
3.5.4 商品售后服务 …… 88

第 4 章 微店推广渠道的开拓 …… 89

4.1 全局掌握，微店推广策略 …… 90

4.1.1 淡定的心态 …… 90
4.1.2 向卖家学习 …… 90
4.1.3 精准的对象 …… 91
4.1.4 服务分销商 …… 92
4.1.5 巧用SEO利器 …… 92

4.2 重点分析，微信推广平台 …… 93

4.2.1 朋友圈推广 …… 93
4.2.2 扫一扫推广 …… 96
4.2.3 摇一摇推广 …… 98
4.2.4 附近的人推广 …… 99
4.2.5 漂流瓶推广 …… 100
4.2.6 群聊推广 …… 101
4.2.7 群发推广 …… 103

4.3 多管齐下，热门推广渠道 …… 105

4.3.1 QQ推广 …… 105
4.3.2 微博推广 …… 118
4.3.3 短信推广 …… 119
4.3.4 贴吧推广 …… 122
4.3.5 论坛推广 …… 125

4.4 我要推广，微店合作联盟 …… 129

4.4.1 友情店铺 …… 129

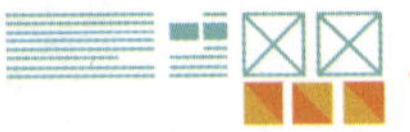

4.4.2 分成推广 ……131

第5章 微店购物流程的掌握 ……135

5.1 营销助力，微店购物入口 ……136

5.1.1 扫描二维码 ……136
5.1.2 口袋购物搜索 ……138
5.1.3 微信收藏夹 ……140
5.1.4 分享链接 ……141

5.2 全面了解，微店购物流程 ……142

5.2.1 选择商品 ……142
5.2.2 收货地址 ……145
5.2.3 买家支付 ……147

5.3 沟通交流，微店客服技巧 ……153

5.3.1 微店交流原则 ……153
5.3.2 微店沟通技巧 ……154

第6章 微店粉丝用户的培育 ……157

6.1 精准定位，寻找海量粉丝 ……158

6.1.1 微信关系链 ……158
6.1.2 增加QQ粉丝 ……164
6.1.3 微博赚粉丝 ……165

6.2 打造品牌，获取目标粉丝 ……169

6.2.1 准确定位 ……169
6.2.2 用户需求 ……171
6.2.3 内容为王 ……175

6.3 用心互动，赢得粉丝信任 ……177

6.3.1 微信互动 ……177

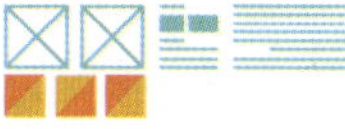

6.3.2 微博互动 …………………………………………180

第7章 微店运营战略拓展 …………………………………………185

7.1 平台一览，微店运营策略 ………………………………186

7.1.1 微信小店 …………………………………………186
7.1.2 口袋通 …………………………………………197
7.1.3 微店网 …………………………………………203
7.1.4 京东微店 …………………………………………208
7.1.5 微猫平台 …………………………………………211
7.1.6 开旺铺 …………………………………………216
7.1.7 中兴微品会 …………………………………………219

7.2 实战经营，提高用户转化率 ………………………………221

7.2.1 产品款式 …………………………………………221
7.2.2 商品描述 …………………………………………222
7.2.3 商品销量 …………………………………………222
7.2.4 商品价格 …………………………………………222

第8章 精通微店营销技巧 …………………………………………223

8.1 准确把握，微店营销布局 ………………………………224

8.1.1 了解企业营销布局 …………………………………………224
8.1.2 去哪儿网营销布局 …………………………………………225
8.1.3 微店成功案例剖析 …………………………………………229

8.2 重点应用，微信营销策略 ………………………………230

8.2.1 自我分析 …………………………………………231
8.2.2 前期准备 …………………………………………232
8.2.3 营销策略 …………………………………………234
8.2.4 如何增粉 …………………………………………236
8.2.5 注意事项 …………………………………………236

8.3 微店运营，商品营销技巧 …… 237

8.3.1 提升商品曝光率 …… 237
8.3.2 提升商品搜索排名 …… 242
8.3.3 通过数据优化商品 …… 246
8.3.4 通过促销增加销量 …… 247
8.3.5 通过互动留住客户 …… 250

第9章 微商实战案例解析 …… 253

9.1 营销运营，微信电商O2O …… 254

9.1.1 微信、微店与O2O …… 254
9.1.2 借助微店：卫浴企业体验O2O …… 255
9.1.3 挑茶工：借拍拍微店转型O2O …… 256
9.1.4 永辉微店：O2O商业平台 …… 258
9.1.5 海底捞火锅：玩转O2O营销 …… 259
9.1.6 天虹微店：打造O2O商城 …… 261
9.1.7 奔驰Smart：微信O2O助威 …… 262

9.2 店铺价值，打造核心品牌 …… 264

9.2.1 唯品会：微信品牌运营 …… 264
9.2.2 维也纳酒店：关注微信粉丝 …… 265
9.2.3 星巴克：极致体验提升品牌 …… 267
9.2.4 小米手机：品牌营销策略 …… 268
9.2.5 万达影院：功能齐全打造品牌 …… 272

9.3 成效卓越，微店成功案例 …… 273

9.3.1 工科男的水果微店 …… 273
9.3.2 微信出售水果拼盘 …… 274
9.3.3 浙师大微店卖牛奶 …… 275
9.3.4 大学生微信卖鲜花 …… 276
9.3.5 图书行业微信卖书 …… 276
9.3.6 中老年群体微店代购 …… 278

第 1 章
微店基础知识速学

目前，我国已经成为世界上移动互联网用户最多的国家，并且随着智能手机的普及，根植于移动终端的微型电商开始火热起来。尤其是在微信平台推出之后，许多创业者从这款聊天工具中找到了商机，微店便是其中之一，本章将针对微店的基础知识，进行重点讲解。

- 初学必读，认识微店店铺
- 深入了解，微店开店的优势
- 焦点关注，微店的商业价值
- 重点解析，微店的营销模式

1.1 初学必读，认识微店店铺

随着移动互联网的兴起，微店已经在不知不觉中吸引了许多商家与创业者的加入。在诸多微店交易、推广平台中，以它命名的微店APP可以说是全球领先的云推广平台。

微店APP由北京口袋时尚科技有限公司开发，是帮助卖家在手机端开店的软件。作为移动端的新型产物，任何人通过手机号码即可开通自己的店铺，并通过一键分享到SNS(Social Network Services，即社会性网络服务)平台来宣传自己的店铺并促成交易。微店降低了开店的门槛和复杂手续，回款为1～2个工作日，且不收任何费用。

微店的诞生，标志着以互联网技术为基础的电子商务特别是网络交易迈入一个全新的阶段，即将成为一个新兴的电子商务性的创业平台。

如今，以“微店”为代表的微店铺平台层出不穷，陆续推出的平台包括微信小店、口袋通、微店网、京东微店、微猫平台、开旺铺、中兴微品会等。笔者使用的运营平台为口袋购物推出的微店，读者如果想要了解其他开店平台，可以在本书第7章的“平台一览，微店运营策略”中进行详细了解。

1.1.1 微店的诞生与发展

有人曾总结了我国近二十年的“店铺历程”：二十年前，“商店时代”造就了百亿“国美”与“苏宁”；十年前，“网店时代”造就了千亿“淘宝”“天猫”“京东”；如今，“微店时代”来临了。店铺发展的历程如图1.1所示

图1.1 店铺发展历程

微店是什么？通俗一点的讲法，它是一种微型的电子商店。如今大家对网上购物情有独钟，借着微信普及的“东风”，微店也迅速发展起来。

专家提醒

微信的发展经历了三个重要的发展阶段，第一阶段是平台化，即打通QQ、邮箱、手机等产品，整理用户关系链；第二阶段是社交多维化，利用LBS\摇一摇、漂流瓶等增加社交方式；第三阶段是电商化，这也是微店诞生的契机所在。

1.1.2 微店的营销前景

微店为什么会这么火呢？微店究竟能不能发展壮大呢？就营销层面而言，由于微店还处于探索阶段，在较长的一段时间内，它需要不断地探索和完善。而从现有已经发现的势头来看，它的影响力和发展空间是不可估量的，待正式走上轨道后，必将有排山倒海之势。

1. 营销优势

想要了解微店的营销前景，我们首先可以从微店的营销优势入手。作为一种新型的商业模式，微店的门槛和风险都较低，最适合的人群是大学生、白领、上班族、家庭主妇等，而这类人群的特点：一是数量庞大，二是时间比较零碎，而微店则从以下几个方面为其创造一个非常方便的兼职创业平台。

(1) 开通微店方便简单，用户只需花上很短的时间注册就可以了。

(2) 在推广过程中，店长可以介绍更多的人一起来开店，同学、朋友、亲人都可以，一旦注册成功，这些人就自动成为你的分销商，分销商越多，就会有越多的人为你推广和赚取佣金，如图1.2所示。

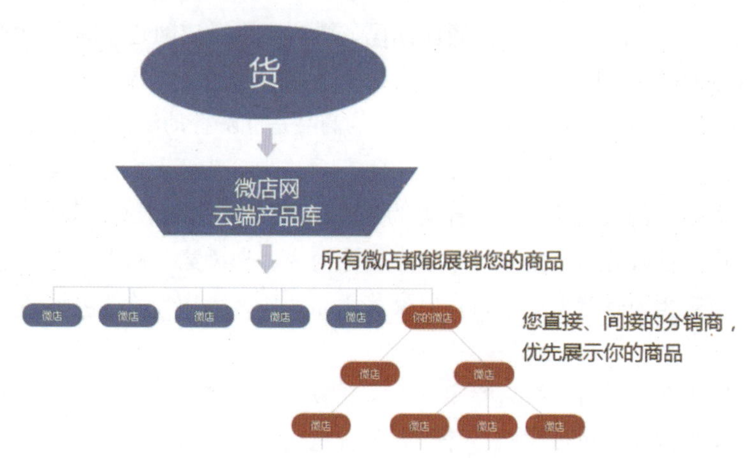

图1.2 微店分销模式

(3) 开微店的成本较低，风险较小，最重要的是，店长无须担心货源，也不用自己处理售前、售中、售后的服务，更不必跟踪物流。

2．商业模式分析

微店的商业模式，是我国当前电商模式的重要组成部分，而目前的电商生态，主要由供应商、消费者、电商平台三部分组成，下面我们结合这三个方面，对微店的营销模式进行分析。

(1) 供应商。这里指的是衣食住行各个行业的经营者，他们掌握着货源，处在整个供应链的上游，是中国电商最重要，也是最有商业价值的组成部分。但是，这类人主要的营业收入依然来自线下传统渠道，因为他们对依托于互联网的电商平台一知半解，而微店则为他们解决了这一难题。

微店为供应商做的是有积累的网络渠道推广，分销商的传播体系，为供应商做的是双通道的信息传播：一方面，供应商的产品能在海量的微店被消费者找到，微店主既是推广者，也是消费者，他们与微店网建立的强链接，不断为供应商带来利好。另一方面，在供应商自身的分销体系内，其直接、间接分销商，都会优先展示该供应商的商品，分销商发展分销商，无限多级，传播体系很庞大，供应商只需把链接发出去，就拥有了这种永久绑定的强链接。这样的模式，决定了供应商传播的广度和深度。

(2) 消费者。我国当前电商的消费者，主要来自庞大的网民群体，这类人囊括了社会各个阶层的人，包括学生、白领、公务员、教师、工人、科研人员等，如此海量的消费者潜在群体，为微店的发展壮大提供了基础。

可以说大部分的微店主都是资深网民，微店主跟微店网建立的是一种强链接关系，他自己的微店，既是他的创业平台，也是他家庭朋友网购的首选。只要上游货品质量有保障，中间服务做得贴心，微店的商品是能够打动消费者的。

(3) 电商平台。目前的电商平台五花八门，主要分为两大类：一类是服务平台，以阿里、天猫、淘宝、京东、苏宁等为代表(还有部分团购网站、特卖网站)。它们把商家、产品都搬到一个集中的平台来，让消费者来浏览、购买，相当于线下的集中市场；第二类为直营电商平台，以聚美优品、凡客为代表，这类平台主要出售自身企业的商品。

对比以上两大平台，微店除了有电子商务平台的属性之外，还有创业平台的属性，即为草根网民提供低门槛、凭借勤劳智慧获取回报的创业平台。微店还可以为供应商提供有积累的网络推广渠道，而这种渠道的建设并非不断往微店平台扔钱，

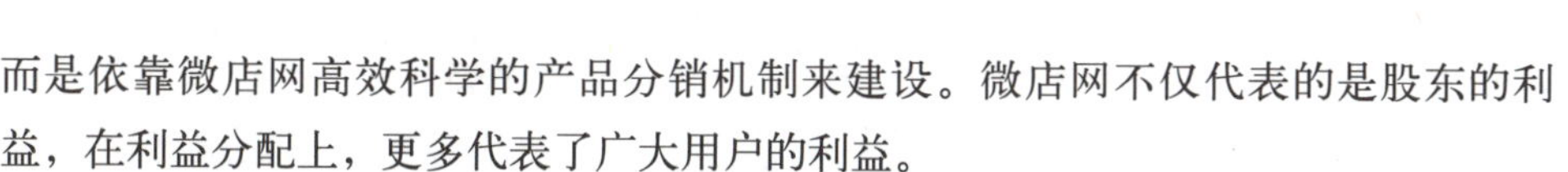

而是依靠微店网高效科学的产品分销机制来建设。微店网不仅代表的是股东的利益，在利益分配上，更多代表了广大用户的利益。

专家提醒

从供应商利益角度，微店模式有利于提高他们的效率，减轻了他们的推广难度，轻松建立了网上分销渠道。从消费者利益角度，微店为他们提供了免费的创业平台，为他们带来了额外的收入，因此他们是欢迎微店模式的。

1.2 深入了解，微店开店的优势

拥有一个属于自己的微店，主要有以下三大优势：一是不收任何费用，无须押金，给你一座网上商城；二是无须进货，只要花5秒钟注册；三是一台电脑、一根网线，即可开始掘金。那么，对比淘宝网站以及商品官网，微店又有哪些优势呢？

1.2.1 与淘宝网店对比

淘宝网店是中国阿里巴巴集团旗下淘宝网商务平台所经营的互联网虚拟商店的总称，是目前中国最大的网络实体店铺和各类零售供货商的汇集地，如图1.3所示。

图1.3 淘宝网店

淘宝网作为第三方电子商务站点向其注册用户提供相关互联网商务服务，用户可选择性地缴纳一定的租赁金用于平台分支域名空间，即个人独立的淘宝网店。

现在淘宝网是中国最大的网店聚合平台，几乎全部的个人网商都在淘宝网有个人网店，而大量的宣传带来了巨大的流量，几乎每一个年轻人都知道在淘宝网可以买到便宜的东西。面对人气如此旺的网店，微店有哪些优势呢？请看表1.1。

表 1.1　微店与淘宝的区别

对比项目	微　店	淘　宝
成本	无须押金、无须加盟费，完全零成本	需要缴纳1000元的保证金
找货源	所有品类的现货由厂家发上来，微店主无须找货源	需要店主自己联系货源
装修网店	现成的正品商城，无须装修网店	需要进行专业装修
发货	厂家直接给消费者发货，省时省力	需要店主自己打单发货
售后	售后由厂家直接服务，无须微店主负责	需要店主操心差评等
推广	让无数的人加盟你，逐个成为你的分销商，终身绑定，客户有积累	自己做推广，缺乏延续性

1.2.2　与官网直购对比

“官网直购”是指产品的生产企业开设的官方网店，更多的是指消费者直接到工厂店购买产品的一个过程。它改变了传统的消费过程中层层传递的模式，在消费者和生产商之间建立点对点的简单销售模式。“官网直购”好处多，如价格便宜，质量有保障，能买到产品最新款式等，如图1.4所示为太平洋直购网站。

图1.4　官网直购

对比其他网购模式，“官网直购”有以下几个优势。

(1) 价格便宜。相比于通过代购，或者通过香港网站购买国外产品而言，消费者

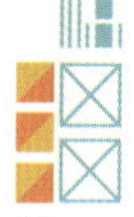

从外国官网购买产品的价格更加便宜，基本是便宜20%的幅度。

(2) 质量有保障。通过在香港网站或者淘宝上购买外国产品，不仅价格比较贵，而且产品质量是一个很难保证的问题。而通过“官网直购”的方式，产品的质量有保证，这样提高了很多消费者对这种购买方式的信心和关注度。

(3) 能买到产品最新款式。通过官网直购，能够买到厂家的最新产品，而不会再像以前那样，看到杂志、电视广告上宣传新产品，而自己在国内却处处找不到。

(4) 达到一定数量可以免邮费。很多官方网站的网购中，对消费者采用了购买物品达到一定数量邮费就可以免除的促销方式。这样消费者通过官网直购，只要达到规定的件数，就可以免除产品昂贵的邮费。

微店与官网直购的区别：首先两者的所有者不同，微店主大多是网民个人，而直购网站的所有者大都是企业而非个人；其次，官网直购这种模式是通过电子商务模式消除消费中间商的层次，从而简单化生产到购买的过程，微店则是一种中间商务平台，连接的是供应商与消费者。

1.3 焦点关注，微店的商业价值

微店将最先进的计算机云技术和传统电子商务有机结合，开创了全球第一个云销售电子商务模式，是商业模式的大胆创新和有益探索，是传统电子商务模式的继承和发展，具有开拓性、颠覆性、变革性、创造性和发展性。

1.3.1 微店流量入口

首先我们要了解什么是互联网流量入口，简单地说就是互联网上的入口，也可以俗称门户网站或分类连锁网站，就好像社会商业运作的品牌连锁店。上网的人总有一个落脚的地方，那就是网站、论坛、网店、虚拟社区、互联网上的专属地域等等，这些地方就形成了互联网的流量入口。

具体到电商的流量入口，则要提到淘宝网，因为这一规则起源于淘宝。一般的销售是通过店铺，然后才选择产品，店铺就是入口；而淘宝却是消费者先是通过产品才进入店铺的，所以入口是产品。对于微店来说，流量入口具有重要的商业价值。

(1) 微店作为流量入口的价值。对于产品销售商家来说，微店是一个新型的流量入口之一，微店主的特殊身份使得微店在为自身增加流量的同时，也通过商品为背后的供应商或同类店铺增加点击量。

(2) 消费者导流对微店的价值。这里重点要讲一下微信的入口价值，因为作为微店的载体与宣传工具，微信能够给电商网站带来较大的移动流量。

众所周知，在PC互联网时代，浏览器是重要入口，大多数内容获取来自浏览器的网址栏；而在移动互联网时代，规则变了，随着微信的黏性越来越大，微信越来越扮演着用户手机入口的角色，未来微信将扮演类似于PC超级浏览器的角色。

我们可以看到的是，在APP Store应用畅销排行榜上，前五名应用里面有三到四款来自接入微信平台的游戏。

其实，微店的流量导入并不简单，下面我们结合最新推出的拍拍微店为例，介绍京东是如何为拍拍微店注入流量的。如图1.5所示为拍拍微店。

图1.5　拍拍微店

目前拍拍微店订单中，40%订单来自于微信场景，20%来自于手机QQ场景，其余40%则来自QQ空间、微博、论坛等渠道。而目前的导流方式主要有以下三种。

(1) 通过微信和手机QQ的中心入口为微店导流，据了解，2014年10月底，手机QQ就为拍拍微店开辟入口，微信入口则先会在现有入口进行测试。在手机QQ上，拍拍微店还将利用腾讯的“社交关系链”上线“社交电商产品”。

(2) 商家可将微店链接分享到手机QQ、QQ群、微博、论坛等网络渠道，为解决这些场景下的交易问题，拍拍将提供跨账号的微信支付工具。

(3) 拍拍网将通过PC端的交易流程设计二维码引导、首页专业推荐、鼓励优惠价等方式为微店导流，同时，拍拍微店将会为商家提供腾讯广告工具——广点通进行引流，并对商家的广告投放进行1：1补贴。

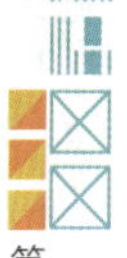

1.3.2 微店与传统电商

微店的商业模式可以简单概括为一句话：供应商把产品发到微店网，由无数的网民开设微店帮他去销售产品。这个商业模式里面，供应商获得了订单，微店主获得了交易佣金。如图1.6所示，通过对比微店模式与传统电商模式的区别，可以让创业者更加清楚地看到微店的商业价值。

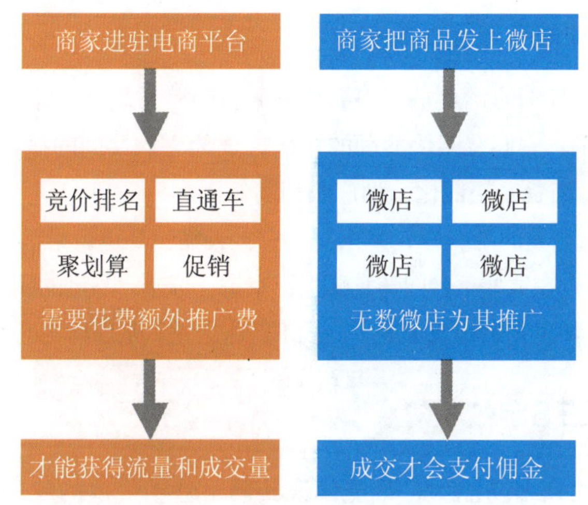

图1.6　传统电商与微店模式

微店模式与传统电商模式的区别主要表现为以下三点。

1. 电商分工进一步细化

传统电子商务平台，无论阿里、淘宝、天猫、京东、苏宁、1号店……无一例外都交给了企业老板一个模板网站，这个建立在大平台之上的模板网站要产生订单，老板还得会推广。

微店的做法：一方面，让老板在自己不擅长的网络推广中解放出来，把产品发布上来，就有无数的微店为其销售，自己只要处理好货源、客服、售后即可；另一方面，那些没有货源的“80后”“90后”，不需要满街找货，更不需要一笔笔给消费者发快递，整个微店就是一座天猫商城，衣、食、住、行、用、玩只要有人购买，自己就有了佣金。

2. 推广者与消费者的对立统一

电商平台的同质化，导致价格战，没有促销就没有销量，这仿佛成了行业惯

例。电商平台如何绑定消费者，成了一道无解之题。

在电商领域，网商一般就是供应商，他们自己找货源，推广自己的网店，让顾客进入购买。微店则让推广者与消费者统一起来，直接把全品类的商城开到消费者手里，整座商城都是消费者的，你可以做推广者，有人买了，你就有了佣金；自己有需要，就在自己的微店购买，佣金自己赚回来了，相当于购物打了个折。这样，消费者黏性会越来越强。

3．长尾碎片资源PK平台与品牌

天猫、京东、苏宁的特点是“强品牌强平台”，市场认同度高，成交转化率远远高于微店。然而，它们有四块共同的短板，成为它们共同的痛：供应商竞争白热化、平台同质化、消费者松散化、推广费用高等。

除了各种资源背景的不一样，京东、苏宁、天猫、易迅，给消费者的感觉并无区别，消费者可以游走在这些平台间随意购买；京东、苏宁、易迅的线下广告成本较高，淘宝的平面广告今年也开始铺天盖地了，线下广告之重，是压垮电商的最后一根稻草。

1.3.3 微信LBS定位

在微信营销的众多功能中，最能体现其网络营销价值的就是基于位置的社交LBS(Location Based Service)功能。在固定用户或移动用户之间，LBS完成定位和服务两大功能。它不仅让很多行业很便捷地在微信中投放促销优惠信息，而且促进了营销，如图1.7所示。

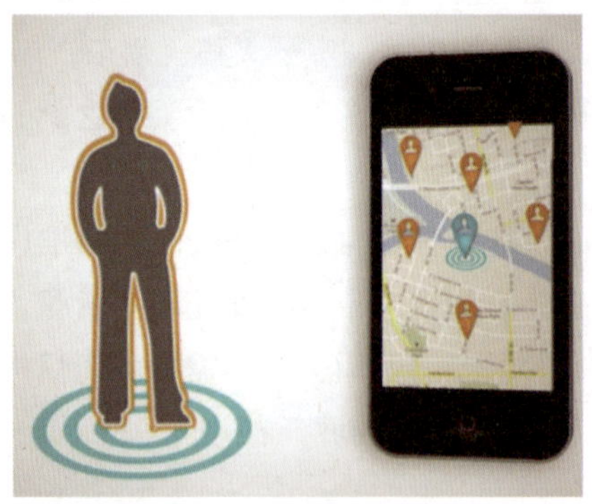

图1.7　LBS定位功能

LBS定位对于微店的营销推广有极大的助力，依托于微信平台的微店，能够利用LBS功能准确地定位用户，同时宣传自己，其价值主要表现在以下两点。

1. 找朋友功能

通过“找朋友”功能，准确快速地定位周边可到达的店面的潜在微信群体，发布新店的开张地址、优惠活动和礼品赠送等信息。微信结合位置签名LBS功能，用户可以根据自己所在的地理位置查找到附近的微信用户。系统不仅显示附近用户的姓名等基本信息，而且会显示用户签名档的内容，如图1.8所示。

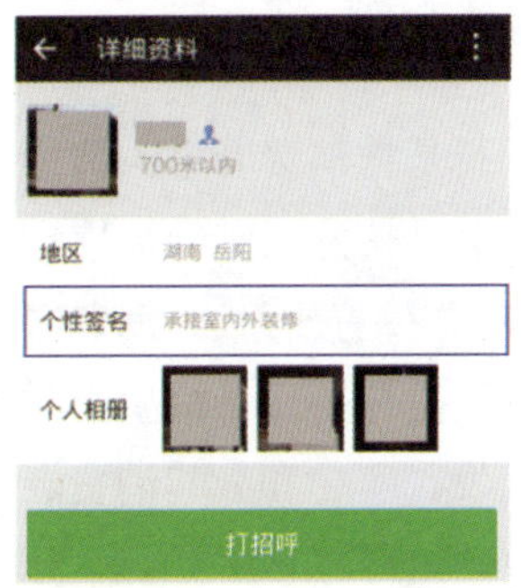

图1.8　微信找朋友

2. LBS移动广告

利用微信“查看附近的人”的功能插件，到人流最旺盛的地方溜达一圈；这时候“查看附近的人”的微信使用者足够多，大部分人都看到了你的微信广告，这个简单的签名栏会变成最流行、最有价值的移动广告位，如图1.9所示。

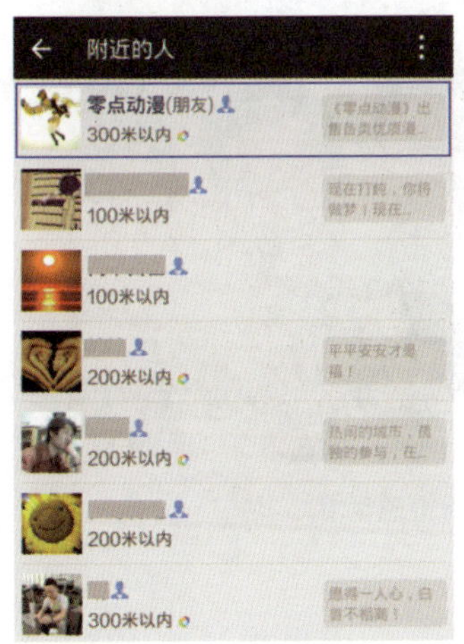

图1.9　微信“移动广告位”

1.4 重点解析，微店的营销模式

微店的营销模式是利用分销以小博大，常用的营销模式是在社交圈里发链接做推广，发展下线分销商并赚取交易佣金。此外，微店还可以利用情感营销、口碑营销等营销模式。

1.4.1 情感营销

情感营销就是把消费者个人情感差异和需求作为企业品牌营销战略的核心，通过借助情感包装、情感促销、情感广告、情感口碑、情感设计等策略来实现企业的经营目标。在情感消费时代，消费者购买商品所看重的已不是商品数量的多少以及价钱的高低，而是为了一种情感上的满足、一种心理上的认同。情感营销从消费者的情感需要出发，唤起和激起消费者的情感需求，诱导消费者心灵上的共鸣，寓情感于营销之中，让有情的营销赢得无情的竞争。

情感营销策略适合数字营销策略的第三阶段“增强用户黏度”，比如之前在微博上火热的百事可乐的“把乐带回家”微电影，用情感抓住用户，一般在节日推广时常使用，如图1.10所示。

图1.10　百事可乐情感营销

1.4.2 口碑营销

对于根植于微信朋友圈的微店来说，除了在微店上推广，店主们多通过微博、

微信、朋友圈等方式传播。据悉，微店初期都是通过在朋友圈刷屏、朋友推荐以及好的产品口碑等方式实现口口相传，因此，口碑产品对于微店的宣传尤其重要。

此外，微店店主们在微店上发布完产品后，往往会通过其他社交平台与顾客进行一对一联系。大多店主一般会先试用产品，然后将体验效果告诉客户，同时交流一些心得，建立与顾客之间的信任感，因为好的产品就会吸引回头客，口碑营销显得尤为重要。如图1.11所示为某微店在微信以及QQ空间的推广。

图1.11　微店朋友圈口碑营销

朋友圈是一个可以极快建立信任感的圈子，而且这种信任感有很快的传播优势，几乎是在以几何级数扩大。有了信任度，才有长期而稳定的客户，同时也降低了机会成本的投入。微信生意圈打的是“口碑营销”和“熟人经济”两张牌。从营销学的角度来说，它是“信任营销”的又一次尝试。基于熟人关系的买卖，因为有了感情的掺杂，很难单纯。目前，在“朋友圈”里的买卖没有第三方的介入、监管，买卖双方的每一次“交易”，都需要冒着经济和情感的双重风险。

专家提醒

微信平台是天然的CRM(Customer Relationship Management)平台，因此微店主可以充分利用亿级粉丝的优势，通过引入电商信息化系统，利用数据挖掘，整合各平台的数据及客户数据，实现精准营销。

1.4.3　植入营销

植入营销通常是指将产品或品牌及其代表性的视觉符号甚至服务内容策略性融入电影、电视节目等各种内容之中，通过场景的再现，让观众在不知不觉中留下对

产品及品牌的印象，继而达到营销产品的目的。图1.12所示为《变形金刚4》中植入的伊利“舒化奶”的广告。

我们经常在众多电影、电视剧中看到不同品牌的植入，然而微店推广中一样可以借用，微视频的火爆，植入可以直接照搬到网络平台，同时在各种以内容输出的平台上，均可以实现，比如网络游戏、微博段子、长微博图文，甚至小说之中。

图1.12　电影广告植入

1.4.4　价值营销

价值营销(Value Marketing)是微店对抗价格战的出路，也是微店真正成功的关键所在。价值营销是相对于价格营销提出的，“价值营销”不同于“价格营销”，它通过向顾客提供最有价值的产品与服务，创造出新的竞争优势而取胜。

消费者在决定购买商品之前，通常会先在心中衡量购买成本与商品价值，当购买成本一侧加重时，则很难达成交易；而倾向于商品价值时，交易则可以顺利达成。因此，只有商品价值与购买成本在消费者心中达到一种平衡或拥有更高的商品价值认定，消费者才可能会购买。

此时，微店商家就可以绘制一张消费心理天平图，天平的一侧列出消费者购买商品可以获得的各种价值，另一侧则是消费者购买商品所要付出的各种成本。只要增加天平上商品价值一侧的筹码，同时减少各项顾客的购买成本，商品就会很容易销售出去。

1．增加商品价值

在微店中，一件商品的价值不完全是由其物理属性决定的，更多的是由消费者

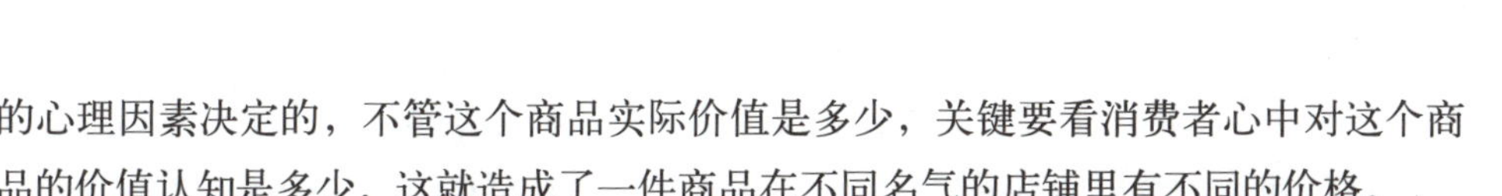

的心理因素决定的，不管这个商品实际价值是多少，关键要看消费者心中对这个商品的价值认知是多少，这就造成了一件商品在不同名气的店铺里有不同的价格。

当一件商品的物理属性价值无法提升时，微店卖家可以增加顾客对商品的心理价值筹码，使交易天平向商品价值一方倾斜，从而提高成交率。提高商品心理价值的方法很多，不同的行业需要根据行业特点与自身情况进行探索，以下介绍6种基本可以在微店中使用的方法。

(1) 塑造产品与品牌文化。品牌文化(Brand Culture)是指通过赋予品牌深刻而丰富的文化内涵，建立鲜明的品牌定位，并充分利用各种强有效的内外部传播途径形成消费者对品牌在精神上的高度认同，创造品牌信仰，最终形成强烈的品牌忠诚。品牌文化可以为商品创造出心理价值超过物理价值几倍，甚至几十倍的奇迹。例如，星巴克、哈雷、香奈儿等品牌都是在用品牌与文化等感性价值因素赚着超过其他品牌几倍的溢价。

(2) 提升商品品位。提升商品品位的方式很多，如提高商品品质、强化商品外观、打造个性化商品等。

(3) 为商品注入感情。当一件商品具有了感性的因素，就可以打破价格的桎梏，让情感因素来为商品加分，比如，为商品起一个带有情感内涵的名字、背后有一个感人的故事等。例如，星巴克对其商品的命名和介绍就非常有感情，如图1.13所示。

图1.13　充满感情的商品名称与介绍

(4) 巧设终端。一件商品摆放在不同场所，其价值便会不同，比如，同样一件衣服，在普通淘宝店卖50元，摆在天猫店里卖200元，在官方旗舰店则可以卖到500

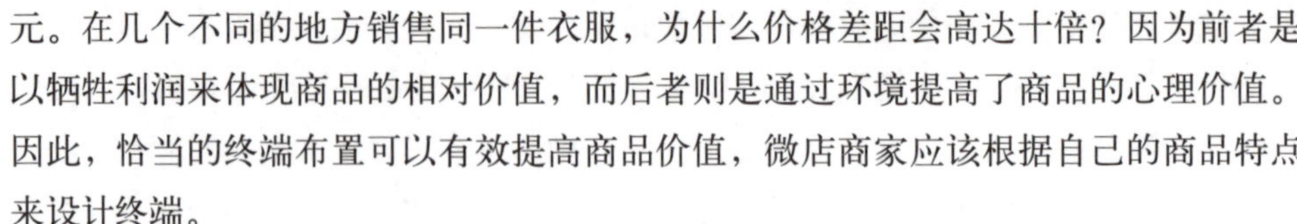

元。在几个不同的地方销售同一件衣服，为什么价格差距会高达十倍？因为前者是以牺牲利润来体现商品的相对价值，而后者则是通过环境提高了商品的心理价值。因此，恰当的终端布置可以有效提高商品价值，微店商家应该根据自己的商品特点来设计终端。

(5) 将价值说出去。根据微店产品特点，对销售人员或客服人员进行销售技巧的培训非常重要，因为广告、渠道等做得再好，也需要他们把商品的价值传达给消费者，所以重视对销售人员的培训也是增加商品价值的重要手段。

(6) 巧妙打折。现在的微店市场中，产品一旦滞销，大多数微店商家就认为是产品已经缺乏竞争力，急忙加大广告投入、提高促销力度、升级或淘汰产品等，最常用的方法就是降价打折。降价的确可以促进销售，但也具有两大致命缺点：丧失产品利润；可能会对品牌的形象造成损伤。此时，为了不降低商品价值与利润，微店卖家可以采取一种“丢车保帅”的做法：保证主体商品不降价，但是附赠一些小赠品，这样一来，既保住了品牌的形象，又赚足了利润。

2. 减少购买成本

根据微店行业的不同，消费者购买成本的构成也不同，大致可分为4种：时间成本、体力成本、选择成本及风险成本。微店商家可以通过以下方法来降低或消除这些成本，从而促进消费者的购买意愿。

(1) 时间成本。俗话说“时间就是金钱”，减少顾客的时间成本非常必要。微店商家可以优化微店的营销或购物流程，尽量减去那些多余的、麻烦的步骤，可以为顾客创造出更多的价值。

(2) 体力成本。根据行业的不同，减少顾客体力成本的方式也很多，比如送货上门、在网络上开设虚拟店铺、一站式购物等。

(3) 选择成本。选择成本(Choice Cost，CC)，是指当消费者花费了一定的人力、物力，搜寻到相关的信息，建立起备选集之后，做出择优决策过程阶段所发生的成本。在微店购物过程中，当消费者要选择购买某个商品时，总是会在头脑中本能地和多个替代性商品进行比较，此时一个微小的思维波动就能改变消费者的消费决定，如果我们能使其思想产生一点点的正面倾向，交易即可达成。例如，微店商家可以采用免费试用、无条件退货、全国联保、假一赔三、品质承诺、发货时间承诺、破损补寄、指定快递、到货承诺等。消费者一旦购买了某件商品，如果没有其他问题，用习惯后，没几个人愿意费时、费力地来退货。

(4) 风险成本。由于微店是通过网络开设的虚拟店铺，在顾客看来，其风险成本

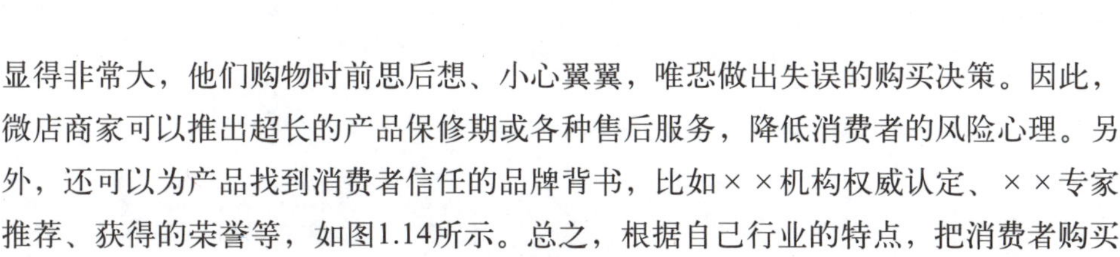

显得非常大，他们购物时前思后想、小心翼翼，唯恐做出失误的购买决策。因此，微店商家可以推出超长的产品保修期或各种售后服务，降低消费者的风险心理。另外，还可以为产品找到消费者信任的品牌背书，比如××机构权威认定、××专家推荐、获得的荣誉等，如图1.14所示。总之，根据自己行业的特点，把消费者购买时的各种顾虑与风险消除，将可以有效提高销量。

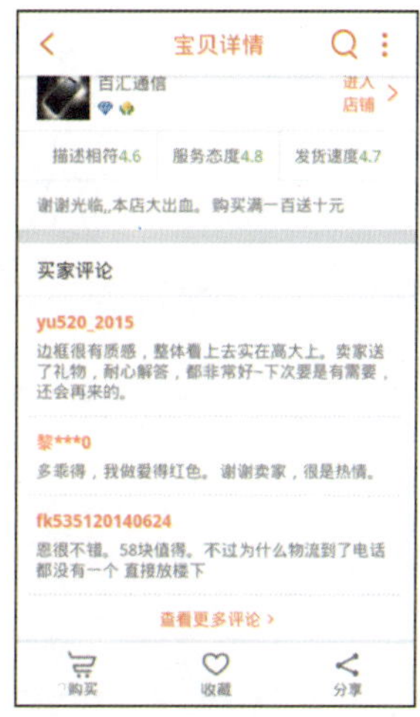

图1.14　展示产品荣誉和反馈信息

第2章 微店特色商城打造

号称“5秒注册”的微店，远没有淘宝网店那样复杂，无论是前期准备，还是安装注册、店铺优化，都可以在一部手机上完成。本章讲解的是创业者们进入微店的第一步，只有在熟知微店应用基本流程和常用设置的基础上，才能将自己的微店打造成特色商城。

- 前期规划，开店的必要准备工作
- 快速掌握，微店的开店流程
- 基础设置，微店的优化须知

2.1 前期规划，开店的必要准备工作

随着微信用户的日益壮大和微店开店手续的逐渐简化，微店开店无疑是潜力无限的创业项目。对于从未接触过微店的创业者来说，开一家微店需要做好哪些准备工作呢?

2.1.1 店铺选择定位

所谓店铺定位就是指一个微店重点针对某一些客户群体销售产品。关于定位需要认真细分开店者的经营范畴，无论做淘宝网店还是微店，都需要细致地去定位开店者的产品，越细致的产品越可以突出特色，做得越精细就越可以得到买家的认可。如图2.1所示为不同产品定位的微店。

图2.1 微店店铺定位

微店主应该如何对自己的店铺进行定位呢？要知道，店铺定位是针对商品开展的，它的核心是指向商品为谁服务的。例如我们对体育用品十分了解，就可以把自己的网店定位为一个体育用品网店，这也就定位了网店的大方向，具体技巧包括下几个方面。

1. 做专不做杂

对于新手卖家，不要好高骛远，觉得什么都想卖，应该利用好身边的资源，优先做好某一项。卖零食的专心卖零食，出售化妆品的同样不要想着兼顾服饰，切忌“大包大揽”，产品杂而不精。现在社会分工越来越细，在没有做好专才之前，我

们最好别考虑往全才发展。

2．定好价位

低价确实能吸引人一时，但非一世。没有一个好的品牌或者卖场是通过一味地降价或者卖廉价商品发展起来的。微店和网店、实体店一样，只能针对一部分人群，所以在开店之前先考虑好你要针对哪部分客户群。

倘若你的顾客是具有高级或中高级消费行为和消费能力的商务人士，那么他们相对来说收入高，品位也高，商品也就应当与之具有高或中高的价位，高档的质地、款式、做工、档次，高档的销售场所，而且还要体现成功、成熟以及高贵的特点。

同样地，假如针对年轻行业的普通商务人士来说，你就要考虑实用性、价格以及时尚等因素。图2.2所示为不同价格定位的两个微店，通过产品定价我们可以看出，不同的微店是面向不同的客户群体的。

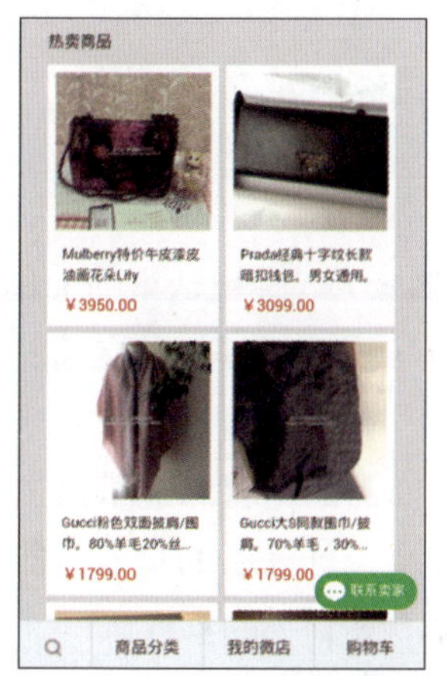

图2.2　不同价格定位的微店

此外，还有十分重要的一点，网店的经营具有多样性。因为在店里未必只能经营高档或者低档商品，完全能够进行多样化的经营。毕竟，网店的顾客来源也是多种多样。如在女士首饰网店中，可以有几十块钱的普通首饰，也可以有数千元、万元的钻石首饰。

3．确定风格

即使是小小的微店，也不要刻意模仿、随大流。因为大到一个公司的企业文化，小到我们店铺的经营风格，都是人的个性体现，只不过企业文化孕育的时间更长、更深。一般来说，店主的个性决定了店铺风格，而这个风格就是店铺的灵魂。

如图2.3所示为不同风格的两家微店，前者出售的商品为鲜花，店铺风格以温馨为主；而后者出售的商品为烘焙蛋糕，当然是以甜美为主题风格。

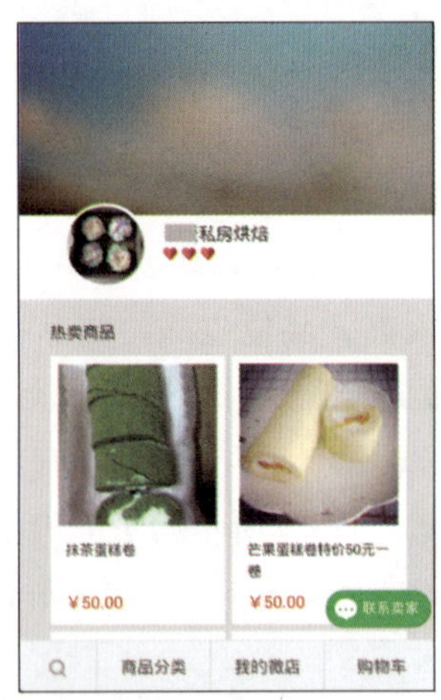

图2.3 店铺不同风格定位

4. 结合优势

首先明白你有哪些优势？你的朋友、你的家人、你所从事的工作这些都是你的优势，因为他们很有可能掌握一些商品的良好渠道，或是公道的价格。这就给你带来很大的竞争优势。

有些人自己做的是导购，他们深知某些商品的销售和进货渠道以及成本等信息，这类人最具有网上销售的优势。或者你会设计好看的页面、能写出优美的介绍、能和陌生人很快打成一片等，这些都是你优于他人的重点。

5. 关注冷门

关于冷门商品，需要店主对市场和销售有一些经验。看看哪些人都在销售哪些商品，而哪些商品有人需要但是又很少有人销售。没有竞争对手的时候往往可以获得良好的利润。当然，我们也可以交叉使用以上多种方法，通过对自我的判断找到一个最佳的交叉点，优势也将成倍增加。

专家提醒

一家店铺，定位和利润就是产品最基本的核心基础，无论是定位低端产品，还是中高端产品，都会伴随店铺未来的运营进行下去，这也是联系着客户群体的本质所在。

2.1.2 店铺的硬件准备

开一家微店不像现实开店那样需要准备太多硬件，但必需的硬件还是要准备的，包括智能手机、相机、电脑、打印机等。此外，还可以准备扫描仪、固定电话等硬件，店主不一定非要全部配置，但是尽量配齐，以方便经营。

1. 智能手机

智能手机是最基本的硬件准备，因为微店是在手机上开的，所以必须有一部能上网的智能手机，当然电话号码也是必需的。对于智能手机的系统版本没有特别要求，不过最好使用当前热门的iOS或是安卓系统，手机配置越高越好，如图2.4所示。

图2.4　准备智能手机

2. 相机

客户能看到的东西也就是微店中的图片，要有真实的商品照片才会更吸引客户，当然照片拍后稍加处理一下最好，如果有条件，配个单反拍出的效果更好，没有条件的话卡片机也可以。

3. 电脑

因为微店还推出了网页版，如图2.5所示，所以准备一台可以上网的电脑也是必要的，因为有时候手机欠费或是关机，利用电脑就不会影响店铺运营。并且微店需要绑定银行卡，利用电脑申请或绑定银行卡更加方便。

图2.5　微店网页版

2.1.3　确定开店平台

目前，微店的开店平台主要分为两类：一是利用相应的软件工具进行开店；另一类是依托于微信公众平台的微信小店。

首先介绍使用第三方软件工具的开店方式，包括微店、微店网、拍拍微店等，这类微店除了可以在朋友圈分享商品之外，还有QQ空间、微博等推广平台分享商品，同时还可以利用微信进行收款。如图2.6所示为微店网。

图2.6　微店网

第二种开店方式是通过微信公众平台开店，开店者只要拥有微信公众平台账号就能在微信开店。需要注意的是，用户用来开店的公众账号必须是服务号，因为只有服务号才开通了支付接口功能，并且微信小店也只能通过微信服务号入驻。微信小店是微信最近推出的一个移动电商产品，也就是微店。

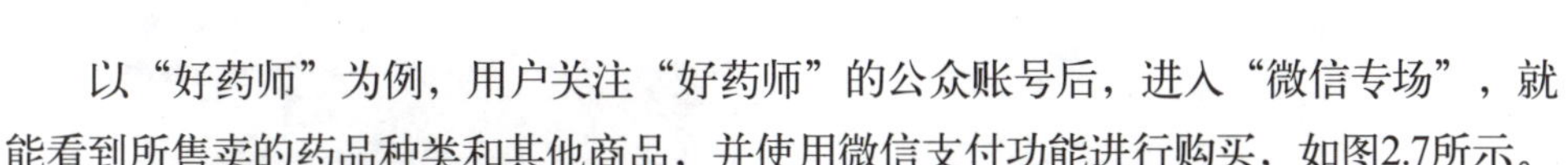

以“好药师”为例，用户关注“好药师”的公众账号后，进入“微信专场”，就能看到所售卖的药品种类和其他商品，并使用微信支付功能进行购买，如图2.7所示。

图2.7　微信小店

2.2 快速掌握，微店的开店流程

2014年微信用户突破10亿，如此庞大的用户群意味着海量的潜在客户，由此可见利用微信开店的前景是十分广阔的。那么我们应该怎样开一家微店呢？

下面，笔者以安卓系统手机版微店的安装与注册为例，详细介绍微信开店的流程。

2.2.1 安装微店

在下载软件安装微店之前，用户要注意以下两点：一是手机最好处于Wi-Fi环境中，因为微店需要消耗的流量较大，长期登录消耗的流量费用不容忽视；二是用户要认准正版口袋购物微店下载安装，因为目前市面上很多手机应用都叫微店，需要认准微店正确图标，并查看软件详情。

用户有两种方式下载微店客户端。

一种是电脑下载，即通过电脑下载APK文件，或是登录微店的官方网站(www.vdian.com)下载，再安装到手机里，如图2.8所示。

图2.8　电脑下载微店应用

另一种方式是通过手机下载，用户可以利用微信“扫一扫”功能，扫描二维码下载(微店官网提供有二维码)；或是在手机应用市场搜索“微店”下载安装，这也是最常用的安装方式，如图2.9所示。

图2.9　应用市场搜索“微店”

专家提醒

不同的手机有不同的应用商店，例如苹果手机的APP Store，安卓手机的安卓市场等，用户可以选择相应的应用商店，选择下载安装。

step 01 在手机应用市场界面中输入“微店”并搜索，找到“微店”应用后，点击下方的“免费下载”按钮，即可下载并显示下载进度，如图2.10所示。

图2.10　免费下载“微店”应用软件

step 02 “微店”应用下载完成，系统会自动安装，安装完成后，界面会显示“启动”，表示应用已经下载安装成功，如图2.11所示。

图2.11　“微店”应用软件安装成功

step 03 “微店”应用安装完成后，手机应用界面会显示“微店”图标，点击该图标即可打开微店，如图2.12所示。

图2.12 打开“微店”应用

2.2.2 微店注册

step 01 在“微店”安装完成后，点击手机界面中的“微店”图标打开微店，点击“注册”按钮；然后在弹出的注册界面中输入手机号码，再点击右上角的“下一步”按钮，如图2.13所示。

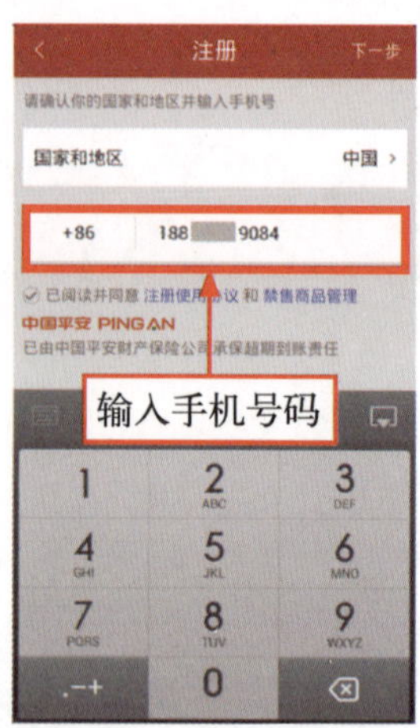

图2.13 点击“注册”按钮并输入手机号码

step 02 确认输入的手机号码是否正确，以保证手机能够接收到验证码短信，如果无误，点击“好”按钮。然后输入手机接收到的六位数验证码，点击“下一步”按钮，如图2.14所示。

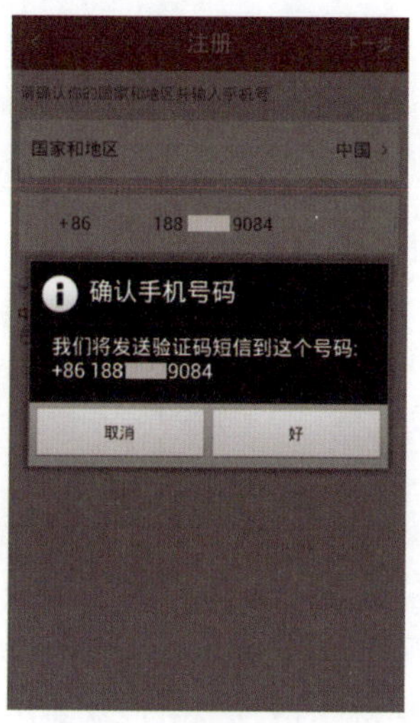

图2.14　确认手机号码，填写验证码

step 03 设置登录密码，用户可以选择纯数字或字母，或是数字与字母的组合；然后填写个人身份信息，点击“下一步”按钮，如图2.15所示。

图2.15　设置密码，填写个人资料

step 04 在“创建店铺”界面中输入店铺名称，长度尽量控制在10个字以内，输入完成后点击“完成”按钮，如图2.16所示。

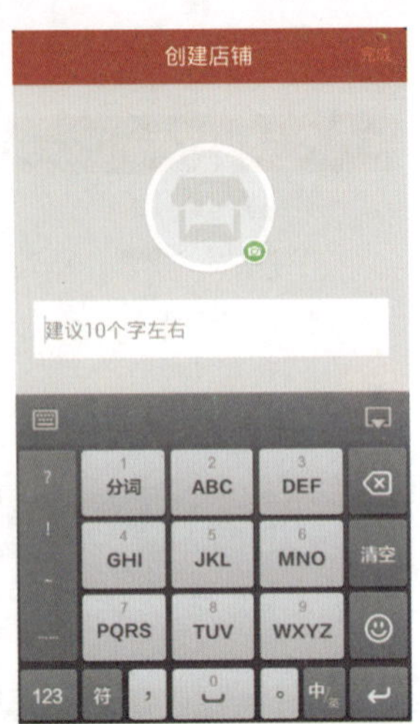

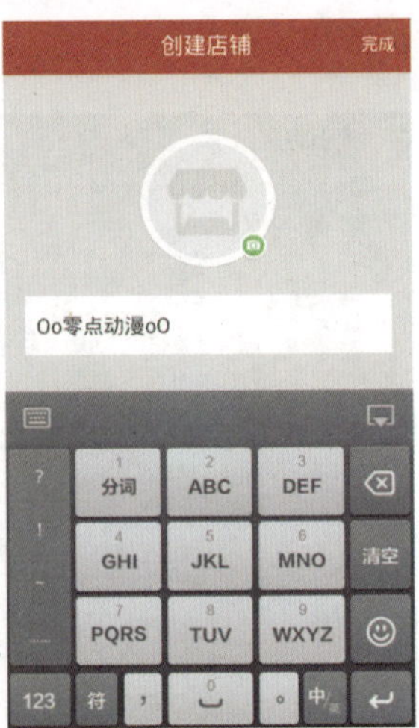

图2.16　填写店铺名称

step 05 第一次创建店铺的用户，需要定位GPS，以便向附近的买家推荐店铺，点击“好”按钮，在“我的位置”界面中将“使用GPS卫星”切换到ON(打开)状态，如图2.17所示。

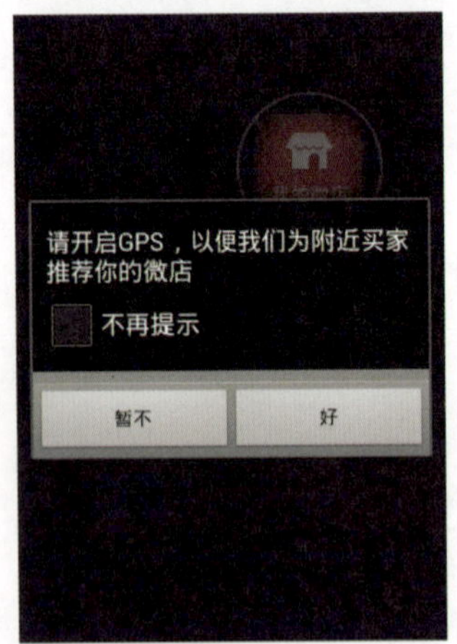

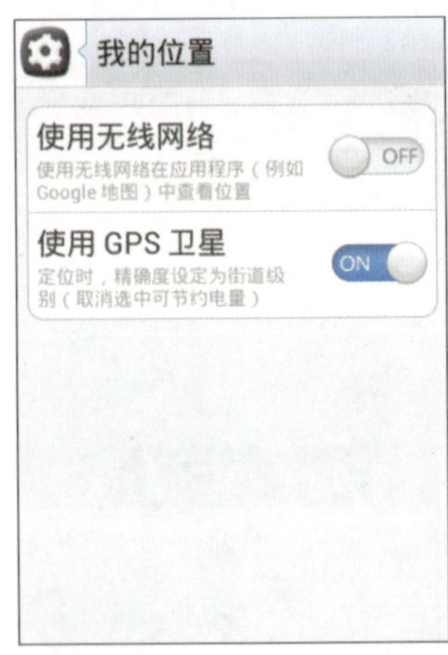

图2.17　开启GPS位置定位

step 06 此时，“微店”注册开店已经完成，店铺界面由微信收款、我的微店、订单管理、销售管理、客户管理、我的收入、促销管理、我要推广、卖家市场，以及客户来啦、海外微店等部分组成，用户可以滑动切换，以选择不同应用，如图2.18所示。

图2.18 “微店”店铺界面

2.2.3 添加商品

step 01 微店注册完成后，用户可以使用手机登录微店。第一次注册登录的用户，可以在界面右上角点击“添加”按钮，为自己的微店添加第一件商品，如图2.19所示。

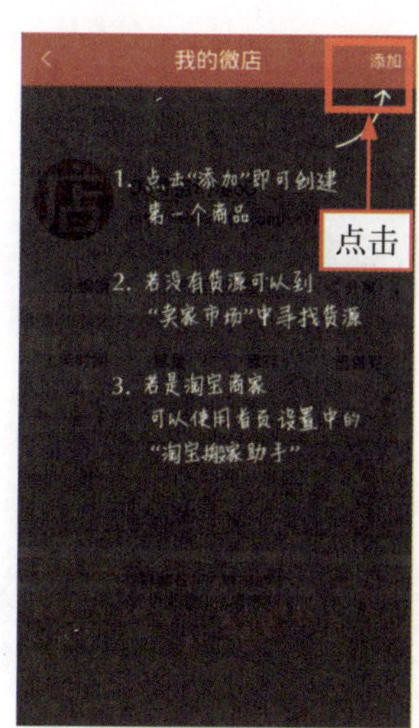

图2.19 登录并添加商品

step 02 在“添加商品”界面中点击“+”号按钮，上传商品照片，如图2.20所示。

用户有三种方式添加图片：手机拍照、扫描条形码、从手机相册上传，如图2.21和图2.22所示。

用户最多可以上传九张图片，第一张图片为主图，会直接显示在卖家店铺首页，买家会第一时间看到主图，因此图片的上传顺序非常重要，卖家一定要想好第一张图片放什么，而且尽量是要体现店铺商品特色的照片。

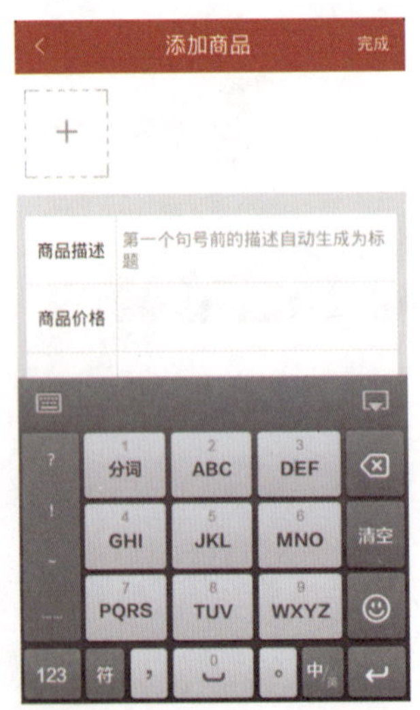

图2.20　添加商品图片

图2.21　拍照及扫描条形码上传图片

图2.22 从手机相册选择图片

step 03 添加商品图片完成后，卖家还需要填写商品描述、商品价格、商品库存等信息，然后点击右上角的“完成”按钮，即可完成商品的添加，如图2.23所示。

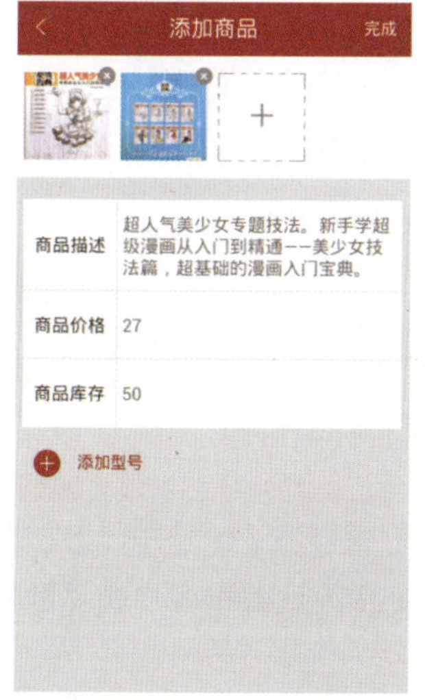

图2.23 完善商品信息

- 商品描述。第一句话较为重要，因为这些文字会和主图在微店首页直接显示，这段文字最好包括商品名称、商品特点、是否包邮、相关优惠等信息。并且尽量进行分段，段与段之间最好空一行。

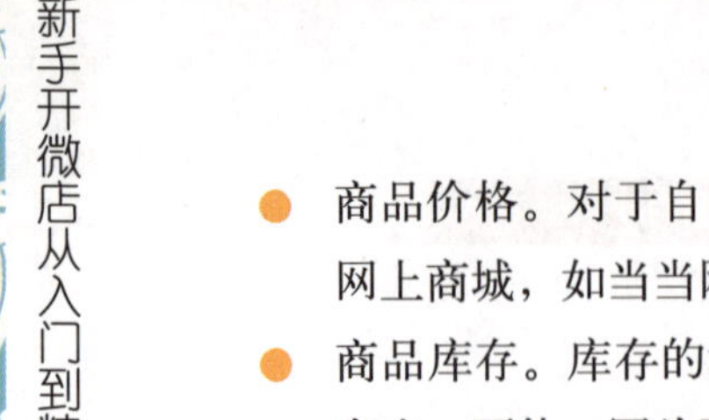

- 商品价格。对于自己的商品，店主应该如何定价呢？具体可以参考正规的网上商城，如当当网、京东商城、亚马逊等，价格稍微低一些即可。
- 商品库存。库存的填写可以很自由，店主可以将库存数量设置为比实际库存多一两件，因为买家只要提交订单，哪怕没有付款，库存也会减少。

step 04 完成微店商品的添加后，用户可以点击“预览商品”按钮，预览微店的商品；返回“我的微店”，店主可看到已经添加的商品显示在首页，如图2.24所示。

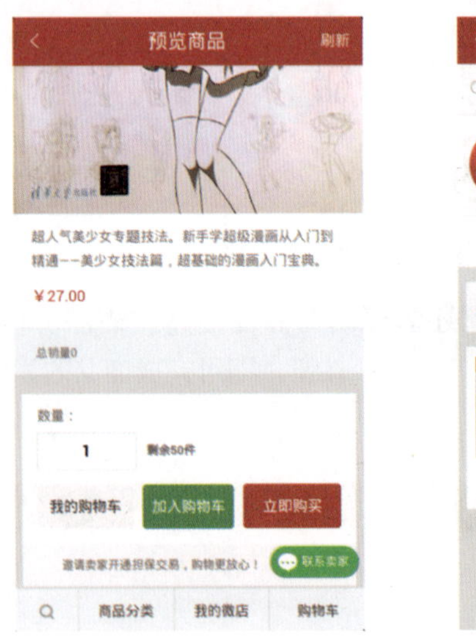

图2.24 预览商品及微店首页

2.2.4 微店的应用

下面笔者针对微店主界面中不同的应用进行详细讲解。

1. 微信收款

使用微信收款功能，卖家不用事先添加商品，只需和客户谈妥价格后，即可快速向客户发起收款，促成交易，具体流程如下。

step 01 首先，卖家打开微店APP，然后在主界面中点击“微信收款”，然后输入需要收款的金额，点击“下一步”按钮即可创建收款。这里笔者以1元为例，介绍选择发送给好友的方法，如图2.25所示。

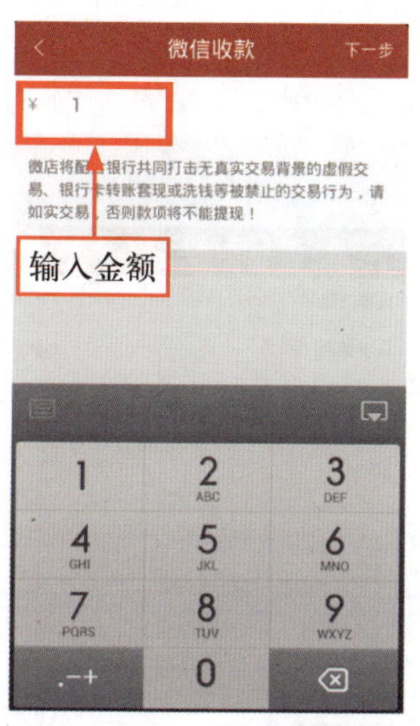

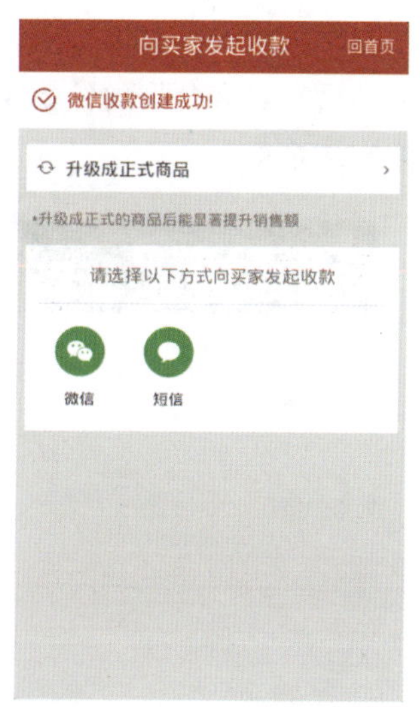

图2.25 选择微信收款

step 02 微信收款创建成功后，卖家可以选择微信或是短信两种方式向买家发起收款，如图2.26所示。

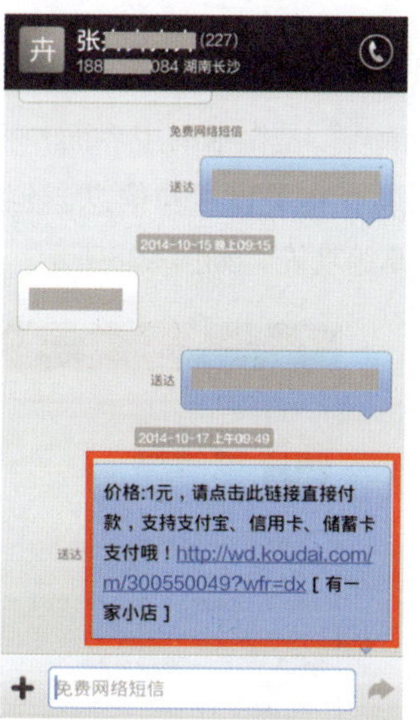

图2.26 发送收款信息

step 03 此时，买家会收到付款链接，点击付款链接，此时会弹出让买家输入收件地址、联系方式，按照要求填写。然后点击“下一步”按钮，会让你选择3种支付方式，分别是微信支付、支付宝支付、信用卡支付。以上步骤与

基本的购买流程中支付相同，在后文会做详解，此处不再赘述。在买家付款成功后，卖家会收到付款成功信息，提醒卖家发货，卖家须及时发货，如图2.27所示。

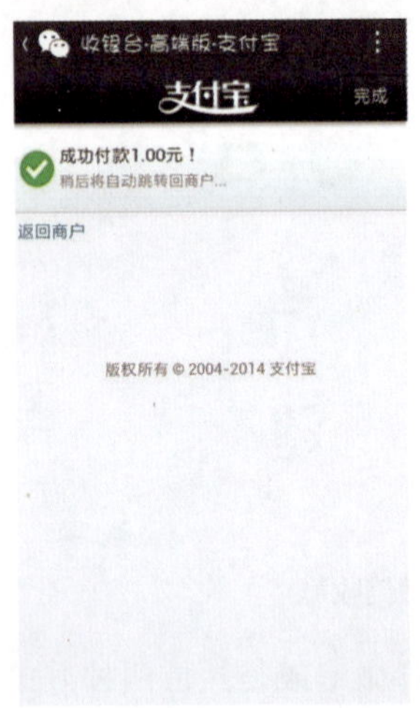

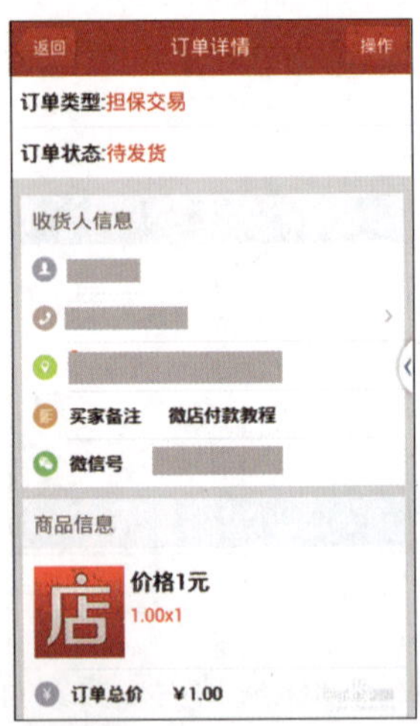

图2.27　微信收款成功

2．我的微店

“我的微店”是微店的主界面，相当于网店的店铺首页，这里显示的是微店出售的商品，以及相关设置和信息。包括店铺设置、添加商品、商品信息、编辑商品、商品分享等功能，如图2.28所示。

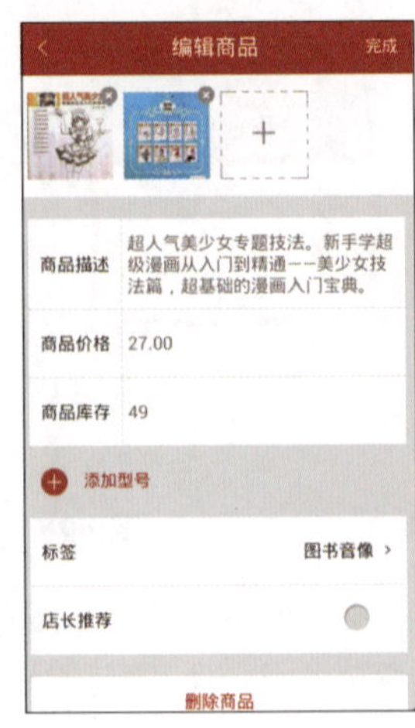

图2.28　我的微店

3. 平台管理

微店平台的管理我们会在后文中详细介绍，包括订单管理、销售管理、客户管理、促销管理四个方面。

4. 我的收入

卖家可以利用“我的收入”应用，查看每一笔收入和提现记录，让店主对账目清清楚楚。该应用主要包括账户余额、累计收入、收入提现、我的银行卡等，如图2.29所示。

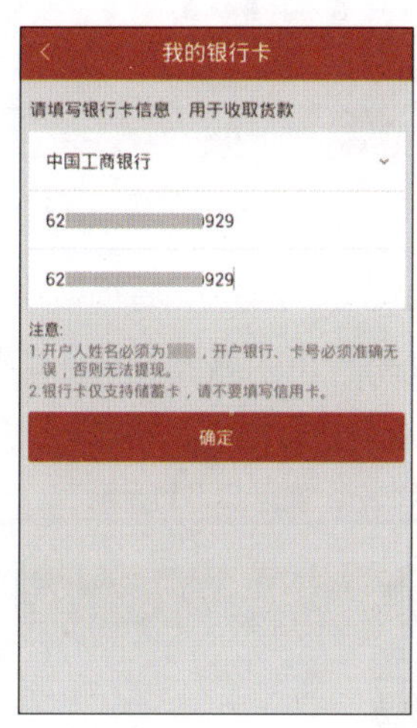

图2.29 “我的收入”应用

5. 我要推广

微店中“我要推广”界面是专门为推广店铺而设置的，分为友情店铺、分成推广、口袋直通车三部分，后文在介绍微店推广营销时再做详解。

6. 卖家市场

“卖家市场”包括批发市场、转发分成、附近微店三个部分。

(1) 首先，“批发市场”里面都是有批量出货能力的商家，点击之后能看到他们的商品，大家如果是找货源，可以联系店主微信详谈。

如果卖家也有批量出货的能力，也想入驻批发市场，或者是想要招代理，可以点击右上角的“我有货源”按钮查询入驻条件，不过卖家需要登录微店网页版(v.vdian.com)进行申请，如图2.30所示。

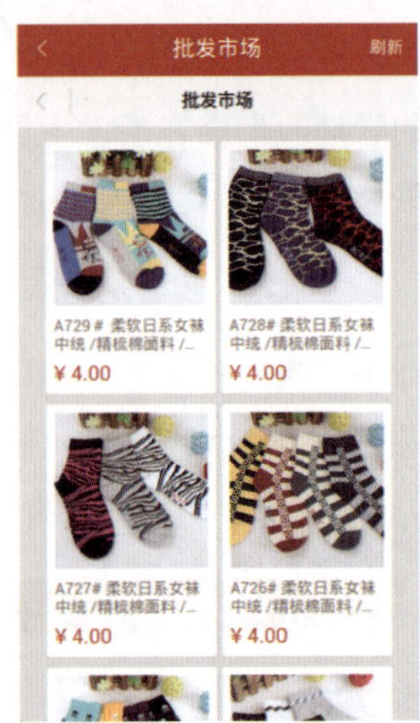

图2.30　批发市场

(2) “转发分成”是系统随机搜出来的设置了有奖转发的店铺，让大家帮你推广。这里简单介绍一下“转发分成”的操作方法。

step 01 首先在“卖家市场”界面中点击“转发分成”按钮进入其界面，显示分成商品列表，如图2.31所示。

图2.31　转发分成

step 02 点击佣金高的商品，弹出相应的菜单；点击“查看”按钮，进入“预览商品”界面，可以查看商品详情，如图2.32所示。

图2.32 查产看商品详情

step 03 选择分享至“朋友圈”，即可在微信朋友圈中查看转发的店铺商品信息，如图2.33所示。

图2.33 分享店铺商品

step 04 如果分享的店铺商品有销售额，店家可以在“转发分成”界面中查看佣金分成，如图2.34所示。

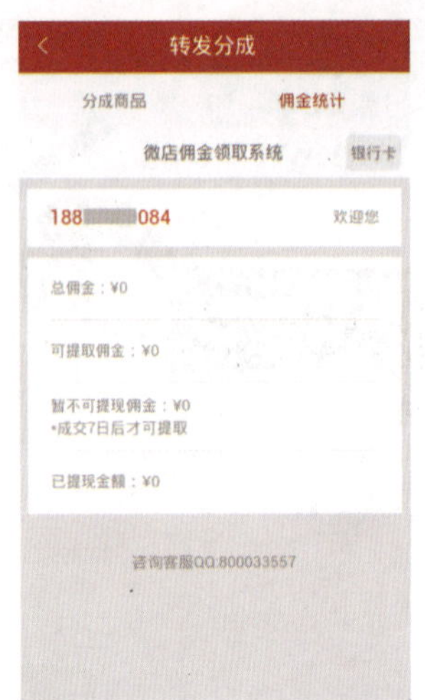

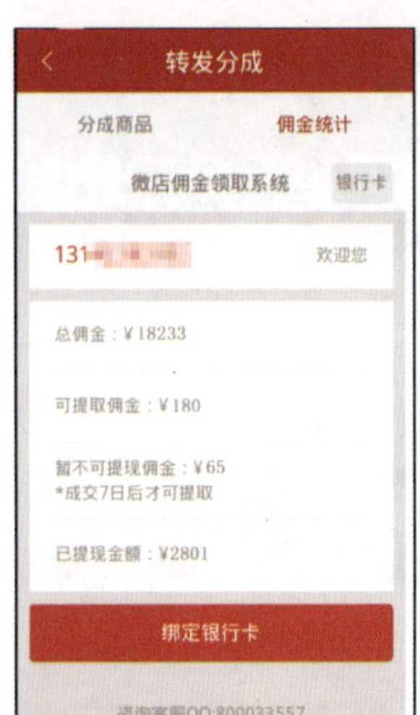

图2.34　转发佣金分享

专家提醒

特别提醒店家，货到付款的支付方式无法获得佣金，并且由于上级可能会对商品价格和佣金比率进行调整，实际推广过程中获取的佣金可能会发生变化。

(3) “附近微店”通过定位就可以知道附近的微店，卖家可以查看周围有哪些微店以及商品出售，如图2.35所示。

图2.35　“附近微店”界面

2.3 基础设置，微店的优化须知

开过网店的创业者都知道，对于店铺的常用设置，其实是优化店铺的重点所在。店铺的名称、图片、微信账号、店招公告等基本信息，是吸引顾客、获得销量的关键，需要店家特别留意。下面笔者针对微店的常用设置，进行详细介绍。

2.3.1 店铺名称

常言道“先声夺人”，一个让人惊艳的店铺名称，可以第一时间抓住消费者的眼球，从而吸引客流量。一般来说，微店的店铺名称可以根据出售的商品给自己的微店取名，或者把自己的名字、笔名、昵称等和出售的商品结合起来给店铺取名。

一个好的店铺名称，除了要易于传播和记忆，还要具有一定的新颖性，在此基础上，要注意避免与其他店铺的名字雷同，只有这样才能够很好地区别于其他店铺，进而吸引顾客的注意力。修改店铺名称的基本流程如下。

step 01 点击手机主界面中的微店图标，进入微店APP界面，然后点击“我的微店”按钮，进入“我的微店”界面，点击“编辑”按钮，如图2.36所示。

图2.36 进入主界面，点击“编辑”按钮

step 02 进入“编辑店铺”界面，点击“店铺名称”文本框，删除原店名，输入新的微店名称(10个字左右)，如图2.37所示。

专家提醒

图中笔者仅以自有微店为例，店铺名称未做较大修改，在实际操作中，店家需要仔细思考，为自己的微店取一个响亮的名字。

图2.37 修改店铺名称

step 03 点击右上角的“完成”按钮，稍等片刻，即可完成店铺名称的设置，如图2.38所示。

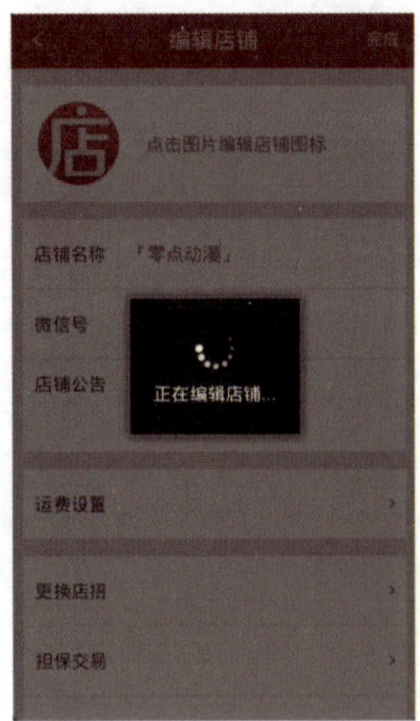

图2.38 店铺名称设置完成

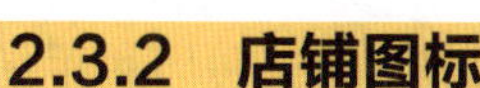

2.3.2 店铺图标

下面介绍设置店铺图标的基本流程。

step 01 点击“我的微店”图标，进入“编辑店铺”界面，点击上方的“店”字图标，并选择图片，如图2.39所示。

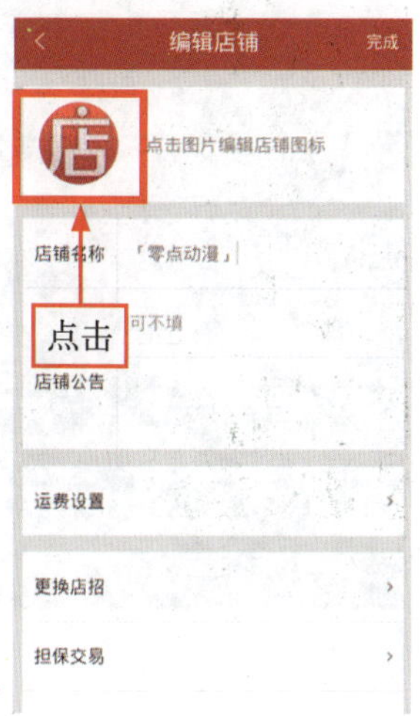

图 2.39　选择图片

step 02 这里店家有两种方式添加店铺图标，一是直接利用手机相机拍照上传，二是在手机相册中选择图片，如图2.40所示。

图2.40　通过手机拍照上传图片

step 03 在确认了要作为微店图标的图片后，即可进入图片编辑界面，可以用手指按住边框的同时并拖曳，调整边框大小至合适位置后松开手指，确认店铺图标的范围，如图2.41所示。

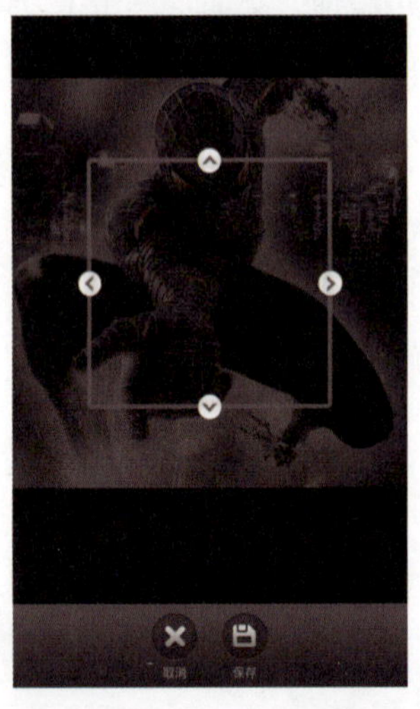

图2.41　调整图片大小

step 04 点击“保存”按钮，返回“编辑店铺”界面，可以预览图标效果；点击“完成”按钮，即可完成设置店铺图标的操作，如图2.42所示。

图2.42　店铺图标设置成功

店铺图标可作为一个店铺的形象参考，给人最直观的感觉，可以代表店铺的风格、店主的品位、产品的特性，同时也可起到宣传的作用。

2.3.3 微信号

为什么要把微店与微信联系起来呢？这是由微信营销的巨大优势决定的。腾讯2011年推出微信聊天，2012又推出微信公众平台，便如一石激起千层浪，不仅个人甚至一些企业都纷纷入驻微信公众平台，利用各自的资源大力推广自己和公众账号，订阅数量快速增加，其中不乏订阅量几十万的公众账号。

面对汹涌的“微信营销”浪潮，微店同样可以借着这股东风，为自己带来巨大的流量。那么，微信究竟有哪些营销优势呢？

1. 潜在客户数量多

由于软件本身是免费的，使用任何功能都不会收取费用，仅仅产生低廉的上网流量费，而用户同时可以通过微信与好友进行文字、语音、图片等丰富的沟通方式，因此为广大用户所喜爱。2013年微信用户数突破4亿人，从0到突破4亿用户只用了两年多时间。

可以预见，在不久的将来，微信用户群体会越来越壮大，越来越壮观，如此庞大数量的潜在客户，哪个企业或营销推广人员不为之心动呢？

2. 营销成本低廉

传统的营销推广成本高，而微信软件使用免费，仅产生上网流量费用，还可以使用Wi-Fi，也就是说微信从注册、开通、使用，几乎是免费的，通过微信开展的微信营销成本自然也是非常低的。

3. 营销定位精准

微信公众账号可以通过后台的用户分组和地域控制，实现精准的消息推送，也就是说，可以把不同的粉丝放在不同的分类下面，在信息发送的时候，可以针对用户的特点实现精准的消息推送。

4. 营销方式多元化

相比较单一的传统营销方式，微信更加多元化，它不仅支持文字，更支持语音以及混合文本编辑，普通的公众账号还可以群发文字、图片、语音三个类别的内容。而认证的账号，能推送更漂亮的图文信息。尤其是语音和视频，可以拉近和用户的距离，使营销活动变得更生动、更有趣，更利于营销活动的开展。

5. 营销方式人性化

微信营销是亲民而不扰民，用户可以许可式选择和接受，可以把接收信息的权力交给用户，让用户自己选择感兴趣的内容，比如回复某个关键词就可以看到相关的内容，使得营销的过程更加人性化。

6. 营销信息到达率高

由于每一条信息都是以推送通知的形式发送，你所发布的每一条信息都会送达订阅用户手中，到达率100%，传播到达率高于微博。

专家提醒

口袋购物的微店和腾讯的微信虽然没有什么关系，用户并不需要为此注册一个微信号或者微信公众账号。但是，对于一个优秀的微店来说，微信是必不可少的宣传和沟通工具，买家就是通过卖家在微店店铺里设置的微信号来沟通的。

那么，在微店常规优化过程中，店家应该如何设置店铺微信账号呢？下面介绍微店账号的设置流程。

step 01 首先，进入微店APP界面，点击“我的微店”按钮，然后进入“编辑店铺”界面，如图2.43所示。

图2.43 “编辑店铺”界面

step 02 输入微店微信号，点击右上角的“完成”按钮，即可完成微信号的设置，如图2.44所示。

图2.44　完成微信号的设置

2.3.4　店铺公告

微店的店铺公告是介绍卖家店铺最重要的地方，也是顾客了解信任店铺的窗口，那么怎样写好你的店铺公告是很关键的。下面介绍如何设置微店店铺公告。

step 01 首先，进入“我的微店”界面，点击“编辑”按钮，进入“编辑店铺”界面，如图2.45所示。

图2.45　“编辑店铺”界面

step 02 在“店铺公告”栏中输入公告，然后点击右上角的“完成”按钮，即可设置店铺公告，店家可以在店铺预览中查看公告信息，如图2.46所示。

图2.46　店铺公告设置完成

专家提醒

如果店家不知道如何写店铺公告，下面是常见的店铺公告模板，以供大家参考学习。

店铺公告一：我是新卖家，别的不敢说，货的质量你绝对放心，绝对推荐给大家物美价廉的好东西。

店铺公告二：大家好欢迎大家光临××店铺，很高兴认识各位朋友噢，因为喜欢所以努力～希望大家多多捧场。

店铺公告三：我店产品全部来自正规渠道，以最直接有效的方式送达最终端消费者手里，避免了中间过多的流通环节。并且本店一直是以薄利多销为原则，在有合理利润的基础下将尽最大可能让利给大家，所以才会比专柜便宜许多！

2.3.5　运费设置

商品运费的设置同样是微店店铺优化的重要技巧，因为对于店家和消费者来说，运费都是一笔不小的开支，而那些成功的微店商家，都能巧妙地利用极低的运费甚至包邮来吸引顾客，既满足了顾客的需求，也获得了丰厚的回报。那么，微店应该如何设置店铺的运费呢？下面进行详细介绍。

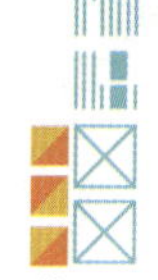

step 01 进入“我的微店”界面，点击“编辑”按钮，进入“编辑店铺”界面，选择“运费设置”，进入“运费设置”界面，如图2.47所示。

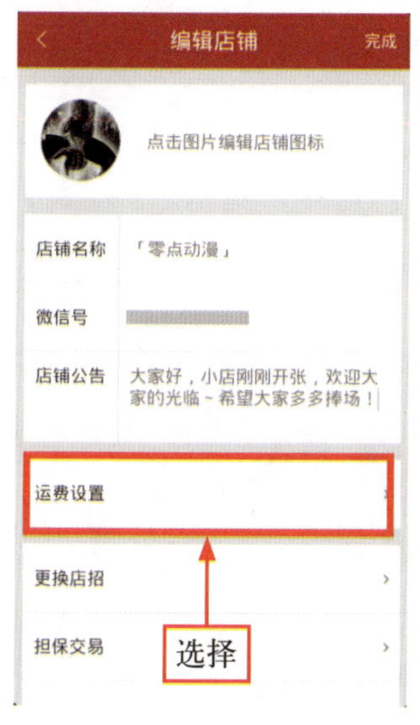

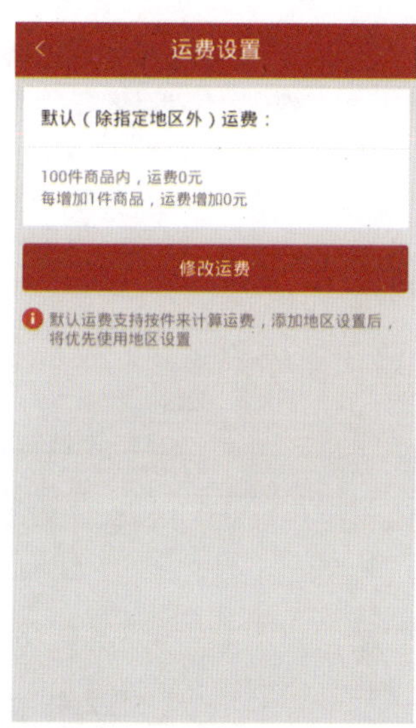

图2.47 进入“运费设置”界面

step 02 点击“修改运费”按钮，进入“修改运费”界面，在该界面中设置相应的运费，如图2.48所示。

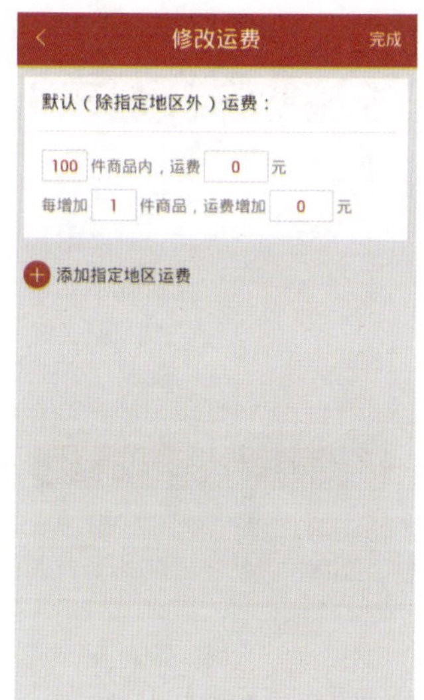

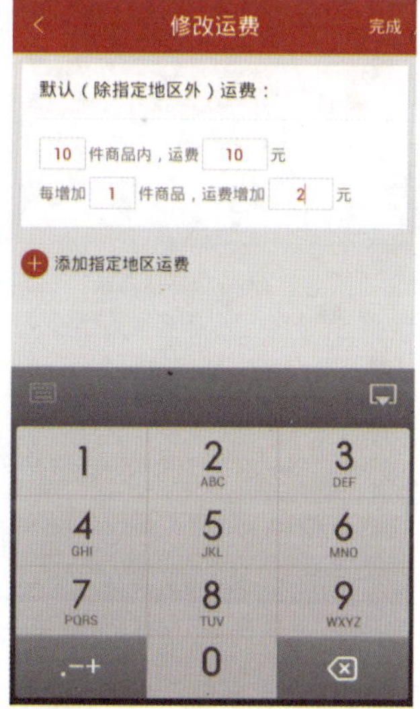

图2.48 设置相应的运费

step 03 点击“添加指定地区运费”按钮，弹出相应的列表框；点击“选择地区”按钮，进入“选择地区”界面，在该界面中选择相应的地区，如图2.49所示。

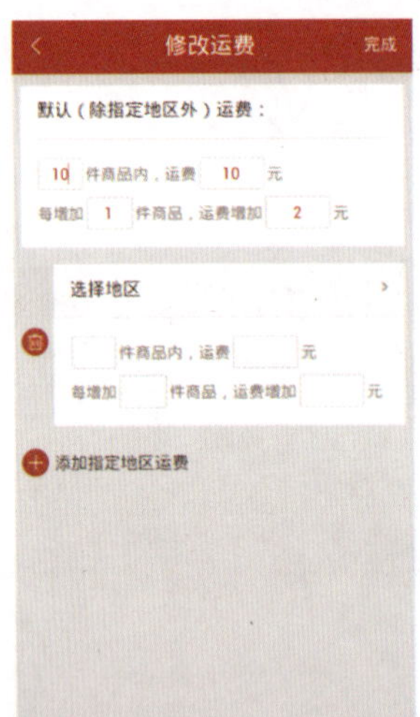

图2.49　选择指定的地区

step 04 点击右上角的“完成”按钮，即可添加相应的地区，并设置该地区的运费。用户还可以点击“添加指定地区运费”按钮继续设置其他地区的运费；然后点击“完成”按钮，进入“运费设置”界面，即可查看修改后的运费详情，如图2.50所示。

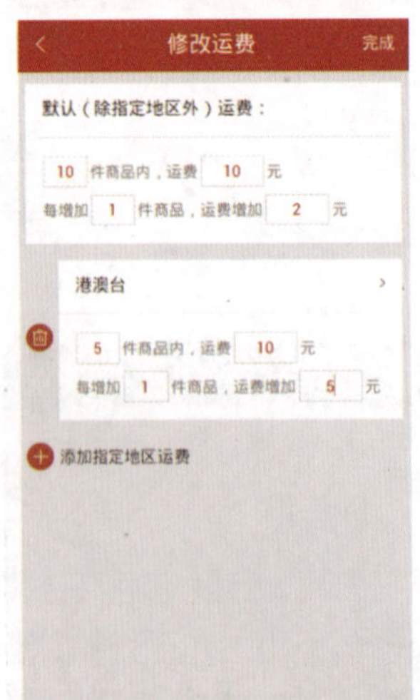

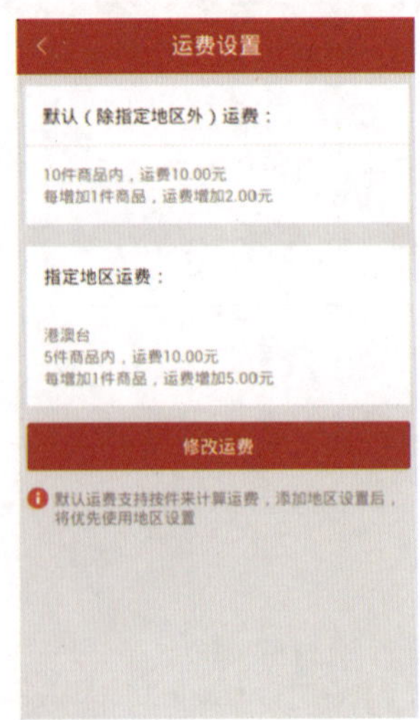

图2.50　运费设置完成

我们经常在淘宝上看到“满××元包邮”的字样，这对我们微店主来说，有哪些启示呢？一般来说，淘宝上的商品价格由两部分组成：一是商品自身价格，二是邮费。当同一件商品有两种宣传时：一是20元秒杀，加5元包邮；二是25元包邮疯抢。

同样的支付价格你会怎么选择？单件商品的邮费在8～12元的区间内，对第一种宣传来说，消费者会直观认为商品价值20元，邮费价值5元。而对第二种宣传方式就会直观地认为邮费平均10元，商品价值就只剩下15元。

这样，第一种宣传方式就更容易被消费者接受，因为在支付价钱相等的情况下，它反映出的商品价值要高些，也就是质量好一点。所以，正确运用包邮技巧可以让我们增加销售额、赚得客户量。

2.3.6 更换店招

店招就是店铺的招牌，从品牌推广的角度来看，在繁华的地段一个好的店招不光是店铺坐落地的标志，更是起到了户外广告的作用。微店也是一样，颇具吸引性的店招，会使店铺商品宣传变得更加形象生动。下面介绍如何更换微店店招。

step 01 打开“微店”软件，在软件中点击“我的微店”图标。进入“我的微店”后，点击店铺。展开列表菜单，在列表菜单中点击“编辑”按钮，如图2.51所示。

图2.51 进入微店店铺

step 02 在“编辑店铺”界面中，点击“更换店招”按钮。进入“更换店招”界面后，可以选择“拍照”或者“从手机相册选择”，如图2.52和图2.53所示。

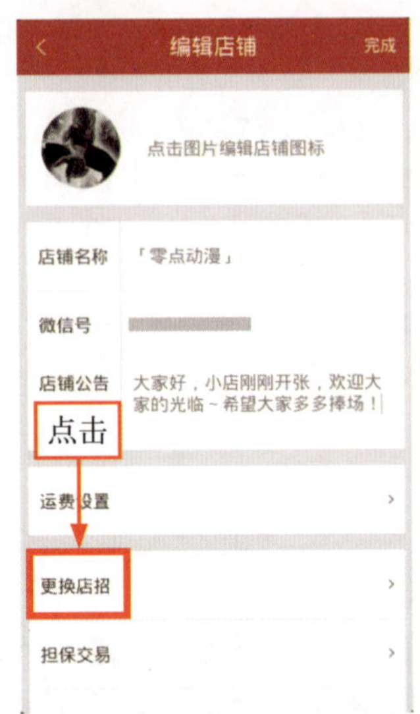

图2.52　更换店招

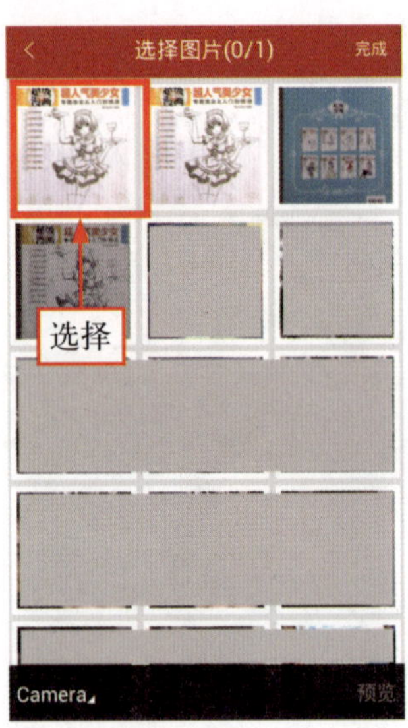

图2.53　选择图片

step 03 通过“拍照”或者“从手机相册选择”两种方式选择好作为店招的图片后，点击“完成”按钮。然后回到“我的微店”界面，点击“预览店铺”按钮就可以看到修改后的效果了，如图2.54所示。

图2.54　店招设置完成

专家提醒

店招以宣传微店为主，所以建议商家选用几张能体现微店商品特色的图片及文字来装饰店招。此图可用店铺本身的商品图，也可在网上搜索一些合适的图片。

2.3.7　担保交易

微店3.8.0及以上版本新增了“担保交易”功能。“担保交易”是针对电子商务中卖家与买家的交易安全问题而首先由支付宝率先提出的交易模式，它有效地解决了电子商务交易中的信用问题，即买家担心付款后，收不到货物，而同时卖家也担心发出货物后，收不到钱。

担保交易的推出，大大促进了微店的成功率。开通微店担保交易，主要有以下4大好处。

(1) “附近的微店”优先推广开通了担保交易的微店，提高曝光量。

(2) 开通担保交易后，可以报名参加官方活动。

(3) 买家有保障，不用担心受骗，购买更放心。

(4) 卖家扩大陌生买家市场，促成更多交易，提升购买转化率。

下面笔者详细介绍担保交易设置的基本流程。

step 01 在“编辑店铺”界面中点击“担保交易”设置，仔细阅读微店担保交易服

务约定后，点击“开通担保交易”按钮，如图2.55所示。

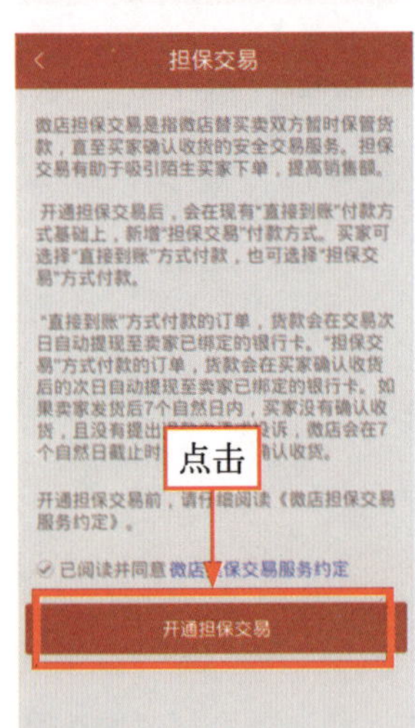

图2.55　设置担保交易

step 02 此时弹出提示对话框，提示“开通担保交易后，需要联系客服，才能帮您取消担保交易设置。是否确认开通？”，确认开通点击“是”按钮，不开通点击“否”按钮，点击“是”按钮即可完成设置，如图2.56所示。

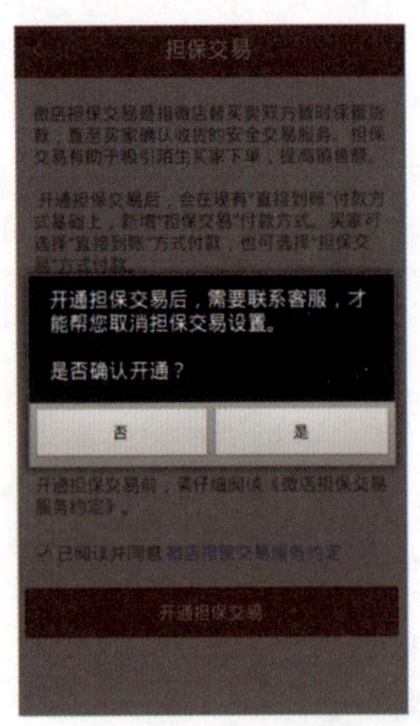

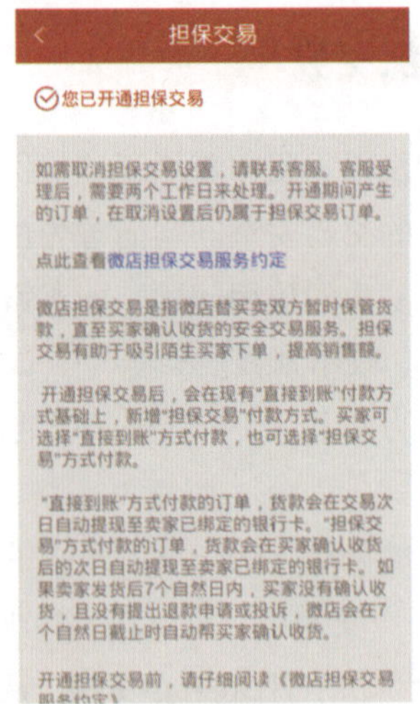

图2.56　完成担保交易设置

step 03 担保交易设置完成后，店家可以在“预览店铺”界面中查看相应的设置，同时在结算订单时，可以点击“担保交易”进行支付，如图2.57所示。

图2.57　担保交易设置

2.3.8　货到付款

如果你的微店流量很低，则可以先尝试货到付款的支付方式，这样可能会提高你的销售量。下面介绍设置货到付款的基本流程。

step 01 首先，进入“编辑店铺”界面，点击“货到付款”按钮，进入“货到付款”界面，如图2.58所示。

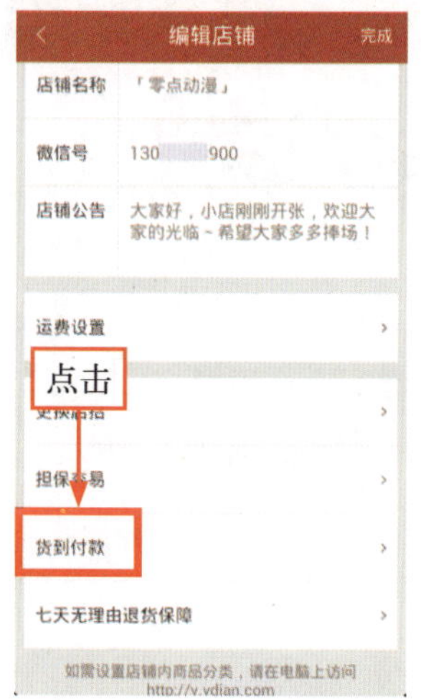

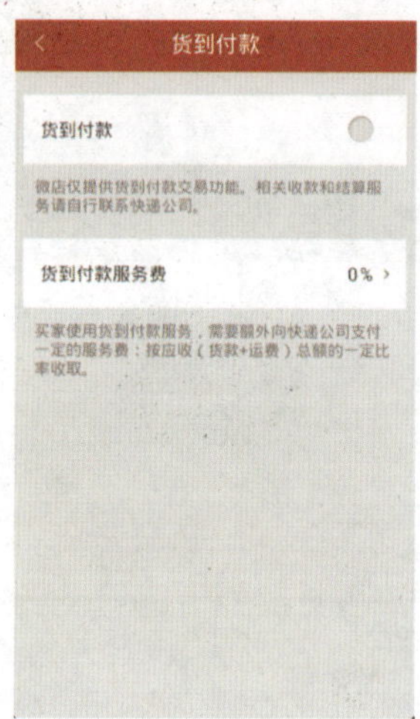

图2.58　进入“货到付款”界面

step 02 点击“货到付款”按钮，系统提示“货到付款开通成功”消息；点击“货到付款服务费”按钮，弹出“货到付款服务费比率(%)”列表，可以在此列表中设置货到付款服务费比率，如图2.59所示。

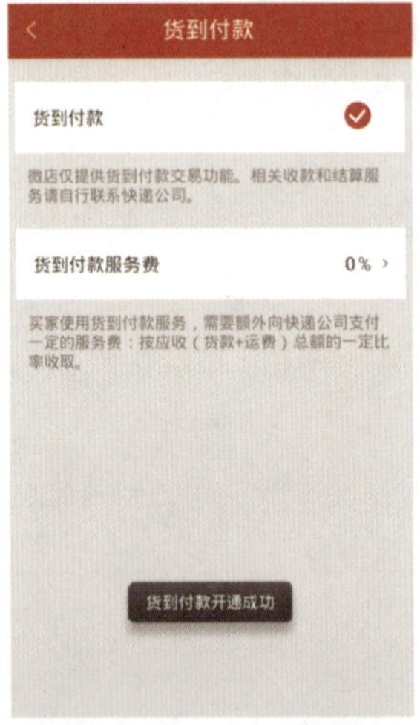

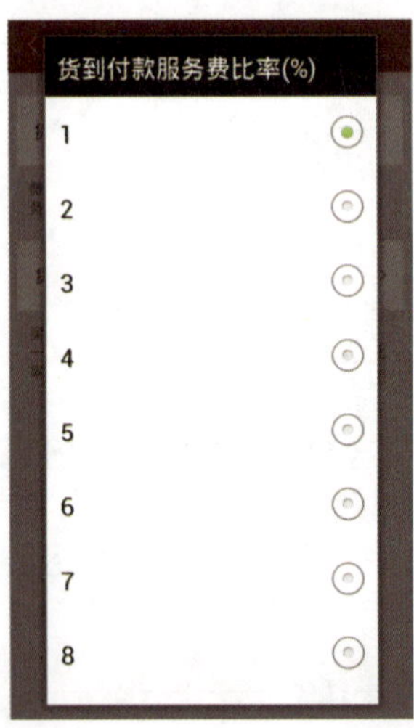

图2.59　开通货到付款

step 03 设置完成后，返回“编辑店铺”界面，点击“完成”按钮保存即可。设置完成后，在“选择支付方式”一栏，买家可以点击“货到付款”按钮支付，如图2.60所示。

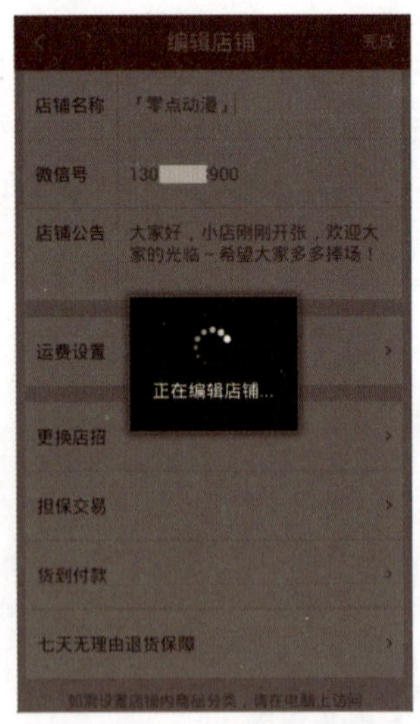

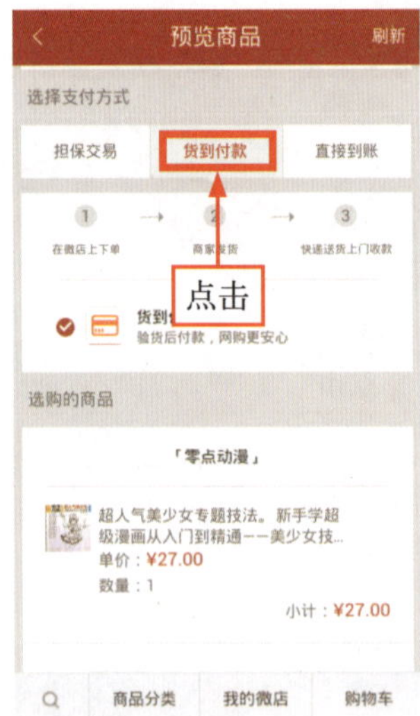

图2.60　货到付款设置完成

2.3.9 注册信息

使用微店APP时，用户可以更改名字及身份证等注册信息。需要注意的是，只有在提现失败、无提现记录的情况下官方才会受理。

繁体字改简体、同音字、叠字修改等操作，用户只需要提供身份证尾号后4位，客服核实后进行修改(电话：4008933557，QQ：800033557)。

其他注册信息按以下流程进行修改。

(1) 修改为本人：本人拿着身份证拍照；修改为他人：双方都要提供手持身份证拍照证明(照片必须清晰，能看清真人面部和号码)。

(2) 找张纸，手写声明："本人注册微店，现申请姓名变更为×××，注册微店电话为：×××××，附上证件照片，特此声明"。然后把声明拍张照片，要求字迹清晰。

(3) 邮件标题注明名字修改：正文输入用户的注册手机号码，以及修改后的姓名和身份证号码。

把步骤(1)和(2)的照片添加附件，发到邮箱kefu@koudai.com里(只发送照片不予修改)。邮件发送后，若提交的资料符合要求，工作人员会在3～4个工作日核实并处理，手机也会收到短信告知已更改注册信息；微店已经设置自动提现，用户修改后不需要任何操作，银行会再次处理，银行受理后1～2个工作日到账。

第3章 微店管理平台的构建

针对不同微店版块的管理，有助于店主更加完美的构建微店平台。对于微店的管理，包括订单、销售、客户、促销、商品管理等方面，店主需要分别了解，并掌握微店管理的基本技巧。

- 贴心服务，订单管理
- 流量分析，销售管理
- 行情把握，客户管理
- 优惠活动，促销管理
- 店铺展示，商品管理

3.1 贴心服务，订单管理

订单管理是微店操作的重要部分，卖家可以在该界面中对店铺的订单进行管理，包括待处理订单、未付款订单、已完成订单和已关闭订单四个部分。同淘宝店铺一样，微店的订单如果不能及时处理，会给店铺带来比较坏的影响。

3.1.1 待处理的订单

step 01 “待处理”订单显示的是微店等待进行发货处理的店铺，点击待发货的订单，即可显示未处理的订单详情以及收货人信息，如图3.1所示。

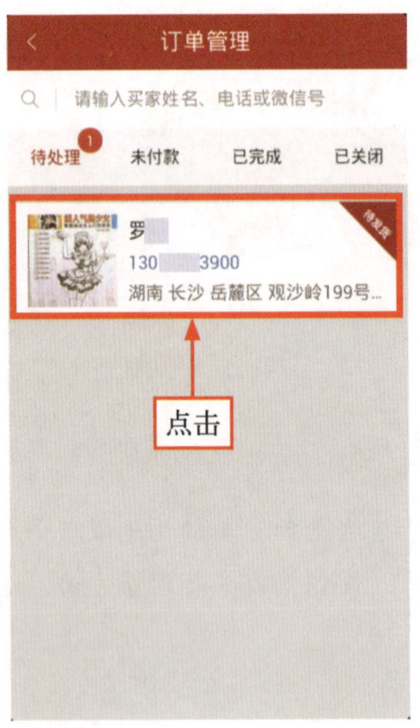

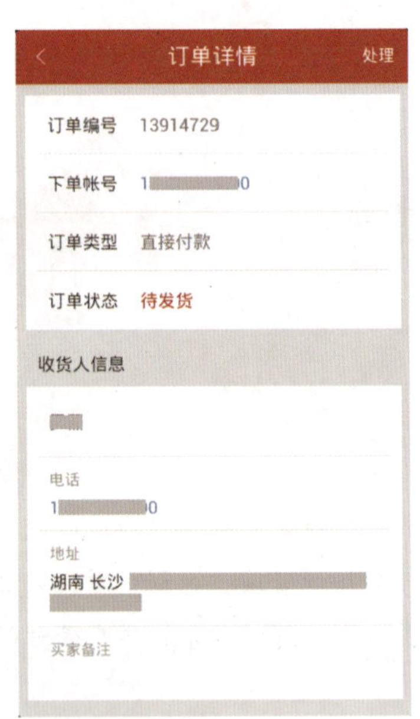

图3.1 选择待处理订单

step 02 在订单详情界面点击右上角的“处理”按钮，选择“发货”。然后选择发货方式：一是使用快递，包括顺风速运、圆通快递、中通快递等快递公司；二是无须物流，此方式适用于同城近距离送货，或是店家拥有自主物流。如图3.2所示。

step 03 选择好发货方式后，点击右上角的“发货”按钮，即可完成订单处理；此时买家预留的手机会收到订单完成的信息，如图3.3所示。

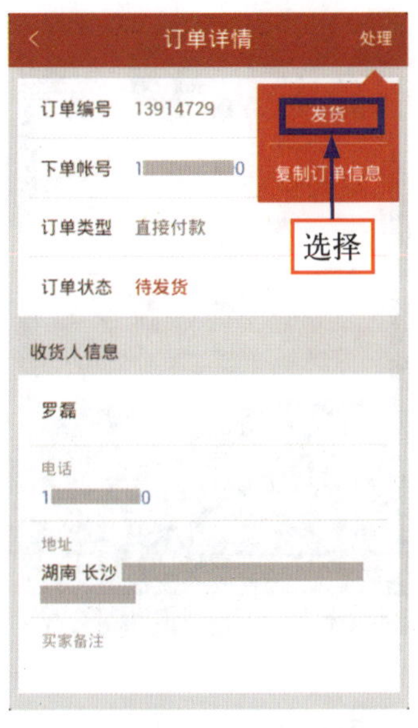

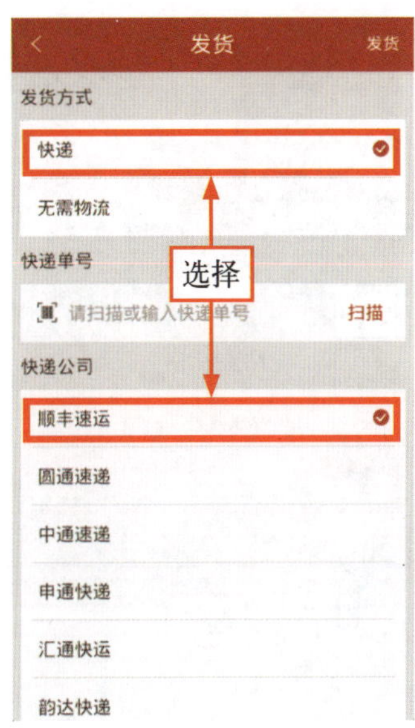

图3.2 选择发货方式

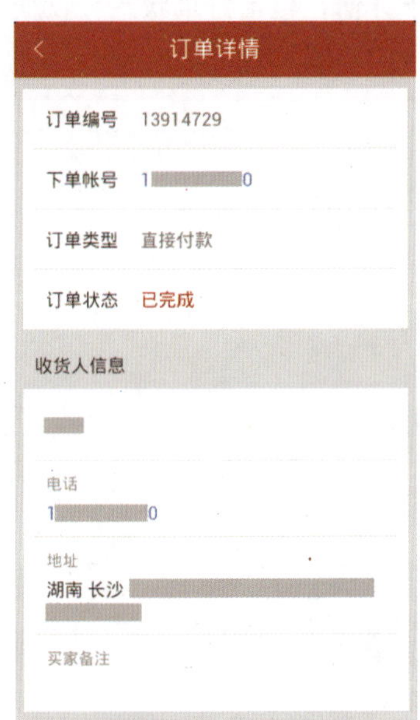

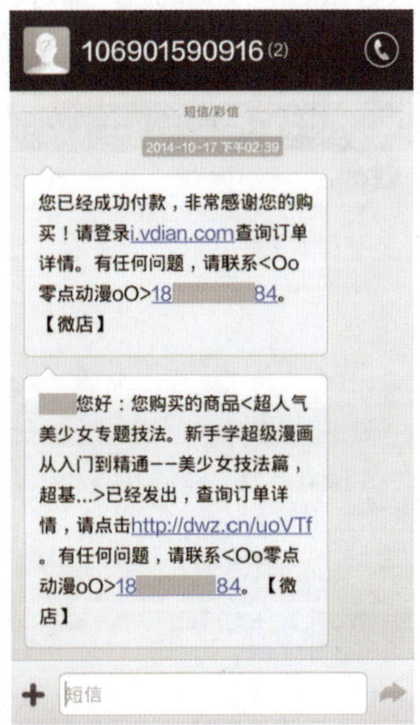

图3.3 订单完成信息

step 04 如果想要查看订单详情，可以在收到的订单短信中，点击相关网址，输入买家微店(非卖家)账号进入微店，即可查看处理完成的订单，如图3.4所示。

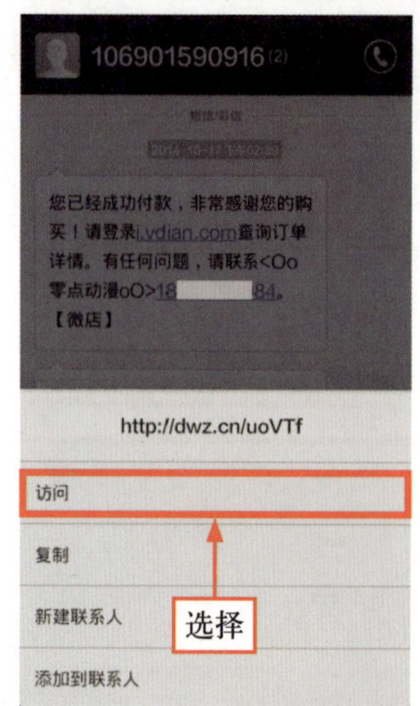

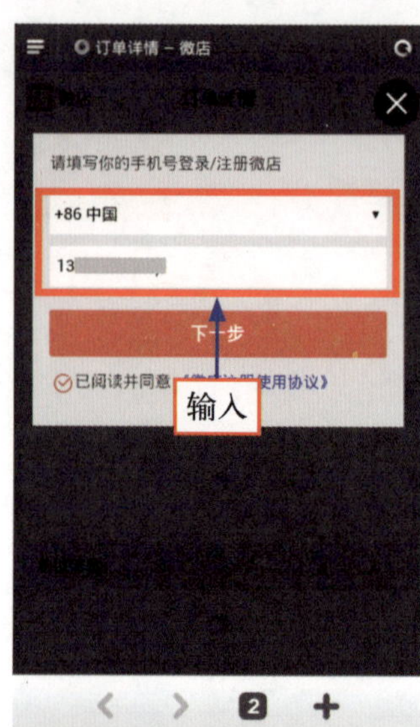

图3.4　点击订单网址

step 05 买家微店登录完成后，即可查看订单详情，包括订单状态、收款人信息、已选购商品、店铺信息、订单信息等，如图3.5所示。

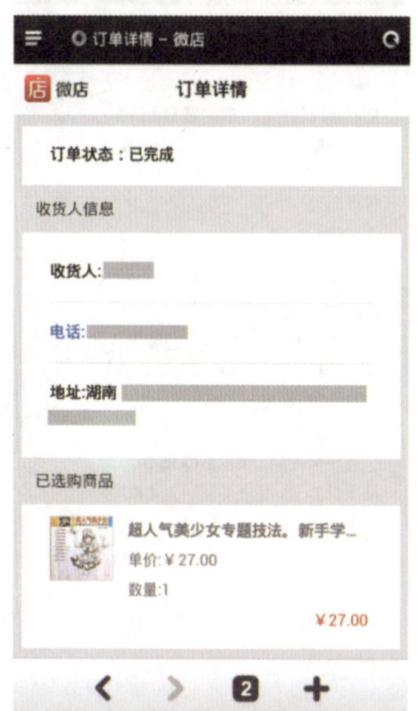

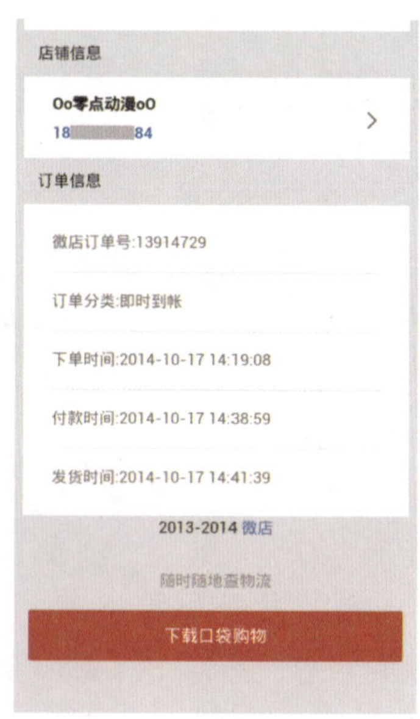

图 3.5　完成订单处理

3.1.2 未付款的订单

“未付款”界面中显示的是买家已经下单，但是并未付款的订单，卖家可以点击订单查看相关信息，如图3.6所示。

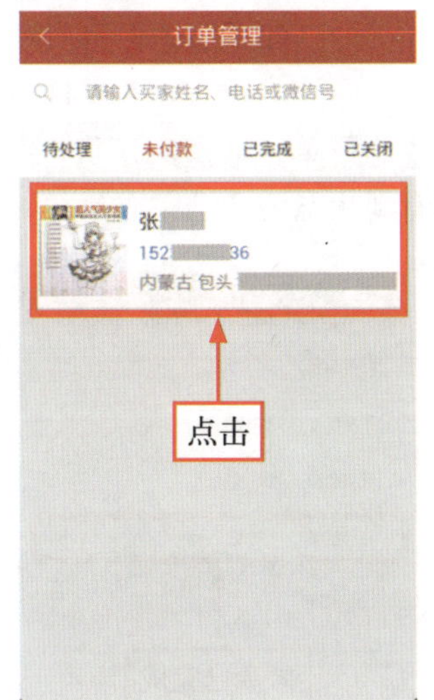

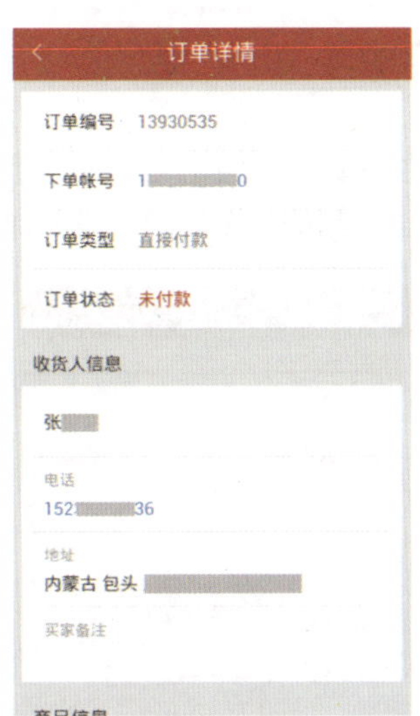

图3.6　查看未付款订单

此外，卖家还可以通过买家留下的联系方式，直接联系买家催付以获取订单，如图3.7所示。

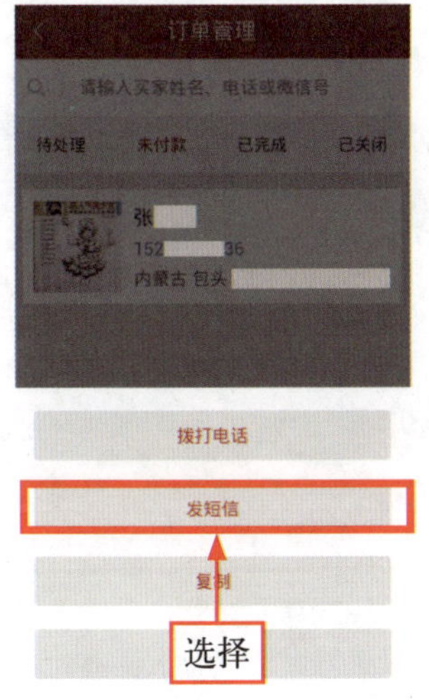

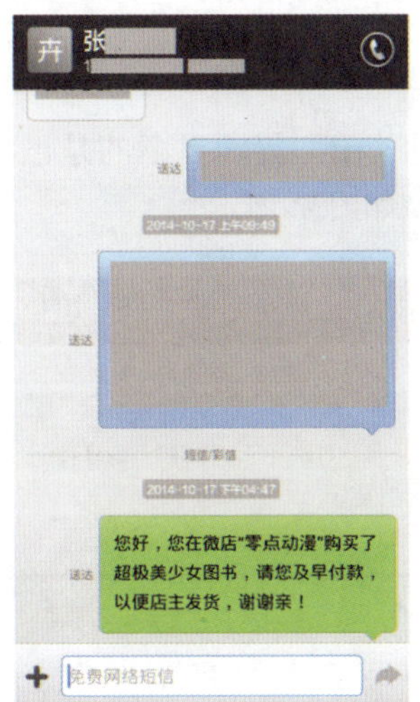

图3.7　联系买家催付

专家提醒

要提醒大家的是：如果买家在付款的中途关闭了付款页面，那么订单会立即关闭；如果买家未关闭付款页面，但是1个小时内未付款，订单也会自动关闭。

3.1.3 完成与关闭订单

step 01 “已完成”界面中显示的是已经完成的订单，即卖家发货，并且买家已经确认收到的订单，点击该订单可以看到状态为“已完成”，如图3.8所示。

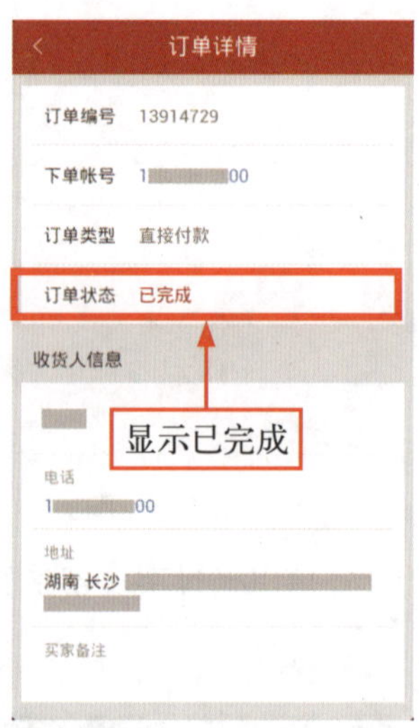

图3.8 已完成订单

step 02 “已关闭”界面显示的是已经关闭的订单，点击订单可以查看相应的状态，如图3.9所示。

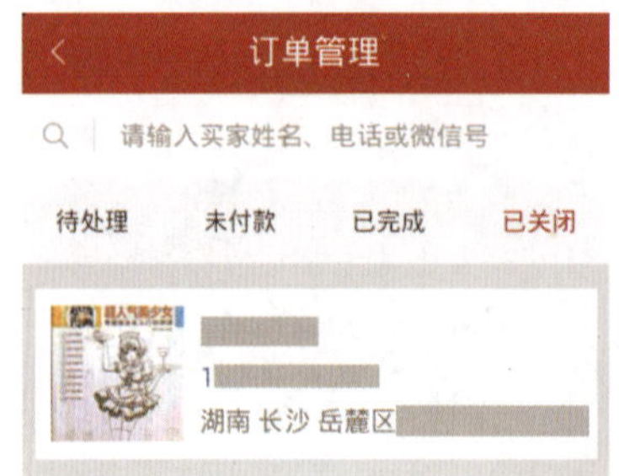

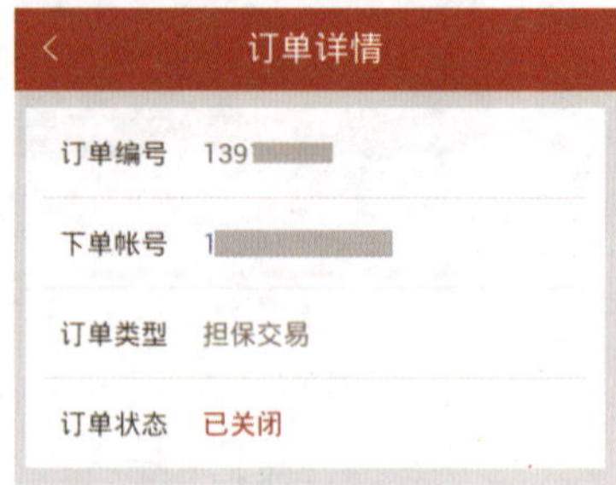

图3.9 已关闭订单

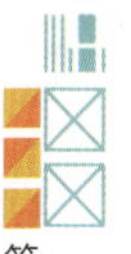

3.1.4 一键导出订单

如果订单不多的话，卖家直接在手机上就可以处理了。但如果订单很多，或者卖家需要别人代发货，就可以登录微店网页版v.vdian.com进行订单处理，如图3.10所示为微店网页版。

图3.10 微店网页版

step 01 点击网页版的“订单管理”按钮，一键导出订单的Excel表格。选择订单日期，勾选订单类型(有已付款、未付款、已发货、已关闭4种类型)，点击“导出”按钮，就会下载Excel表格到电脑上，如图3.11所示。

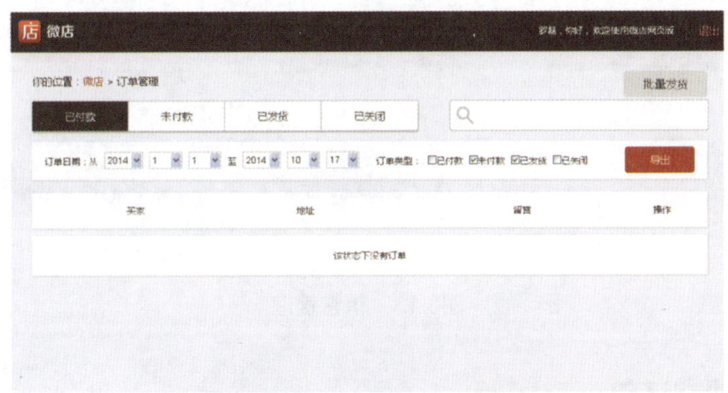

图3.11 导出微店订单

step 02 对导出来的Excel表格稍做处理，就可以直接打印快递单。如果卖家需要别人代为发货，也可以把订单发送给对方，并请对方发货完成后尽快填写物流公司及相应的物流单号，然后再把表格返回。卖家还可以一键导出所有订单，进行客户管理、分析，如图3.12所示。

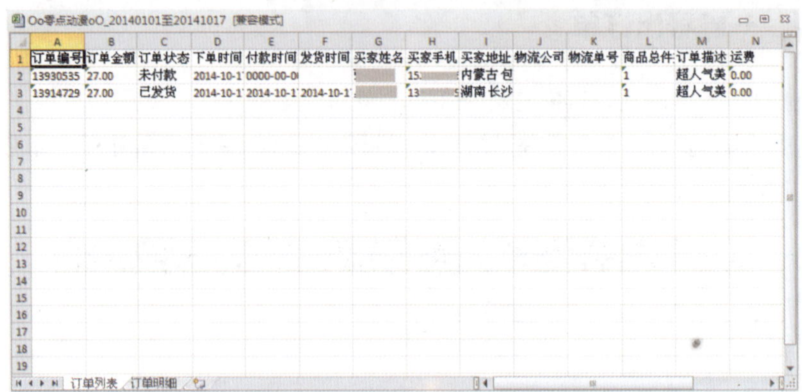
Oo零点动漫oO_20140101至20141017 [兼容模式]

订单编号	订单金额	订单状态	下单时间	付款时间	发货时间	买家姓名	买家手机	买家地址	物流公司	物流单号	商品总件	订单描述	运费
13930535	27.00	未付款	2014-10-1	0000-00-0			15	内蒙古 包			1	超人气美	0.00
13914729	27.00	已发货	2014-10-1	2014-10-1	2014-10-1		13	湖南 长沙			1	超人气美	0.00

订单列表 订单明细

图3.12　导出订单表格

3.2　流量分析，销售管理

销售管理这个功能主要是让店家进行数据分析时用的。它支持查看最近30天的销售数据，包括每日订单统计，每日成交额统计，每日访客统计。店家可以通过分析这些数据来判断哪款商品热门，用户喜欢什么，从而调整自己的店铺或商品，如图3.13所示为微店销售管理。

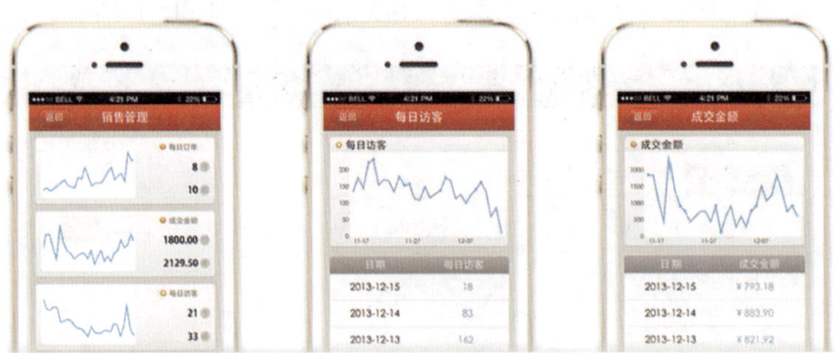

图3.13　销售管理

3.2.1　成交订单

成交订单显示的是所有已经完成的订单，时间宽度为30天，微店会以走势图形式显示出来，同时显示成交来源，即是出售哪件商品产生的订单，如图3.14所示。

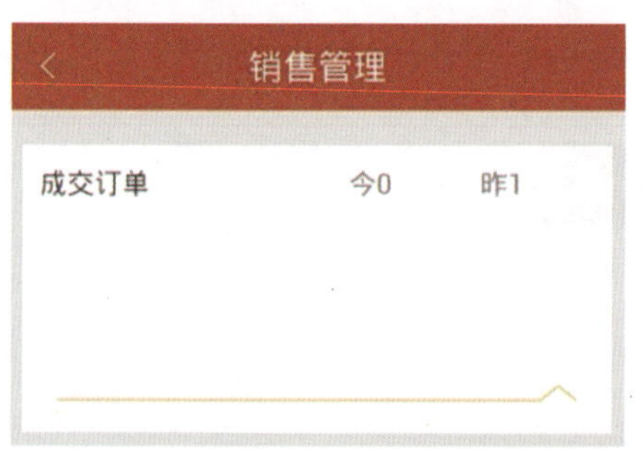

图3.14 成交订单

3.2.2 成交金额

该界面显示的是最近30天的所有成交订单的金额，同样以走势图显示，每笔订单的成交金额都会在这里显示出来，店家可以随时查看成交的账单，如图3.15所示。

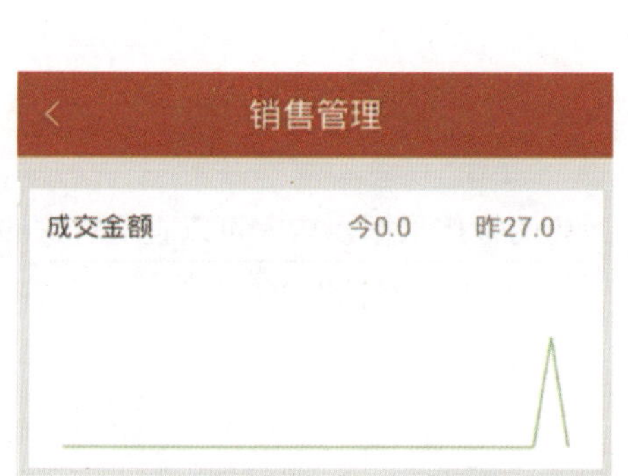

图3.15 成交金额

3.2.3 每日访客

每日访客是指当天浏览店铺或商品的买家，即使买家并没有产生购买行为，但是只要点击进入店铺或商品页，即产生了流量，如图3.16所示。

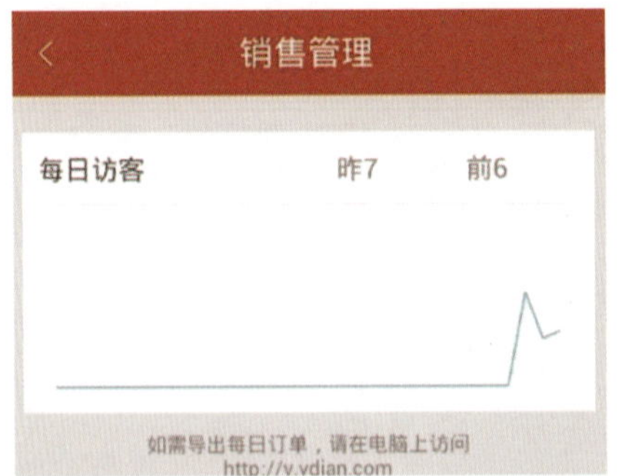

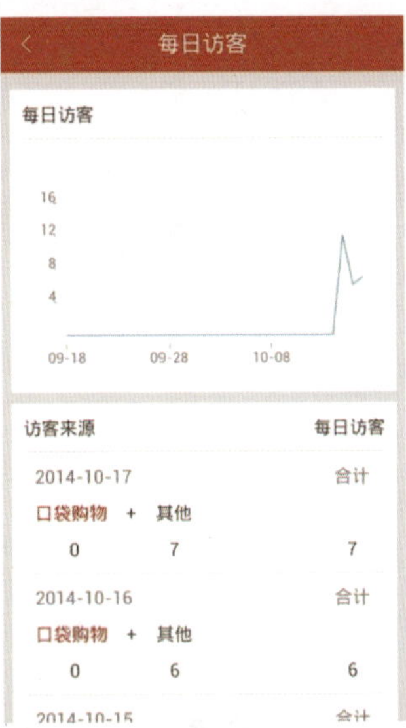

图3.16 每日访客

专家提醒

众所周知，在电商领域，店铺产品的点击量代表着客户的流量，大额的成交量，必定是建立在足够点击量的基础上的。因此，对于每日访客应用，店家应该特别关注，留意大多数点击是针对哪些商品，因为这些商品可能是消费者最感兴趣的，然后店铺可以有针对性地出售这些商品。

3.3 行情把握，客户管理

客户管理的重要性在于可以作为微店的推广依据。店家可以查看客户的收货信息、历史购买数据等，来分析客户喜好，从而有针对性地进行推广。

3.3.1 聊天消息

客户管理中的聊天消息界面，主要显示店家与买家之间的聊天记录，相当于淘宝网的阿里巴巴，在这里买家可以与卖家“讨价还价”，同时也是店家附加优惠的地方，如图3.17所示。

要提醒大家的是，为了能够及时看到客户消息，店家需要在手机的“系统设置”→“应用程序管理”中开启消息通知。

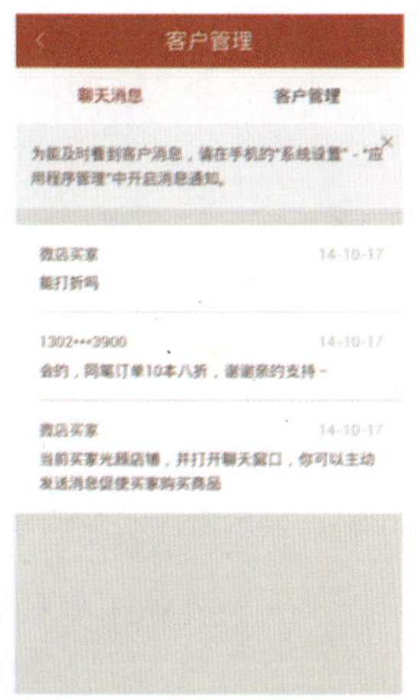

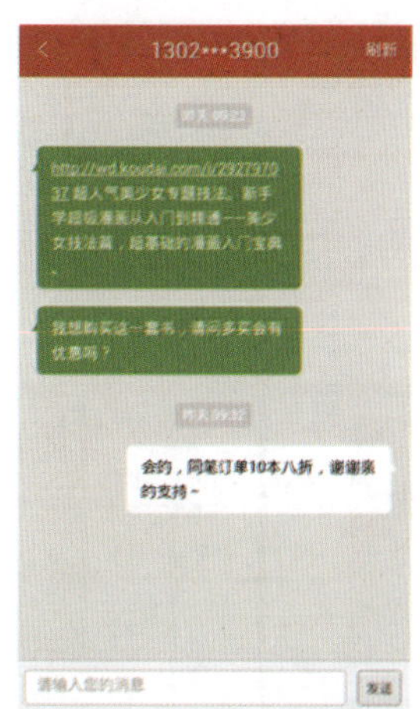

图3.17　微店聊天消息

3.3.2　客户管理

在“客户管理”界面，店家可以查看已经成交的客户信息，包括收货人信息和成交订单详情等，如图3.18所示。

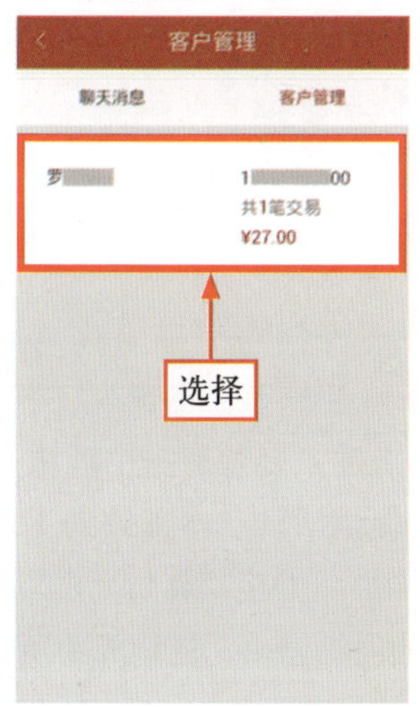

图3.18　查看客户详情

选择“客户备注”，店家可以为改用户添加备注，这里的备注比较重要，店家可以将该用户的年纪、喜好，甚至性格等重要信息留存下来。所谓知己知彼，只有充分了解客户，才能做到精准营销，如图3.19所示。

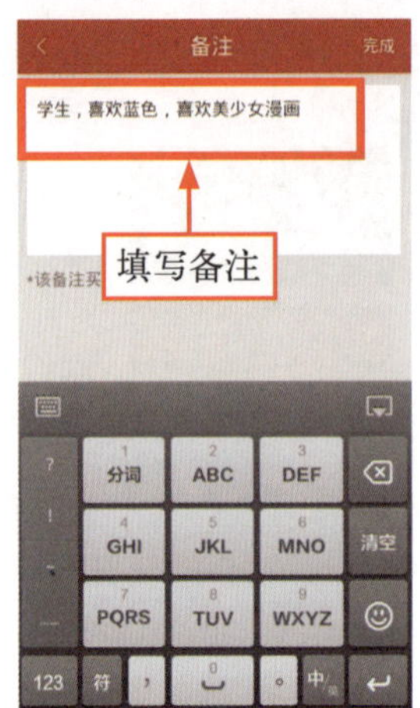

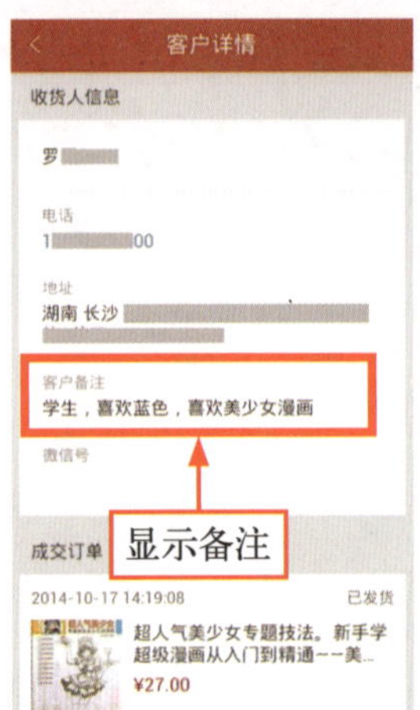

图3.19　填写客户备注

3.4　优惠活动，促销管理

淘宝店铺需要噱头来吸引消费者，在手机上的微店也需要进行促销活动来吸引消费者。店家如果想为微店添加促销活动，比如用折扣活动来为微店增加人气，可以在微店的“促销管理”界面中进行添加操作。

3.4.1　促销原则

无论是实体店还是网店或者微店，店主都需要注意好的促销活动策划，必须坚持以下七大原则。

1．促销理由

一项促销活动，要让消费者信服，产生兴趣，必须有一个理由，即“事出有因”。这一点很好理解，我们平时所看到的促销活动基本都做到了这一点。比如“店庆”“新店开业”“庆祝销量突破100万台”，乃至“新货上市”都能作为一个促销活动的“噱头”。如何找到一个有新意的促销理由，应该成为所有促销活动策划者考虑的首要问题。

2．活动规则

必须要用简明扼要、普通消费者能够理解的语言来说明促销活动的规则，切忌玩文字游戏，否则很容易让消费者产生上当受骗的感觉。

活动规则建议多用数字表述，但应尽量避免使用“××折起”“最低100元”“100～300元”等表述方式，理由也很简单，一旦消费者到达零售终端，发现大多数商品的促销力度都在下限之上，很容易产生上当受骗的感觉。

把消费者当小学生，用尽可能浅显的文字来讲述活动规则，是促销活动的第二项原则。

3. 享受条件

如果一项优惠活动每个人都能享受，这个优惠活动也就失去了吸引力。这也是很多促销活动设计者最容易犯的一个错误，他们总想尽可能扩大受众面，恨不得所有人都来参加他们的促销活动。

试想，作为一个消费者，你有资格享受某项优惠，而你身边的其他人却没有这个资格，你是否会觉得这项优惠对你是有意义的呢？

4. 活动期限

现在的商家，一年四季都在搞促销活动，消费者对各种活动的免疫力也在不断增强。因此，促销活动必须要有明确的起止时间，而且，一旦到了结束时间，要坚决停止该活动，只有这样，才能让消费者对该促销的真实性产生信任感。

如果商家为了一时之利，活动结束了仍然执行该促销，或者压根就不提起止时间，长此以往，很容易在消费者心目中形成“狼来了”的效应，大大降低促销活动的吸引力，而不会让消费者产生“今天一定要买，不然明天就没法享受这个优惠了”的感觉。

5. 活动地点

一则促销活动，必须将活动地点明确写出来，即让消费者知道，到哪里才能享受到这些优惠。

6. 咨询电话

在发布促销活动信息时，最好在比较醒目的位置写明咨询电话，万一消费者有什么不明白的地方，可以电话咨询，这样可在很大程度上避免消费者因对促销规则理解不清而导致的“高兴而去，失望而归”的情况。

7. 标题醒目

促销活动如果需要发布广告的话，标题一定要醒目，吸引眼球。现代人的生活

节奏越来越快，每天接受的信息量也很大，要想让一个消费者仔细看完一则广告，标题是否醒目无疑非常关键。

专家提醒

推荐店家可以参考以下几种促销方式：

(1) 折扣促销：折扣是常见的促销方法，有超过半数的消费者接受此类方式。

(2) 卡式促销：卡式包括很多，如月卡、季卡、年卡、金卡、贵宾卡等。

(3) 免费试用促销：向客户宣传在某一时间段内做免费试用，使客户先体验效果再培养成顾客，然后再收费。

(4) 买二赠一促销：买二送一，买大送小，购客装赠院装，购客装赠免费疗程，买美白赠面膜等等。

3.4.2 促销管理

如果店家想要设置一些私密优惠活动来吸引顾客，应该怎么做呢?

step 01 首先，打开“微店”软件，在微店中，点击“促销管理”，然后在促销管理中点击“添加”按钮，如图3.20所示。

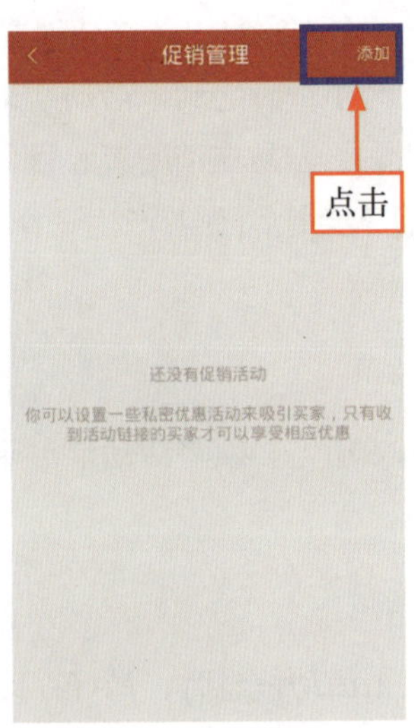

图3.20 促销管理

step 02 在促销管理中，商家可以对促销活动的信息进行设置，如促销的折扣、促销生效的时间。设置完后商家就可以点击右上角的“完成”按钮，如图3.21所示。

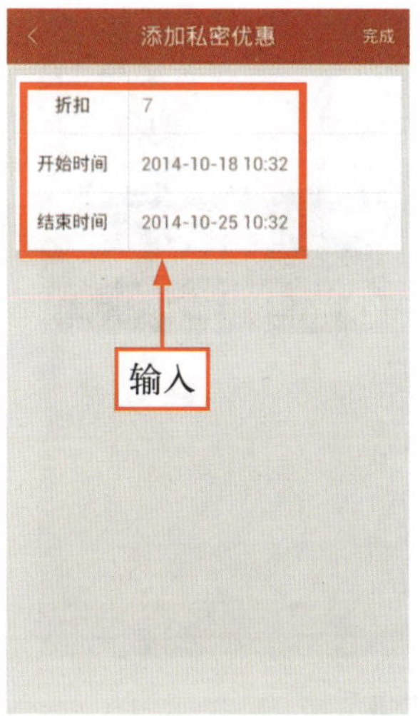

图3.21 添加私密优惠

step 03 点击完成后，商家可以把这些优惠信息通过微信、朋友圈、短信进行分享。而点击“预览促销活动”我们就能查看到促销活动信息在微店中显示的效果，如图3.22所示。

图3.22 分享优惠，预览优惠活动

step 04 当然，如果店家想要删除私密优惠活动，也可以随时进行操作，具体办法是单价优惠活动，选择“垃圾桶”删除图标，确认删除即可，如图3.23所示。

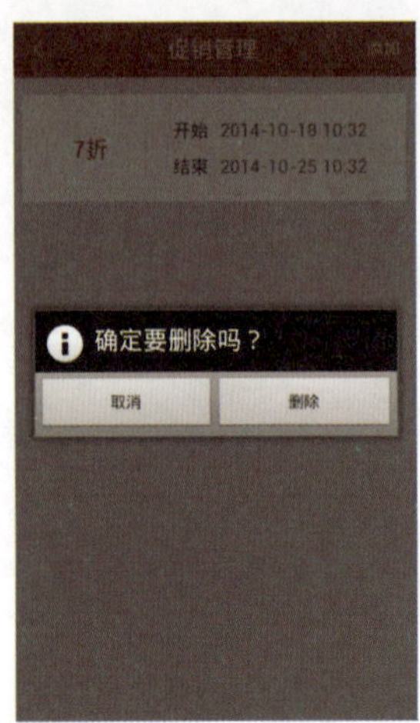

图3.23 删除优惠活动

3.5 店铺展示，商品管理

拥有了一个微信平台，接下来就需要对店铺的商品进行管理了。第一步就是选择目标商品，即确定自己的店铺要卖什么，然后选择进货途径，并学会微店商品发布、展示以及店铺装修等。

3.5.1 选择目标商品

所谓“目标”商品，是卖家想要通过微店出售的商品，简单地说就是微店卖什么。这是微店店主首先要解决的问题。那么，作为微店的新手店主，我们应该选择哪些目标商品呢？

(1) 客户明显的商品。什么是客户明显呢？就是你明确地知道谁会买自己的商品。针对微店来说，其实就是出售朋友圈里边的好友需要的产品，例如你的朋友们大多是年轻白领，并且女生较多，那么目标产品就可以选择化妆品；如果你是大学生，可是你却出售母婴产品，无疑是没有市场的。

(2) 质量上乘的商品。也就是好的商品，即商品是正品，货源稳定且正规，当然价格低廉就更好了。因为微店是通过朋友圈进行推广营销的，如果朋友从自己这里买到了假冒伪劣产品，不仅会对微店产生影响，甚至会影响朋友间的感情。如图3.24所示为笔者一位朋友的微店销售情况展示，因为产品质量上乘，该店主获得了很多回头客。

专家提醒

好的商品是微店经营的基础，没有这个意识，最好不要做微店。也许在某些网店卖假冒伪劣商品还可以一时侥幸赚点钱，但是在微店里卖假冒伪劣商品一点前途都没有，而且会把自己的人品搭进去，朋友会对你失去信任。

(3) 毛利较大的商品。微店商品要有一定的毛利空间，毛利太低，就不太适合在微店上卖，尤其是那些兼职代理的朋友，因为在微信上不可能一下子有很多订单，如果毛利太低，卖一个产品才赚几元钱。假如你一天3单，一天还不到10元钱的利润，你就很难坚持下去，很难让你有持续的激情。如卖一个产品可以赚十几元，或者是几十元，一天几单，一天至少也有50元左右，一月下来也可以赚个1000多，对于兼职的朋友来说还是不错的。

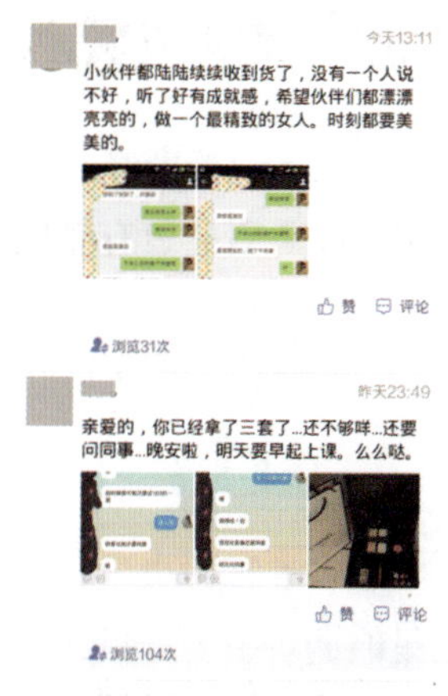

图3.24 出售质量上乘的商品

(4) 兴趣所在的商品。店主可以想一下自己的兴趣是什么，因为兴趣是最好的老师，你喜欢这个产品，认可这个产品，你就会去研究，会花心思在这上面。举例来说，微店非常成功的“哈爸微店”，出售的便是店主擅长并感兴趣的儿童绘本，从而获得了成功，甚至缔造了“日赚3万3”的微店神话，如图3.25所示。

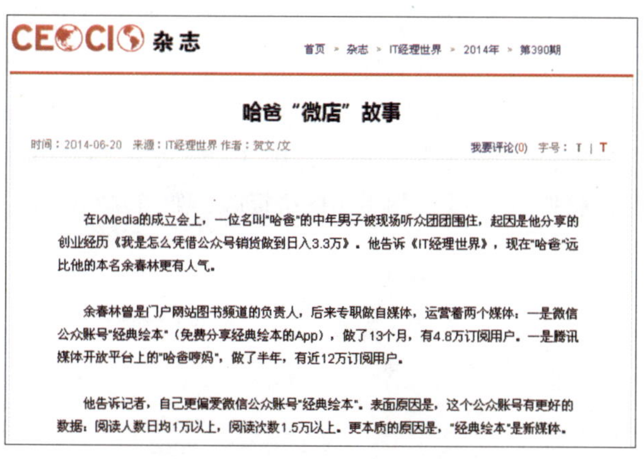

CEOCIO 杂志　　首页 > 杂志 > IT经理世界 > 2014年 > 第390期

哈爸“微店”故事

时间：2014-06-20　来源：IT经理世界 作者：贺文 /文　　我要评论(0)　字号：T | T

在KMedia的成立会上，一位名叫"哈爸"的中年男子被现场听众团团围住，起因是他分享的创业经历《我是怎么凭借公众号销货做到日入3.3万》。他告诉《IT经理世界》，现在"哈爸"远比他的本名余春林更有人气。

余春林曾是门户网站图书频道的负责人，后来专职做自媒体，运营着两个媒体：一是微信公众账号"经典绘本"（免费分享经典绘本的App），做了13个月，有4.8万订阅用户。一是腾讯媒体开放平台上的"哈爸哼妈"，做了半年，有近12万订阅用户。

他告诉记者，自己更偏爱微信公众账号"经典绘本"。表面原因是，这个公众账号有更好的数据：阅读人数日均1万以上，阅读次数1.5万以上。更本质的原因是，"经典绘本"是新媒体。

图3.25 “哈爸微店”成功案例

(5) 售后完整的商品。卖产品最怕的就是售后服务跟不上，所以我们在选择产品的售后，最好找没什么售后问题(如吃)的产品，卖完了只要配送过程中不出问题，一般都没啥售后问题。这样也不用花太多的精力浪费在这上面。

3.5.2 寻求进货途径

确定了目标商品，店主接下来需要解决货源的问题。选择货源的方法有很多，店主可以看看身边有哪些资源可以利用，如你的朋友有没有开厂的，或有没有做代理商的朋友，你的家乡有没有什么好的特产，还有就是你所在的城市有没有好的货源等。同时，店主还可以从以下渠道获得商品资源。

1. 批发市场

想好进货种类后，店主就可以选择几家综合指数靠前的批发市场进行调研了。这里的调研主要是指比较各批发商的商品：价格、质量、最少拿货数量、退换货、包装、补货的方便程度等。

相比较而言，批发市场的确是微店新手卖家不错的选择，主要有以下四大优势：

(1) 批发市场的商品比较多，品种数量都很充足，挑选余地比较大，而且很容易实现“货比三家”。

(2) 能够看到实体货物，质量可以把控。

(3) 批发市场很适合兼职的微店卖家，这里进货时间和进货量都比较自由。

(4) 批发市场的价格相对很低，对于微店来说容易实现薄利多销，也能有利于微店交易信用度的累积。

每个城市一般都有一个比较大的小商品批发市场，产品便宜并且交通方便，因此很多创业者一般都会去这些地方进货。一般来说，在大城市开网上商城更有优势，因为他们的线下货源更好，更有优势，工厂和批发市场也非常多。

只要你能够与一些批发商建立良好的供求关系，就能够拿到第一手的流行产品，保证网上销售的低价位和销量。那么，店主如何快速寻找本地的批发市场呢？除了向本地人打听消息之外，要灵活运用网络资源，如图3.26所示。

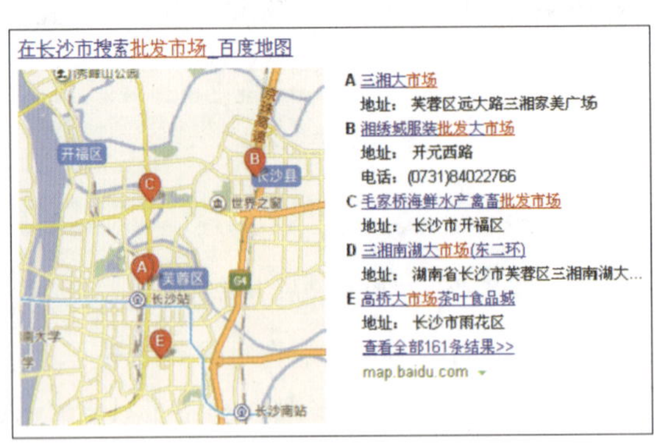

图3.26 搜索批发市场

专家提醒

刚开店的新手们要特别注意，在前往批发市场进货的过程中，要事先想好大约需要进多少货，花费多少钱。进货数量价格的清单一定要保留，便于记录进货情况，同时也是退换货的凭证。在确定了货源之后，要努力维系住，方便下次拿货。

2．阿里巴巴

阿里巴巴(1688.com)是全球企业间(B2B)电子商务的著名品牌，为数千万网商提供海量商机信息和便捷安全的在线交易市场，也是商人们以商会友、真实互动的社区平台。因为阿里巴巴汇集了大量的商户，因此也是微店货源的重要来源之一。

由于全国最大的批发市场都主要集中在几个城市里，而且有很多卖家也没有条件千里迢迢地跑到这几个批发市场。所以，在这个时候阿里巴巴作为一个网络批发的平台，充分显示了它的优越性，如图3.27所示，为阿里巴巴的批发进货流程。其优势主要体现在以下几个方面。

- 网站囊括的客户群比较广阔，且利于信息互换，增加了信息量，更利于造声势，扩大影响。
- 信息越来越细分化与全面，这样就更具有针对性和有效性。
- 它是全球最大的华人论坛，以商会友，为全球的商人交流创造了极大的方便，也拉近了各处商人之间的距离，也提高了网站的知名度。
- 庞大的会员数量，知名度的提升，品牌的树立使阿里巴巴的信息覆盖面越来越大，吸引了商家的到来。
- 开通了“诚信通”，为网上安全交易提供了保证。

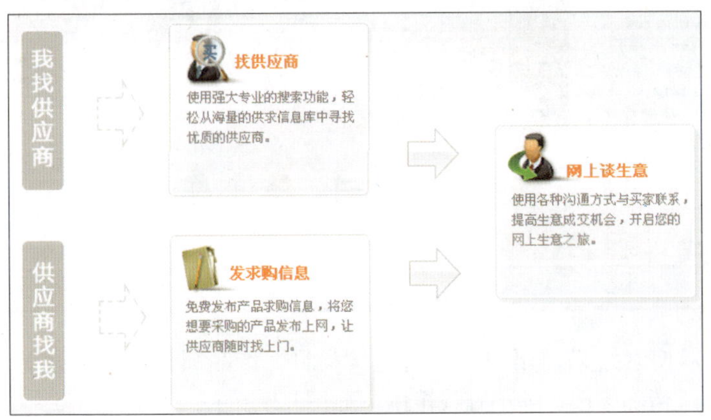

图3.27　阿里巴巴的进货流程

了解了阿里巴巴基本的进货流程，店主还需要掌握以下进货技巧策略。

(1) 坚持用支付宝进货。不要由于货品过于便宜，就动摇了使用支付宝的决心，因为支付宝远比其他支付方式更加正规，这是小卖家的基本保障。

(2) 付款要多加小心。很多阿里巴巴的商家，他们是不直接在阿里巴巴上买卖的，会给你一个他们公司的相册。然后你下订单后，会给你一个淘宝这边的他们的店的链接商品，让你拍下。这个时候，一定要注意几点：一是要看这家淘宝店铺的店主是不是在阿里巴巴上跟你洽商的人。二是要看清晰这家店铺的评价内容。也就是评价的内容里是不是也有人和你一样，通过链接方式来使用支付宝。三是要看你付款时，卖家更改的价钱是否一致。

(3) 寻找固定的卖家。假如店主已经决定在阿里进货，建议先批发少量货品。假如质量满足的话，那么就可以继续在这家公司批发。这样折扣更多，同样风险也少了许多。

下面，笔者就以找供应商为例，商品种类选择为“儿童图书”，通过两种方式，一步步详解通过阿里巴巴进货的基本操作方法和具体流程。

(1) 搜索产品

step 01 首先，进入阿里巴巴主页(http://page.1688.com)，在产品搜索框中输入“儿童图书”，单击“搜索”按钮，如图3.28所示。

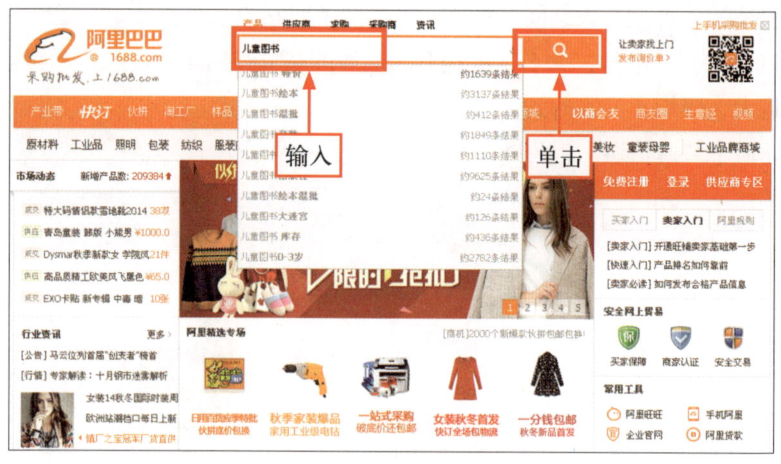

图3.28　搜索产品

step 02 显示搜索结果，用户可以通过按类目、产品属性以及快速筛选，组合使用、精确筛选，缩小查找范围，如图3.29所示。

图3.29　筛选产品

step 03 找到合适的产品后，单击进入其详情页面，用户可以设置相应的数量，单击“加入进货单”按钮，如图3.30所示。用户确认订单信息后并付款，即可等待收货，完成进货操作。

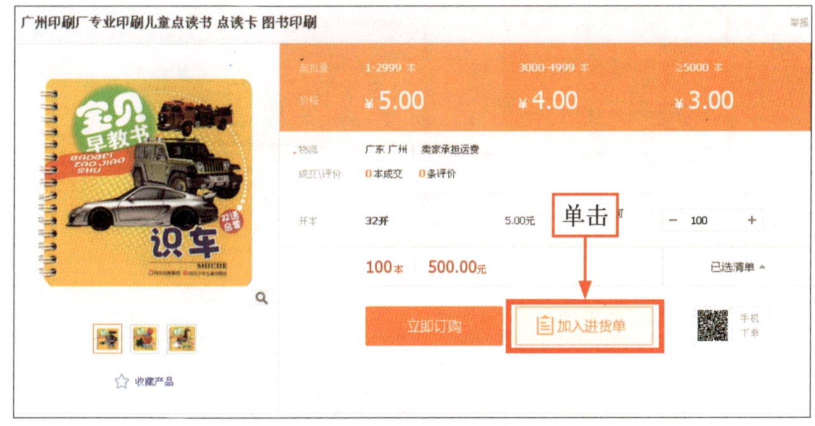

图3.30　加入进货单

(2) 搜索供货商

step 01 首先，进入阿里巴巴主页，选择搜索框的“供货商”，输入货品关键词“儿童图书”，单击“搜索”按钮，如图3.31所示。

step 02 搜索完成后，显示“儿童图书”供货商，店主可以在“所有地区”中选择自己所在的地区，同时确定其他条件后，即可完成供货商搜索，如图3.32所示。

step 03 筛选完成后，显示目标地区的主要供货商，根据需要选择适合自己的供货商，进入该供货商的商品网站，如图3.33所示。

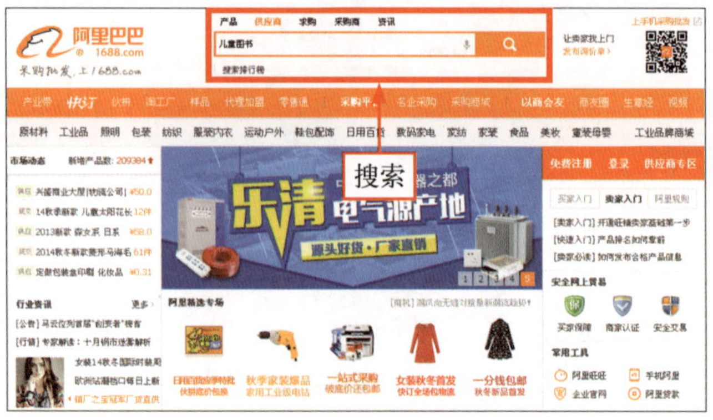

图3.31　搜索供货商

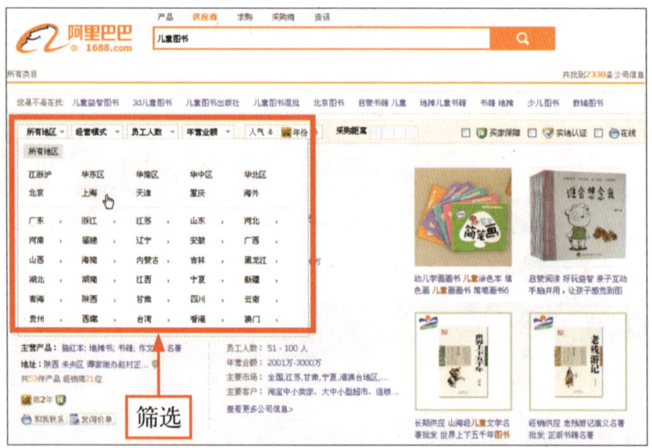

图3.32　筛选供货商地区

图3.33　显示目标地区供货商

step 04 在选定的供货商网站中，选择合适的商品，单击进入其详情页面，设置相应的数量，单击“加入进货单”按钮，如图3.34所示。用户确认订单信息后并付款，即可等待收货，完成进货操作。

图3.34　加入进货单

专家提醒

阿里巴巴不仅有批发进货，还有小额的拍卖进货，这都是淘宝卖家很喜欢的进货方式。和商家商量时尽量使用贸易通，如果出现什么纠纷，也好作为证据之一。第一次进货的时候也可以选择本地的厂家或是公司，这样方便上门取货。

3．网络代销

网络代销又名网店代理，是指想开网店但没有货源的商户在网站注册一个用户名，当网站开通其会员用户名代销资格后，为其提供商品图片等数据下载，而不是实物，并以代销价格提供给网店代销商户销售。

网络代销作为一个微店经营方式越来越受到人们的喜欢，免除了存货的麻烦，又可以轻松赚钱，一举多得，是一种非常好的方式。其主要特点有以下几点。

(1) 不承担进货风险，零成本、零库存。网店代销人不用囤货，所售商品属于网站数据包中商品。

(2) 看不见实物。一般只提供图片等数据资料，供网店代销放在网店上销售。

(3) 代发货。网店代销销售出商品后，联系网站下单，由网站代其发货。

(4) 一件起批。一般在批发网站进货，必须达到一定数量才可以享受批发价，而网店代销单件在网站也是批发价即为代销价格。

(5) 单笔交易支付。不用预存款，有订单后才购物下单发货。

专家提醒

需要注意的是，由于网络代销不能直接接触商品，所以不能对商品质量、库存和售后服务有很大的把握，因此在挑选商品的时候也要找一些比较正规的公司，根据自身的要求选择最合适的。

4．寻找厂家

在很多城市的郊区，都有很多工厂生产着不同的产品，你可以花些时间去与这些工厂的负责人沟通获得货源，这样的货源往往质量又好，价格也更低。需要注意的是，一般厂家都有最低起订量，你可以先找厂家了解一下它们的最低起订量是多少，如果定做量太小它们一般不会与你合作的。

专家提醒

其实出厂价也是有规矩的，只要是有代理的地方，你去厂家也不能拿到最低价格。因为厂家要保护代理商的利益，你就是跑到厂家也是和在当地代理商那里拿的货一样贵，甚至厂家给你的价格比代理商的还要贵。如该产品在你当地没有代理商，这出厂价厂里往往按进货量来说事的，也就是进的多价格就低。

3.5.3 学会展示商品

有了商品，店主需要将商品上架到微店，这就需要店主进行“添加商品”地操作，具体操作方法在第2章我们已经介绍过，这里重点介绍淘宝搬家助手以及商品管理分类两个重点。

1．淘宝搬家助手

很多转型微店的店主，其实大多已经有开淘宝店铺的经验，或者本身就有一家淘宝店铺在出售商品，而在添加淘宝网店商品的时候，一个个上传到微店非常麻烦，而针对这一难题，淘宝搬家助手可以帮忙。

专家提醒

有几点需要提醒大家，一家淘宝店铺可以搬家至多个微店，但是一个微店只能搬家一个淘宝店，如果你淘宝店铺上了新商品，想同步到微店里面，找到淘宝搬家助手的按钮并完成相关的操作，就能同步过来了。同时还应注意，网店的商品详情页是搬不过来的，而且“搬家”后的微店和你的淘宝店铺运营没有任何关联。

下面介绍淘宝搬家到微店的操作流程。

step 01 首先，点击进入微店APP以后，点击右下角的设置，选择淘宝搬家助手，如图3.35所示。

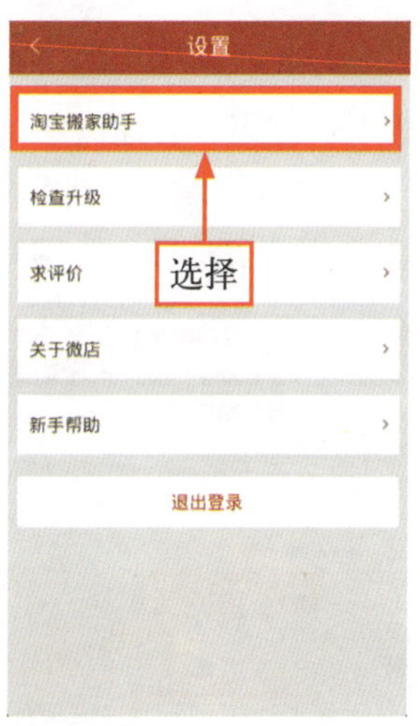

图3.35 淘宝搬家助手

step 02 打开“淘宝搬家助手”界面后，店主会看到“快速搬家”和“普通搬家”两种方式。我们首先了解一下“快速搬家”，点击“快速搬家”按钮，进入淘宝登录界面，输入账号密码登录，等待搬家即可，如图3.36所示。

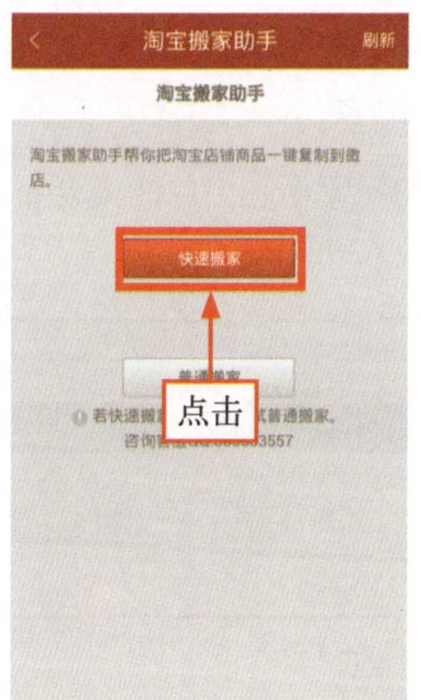

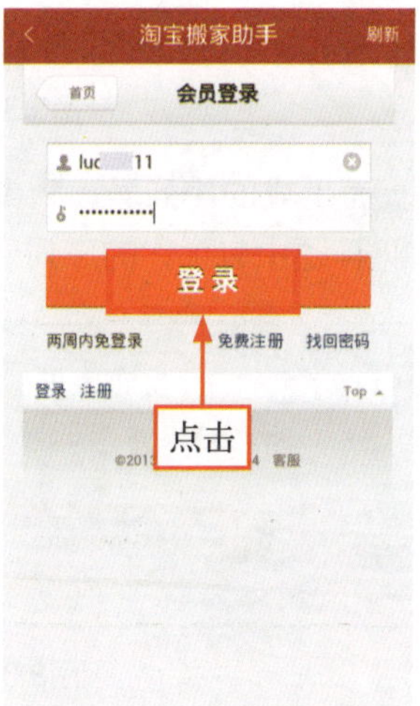

图3.36 快速搬家

专家提醒

“快速搬家”的时间比较长(显示预计在24小时之内完成)，时间长短跟自己店铺商品数量的多少有关，一般数量在300件左右差不多3个小时就能完成，这里笔者不建议店主使用“快速搬家”。

step 03 推荐店主们使用“普通搬家”的方式，首先在“淘宝搬家助手”界面中点击“普通搬家”按钮，此时会出现一个序列号；接下来我们需要把序列号，添加到宝贝标题，如图3.37所示。

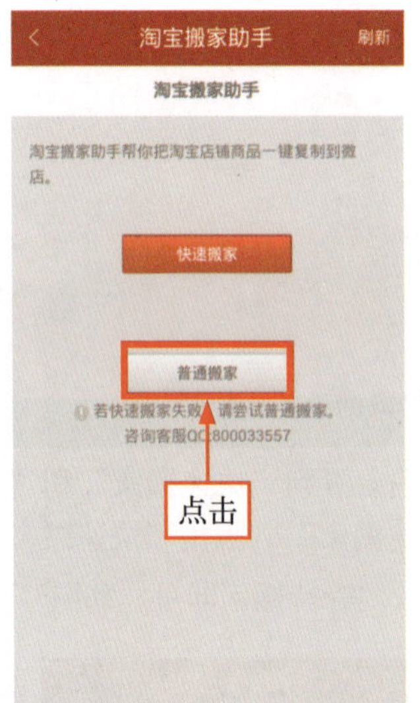

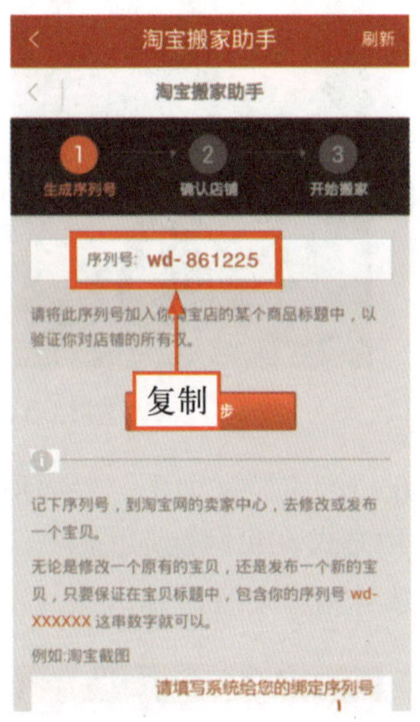

图3.37　普通搬家

step 04 记住页面生成的序列号，到淘宝网的卖家中心去修改或发布一个宝贝，保证宝贝标题中包含你的序列号，如图3.38所示。

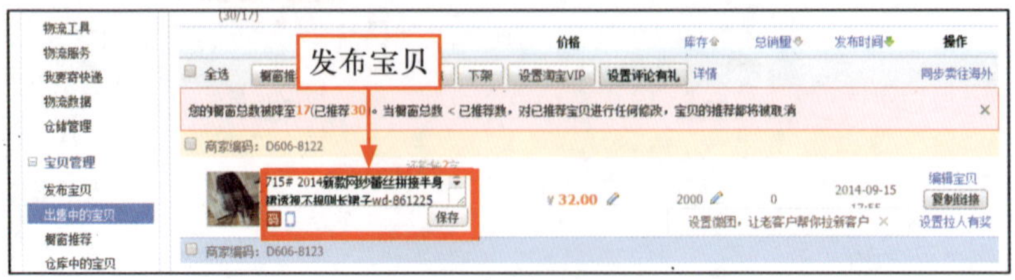

图3.38　发布宝贝

step 05 保存之后预览此宝贝，并复制此宝贝的淘宝商品ID，如图3.39所示。

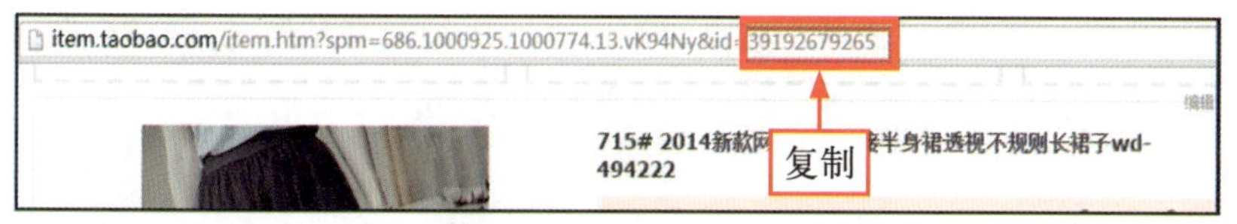

图3.39 复制淘宝商品ID

step 06 点击搬家助手中的“下一步”按钮，将此宝贝的淘宝商品ID输入到搬家助手页面，点击“验证”按钮，等待24小时内搬家完成，如图3.40所示。

专家提醒

如果提示“未找到您的店铺，请检查序列号是否输入正确”，店主可点击左上角的返回按钮，从第一步开始再试一下。返回后，序列号会重新生成，所以店主需要重新编辑宝贝标题，然后按照相同的步骤重新验证。

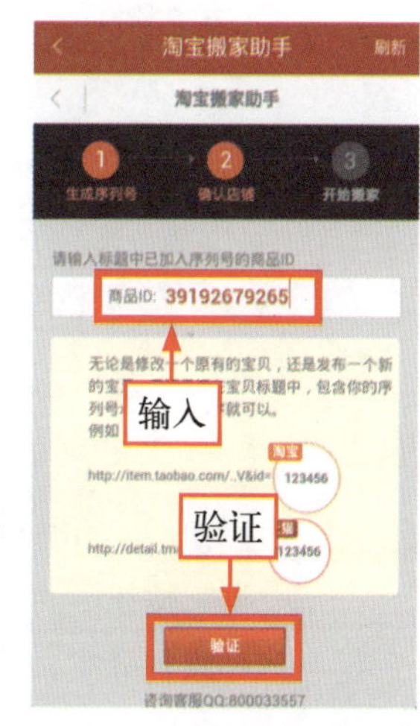

图3.40 验证淘宝商品ID

2. 商品分类展示

随着微店商品的增加，很多商品比较混乱，因此需要店主添加商品分类，以便于更好地管理。需要注意的是，进行商品分类需要使用微店网页版，因此店主必须到电脑端进行操作，下面笔者进行详细介绍。

(1) 添加商品分类。首先，输入微店账号密码，登录“微店网页版”，如图3.41所示。

图3.41 登录微店网页版

step 01 单击“我的微店”，进入商品管理界面，在这里，店主可以查看微店正在出售的商品，同时还可以设置商品按照上架时间、销量、库存、已卖完的顺序进行排列；此外，店主还可以在这里编辑商品信息，包括商品标题、商品描述、商品价格、商品库存等信息，如图3.42所示。

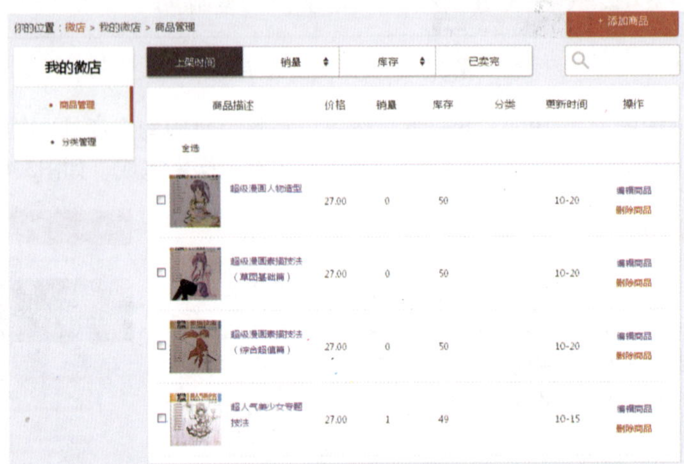

图3.42　商品管理界面

step 02 单击“我的微店”界面中的“分类管理”，进入分类界面；单击“添加分类”按钮，可以为商品添加不同的分类；然后单击“保存更改”按钮，即可添加分类，如图3.43所示。

step 03 在手机上打开微店APP，进入“预览店铺”界面，点击“商品分类”按钮，即可看到商品分类菜单，如图3.44所示。

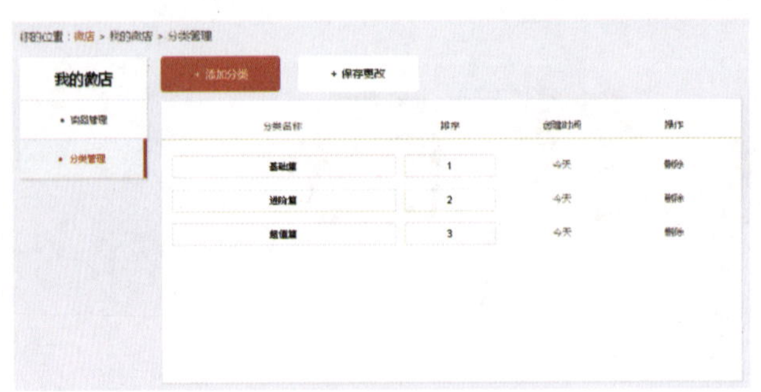

图3.43　添加分类

图3.44　显示商品分类

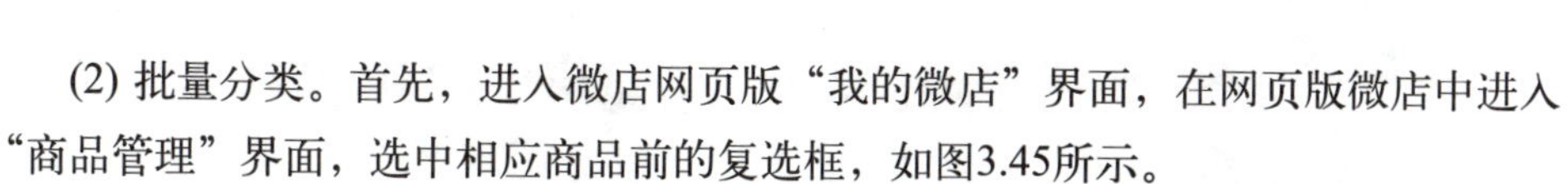

(2) 批量分类。首先，进入微店网页版“我的微店”界面，在网页版微店中进入“商品管理”界面，选中相应商品前的复选框，如图3.45所示。

图3.45　勾选相应商品

step 01 单击“批量分类”按钮，在弹出的列表框中选中相应类别前的复选框，单击“保存”按钮，如图3.46所示。

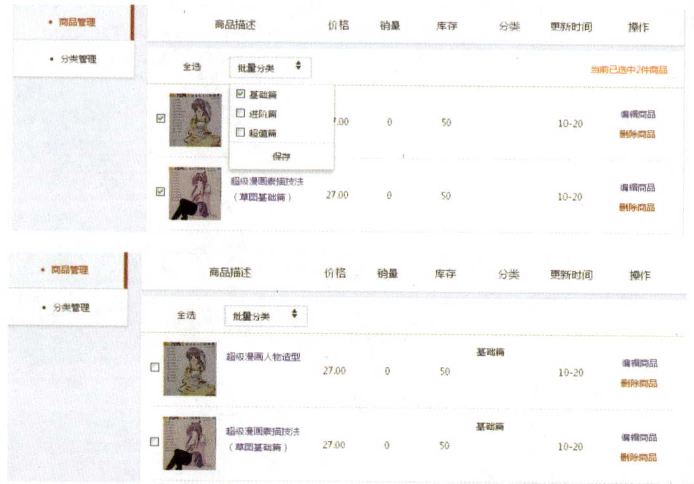

图3.46　选择相应类别

step 02 在手机上打开微店APP，进入“预览店铺”界面，选择相应的商品分类，即可看到该分类下的所有商品，如图3.47所示。

图3.47　显示批量分类

(3) 单个商品分类。除了批量设置外，在网页版微店中还可以对单个商品进行分类设置，具体操作方法：在网页版微店中进入“商品管理”界面，单击某个商品右侧的“编辑商品”按钮，进入编辑商品页面，选中对应分类前的复选框，单击“提交”按钮即可，如图3.48所示。

图3.48　单个商品分类

3.5.4　商品售后服务

买家收到商品之后，如果不满意，店主应该与对方好好沟通；如果不是大的问题，通过沟通即可解决，如果确实是质量问题，就应该及时处理，保证店铺信誉。如果还有其他问题，可以拨打微店客服电话4008-933-557，也可联系企业客服QQ号800033557。

第4章 微店推广渠道的开拓

微店主在完成微店平台的构建后，如何利用精准的推广方式实现快捷营销，并借此来拥有更多的粉丝用户，将是本章分析讨论的重点。在这一章，笔者将向读者介绍微店推广的主要方式，以及在推广时必须注意的问题。

- 全局掌握，微店推广策略
- 重点分析，微信推广平台
- 多管齐下，热门推广渠道
- 我要推广，微店合作联盟

4.1 全局掌握，微店推广策略

有了商品和货源，微店主就需要学着去推广，增加微店的曝光率，让周围的朋友们看到自己，并促使他们产生购买欲望和行为。

相对于实体店和网店，微店的经营范围比较有限，可是由于微店依托于移动互联网，因此也有很多推广渠道和方式供我们选择。不过，在我们开始推广之前，还有以下推广策略是需要店主们知晓并须严格执行的。

4.1.1 淡定的心态

这是微店有效推广的前提，虽然说起来比较玄妙，但却值得我们特别关注。尤其是对很多新手开微店的人来说，淡定的心态显得至关重要。

很多人加入做微店推广，可能是因为看到有的高手都日进好几千了，认为这是一个很赚钱的生意。于是他们匆匆忙忙搞了几个链接，或是一键推广，就开始去推广，不假思索和分析，甚至在微店交流群里发自己的推广链接。热血沸腾忙半个月，看到没有收入，就开始抱怨，然后慢慢放弃。

因此说，没有淡定的心态，就没法保证进行长期的推广。虽说微店平台仅仅诞生几个月便获得了数以百万的注册账户，可是想要在这股浪潮中淘得真金，并不是短时间内便可以实现的。

4.1.2 向卖家学习

如果新手店家不知道如何推广微店，不妨多找卖家分享的帖子，找找感觉。当然看帖子时，要多加思考，结合微店推广，灵活运用，因为很多人分享帖子，其实把本质的东西说出来了，但是人家不可能把具体详细的步骤一一说清楚了，仍旧需要店主细细揣摩。

新手店主可以关注微店官方微博(http://weibo.com/3967905259)，如图4.1所示；或者关注百度官方贴吧——微店吧(http://tieba.baidu.com/微店)，了解微店最新消息、微店相关问题以及同行们的成功经验，如图4.2所示。

图4.1　微店官方微博

图4.2　微店百度贴吧

4.1.3　精准的对象

微店推广能否赚钱，关键是有没有成交，因此，店主需要找好目标群体。开微店有两方面的收入，一是商品成交的佣金，二是认证佣金。这两方面的推广方法和目标客户群是完全不一样的，要分析你想得到哪块收入，你的客户群在哪里，怎么去推广让他们更多的知道，如图4.3所示。

图4.3　找准精准对象

找准精准的对象道理很简单，可是做起来有点难，主要是要靠自己摸索技巧，并付出很多努力。

4.1.4　服务分销商

在微店，买家即是分销商，分销商也可能成为你的买家。这是个颠覆的平台，不管是做生意，还是做服务，都很讲究回头客。所以做微店推广，如何服务分销商，是大家关注的核心问题，也是微店网为之努力的方向，因为只有这样才能做到长期有效推广。那怎么服务买家(分销商)呢？店主可以从以下几点做起：

(1) 给他们介绍真正好的商品。

(2) 告诉他们网上购物的方法，或者是挑选某类商品的方法。

(3) 提供对他们选购商品有帮助的资讯，即使他们不在你这里买东西，你也要乐意为他们服务。因为他们自己不买，也可能分享给他的朋友，他朋友买了后他会有收入，你也有收入。

4.1.5　巧用SEO利器

所谓SEO，是指为了从搜索引擎中获得更多的免费流量，从网站结构、内容建设方案、用户互动传播、页面等角度进行合理规划，使网站更适合搜索引擎的索引原则行为，如图4.4所示。

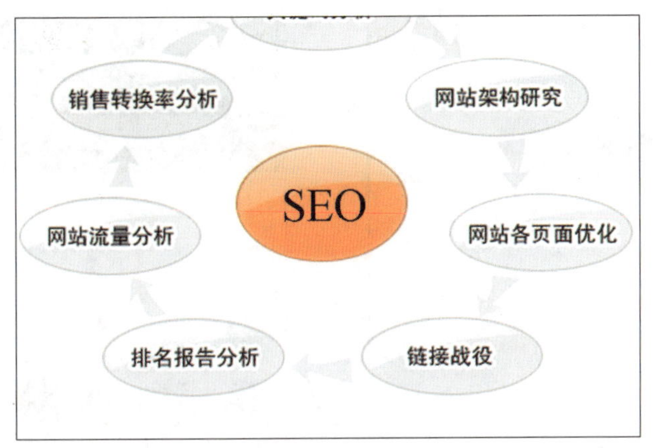

图4.4　SEO优化

SEO优化一直是推广领域的热门话题，而微店推广是一种按成交计费的推广模式，只要从自己微店商品库获取商品链接，任何买家(包括你自己)经过你的推广(链接、个人网站、博客或者社区发的帖子)进入微店卖家店铺完成购买后，就可得到由卖家支付的佣金。因此，采用SEO推广，可以说是一个微店推广的利器。

4.2　重点分析，微信推广平台

作为微店模式诞生的“沃土”，微信可以说是微店推广的主战场，微信APP凭借着较强的即时性和互动性，成功地占据了微店推广营销的重要部分。前文中我们介绍了微信的基本功能，本节我们将结合微店推广的实例，向大家详解如何利用微信功能进行微店推广。

4.2.1　朋友圈推广

2014年，朋友圈原本简易的“文字加图片”熟人交易模式出现了升级版，卖家只需点击链接分享，便可让所有产品进入朋友圈流通，买家点击链接可直接用银行卡或支付宝等进行在线支付。下面对这一推广方式的操作方式进行介绍。

step 01　打开微店APP，进入“我的微店”界面，点击店铺下方的“分享”按钮，此时显示“通过社交软件分享”界面，选择“朋友圈”，如图4.5所示。

step 02　执行操作后，店主可以在弹出的分享界面中输入店铺推广语，点击“分享”按钮，即可完成店铺推广；店家可登录微信，查看推广信息，如图4.6所示。

图4.5　分享微店店铺

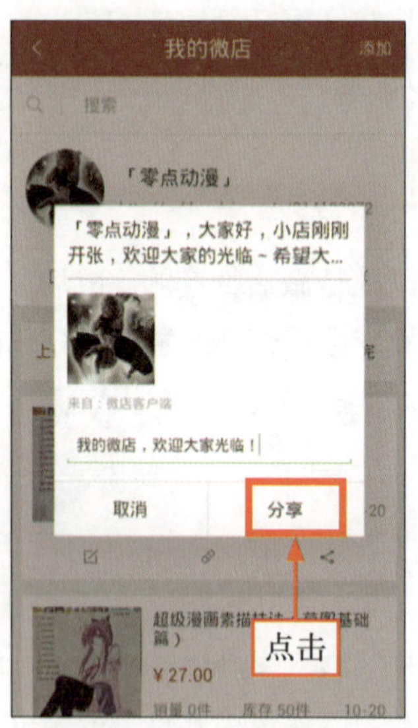

图4.6　分享至微信朋友圈

step 03 此外，还有一种朋友圈推广方式。首先，店主进入微店APP“我的微店”界面，点击店铺下方的“复制链接”按钮，复制店铺地址；然后打开微信，进入朋友圈，如图4.7所示。

step 04 长按“朋友圈”界面右上角的“相机”按钮，可输入纯文字动态；然后长按文字输入框，将复制的店铺链接粘贴进来，如图4.8所示。

图4.7　复制店铺链接

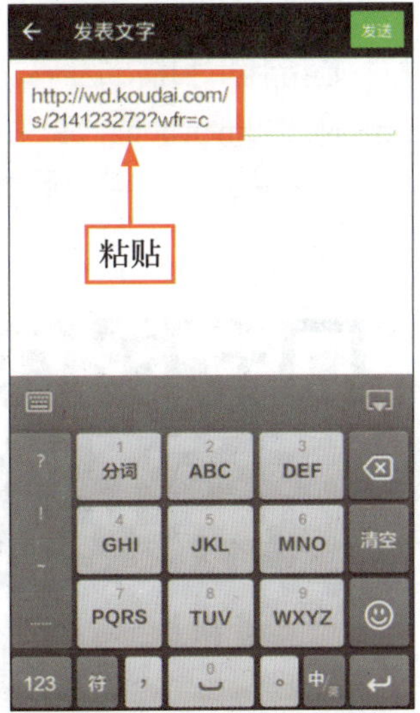

图 4.8　粘贴店铺地址

step 05 点击右上角的“发送”按钮，链接分享成功，微信好友便可以在朋友圈直接点击链接进入店铺，查看商品信息，如图4.9所示。

图4.9　链接分享成功

4.2.2 扫一扫推广

“扫一扫”是指利用扫描二维码功能，进行微店店铺推广。首先我们来认识一下二维码，二维码(2-dimensional bar code)是指在一维条码的基础上扩展出另一维具有可读性的条码，使用黑白矩形图案表示二进制数据，被设备扫描后可获取其中所包含的信息，如图4.10所示。

图 4.10　二维码

下面介绍利用二维码进行微店推广的具体操作方法。

step 01 打开微店APP，进入“我的微店”界面，在店铺下方点击“分享”按钮，在弹出的分享界面中选择“二维码”图标，如图4.11所示。

step 02 执行操作后，弹出“微店二维码”界面，店主可以查看店铺的二维码；点击右上角的“更多”按钮，选择“分享我的微店二维码”，如图4.12所示。

图4.11 选择二维码分享

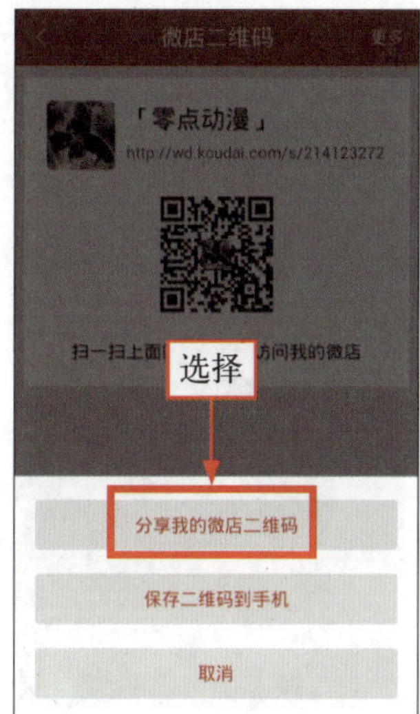

图 4.12 生成微店二维码

step 03 店家可以将微店二维码分享至很多社交软件上，包括微信、朋友圈、新浪微博、QQ空间等，这里以分享至微信朋友圈为例，输入店铺推广语后，即可登录微信，在朋友圈查看店铺二维码了，如图4.13所示。

step 04 二维码分享成功后，微信的好友可以扫描二维码，进入微店店铺首页，查看店铺出售的商品，如图4.14所示。

图4.13　分享二维码至朋友圈

图4.14　扫描二维码进入店铺

4.2.3　摇一摇推广

摇一摇推广的操作方法如下：

step 01 店主需要登录与店铺绑定的微信账号，在微信“我”界面中点击头像进入个人信息修改界面，将店铺推广语设置为“个性签名”，如图4.15所示。

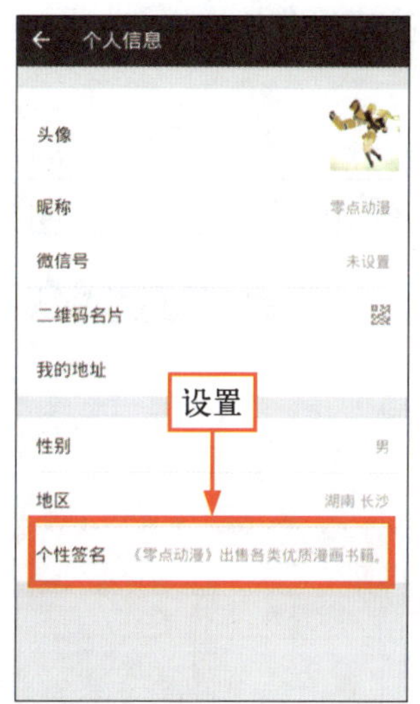

图4.15　设置个性签名

step 02 设置完成后，周围的人便可以利用摇一摇搜索到你，通过个性签名，周围的人可以根据需要了解你的个人信息，进而推广你的微店，如图4.16所示。

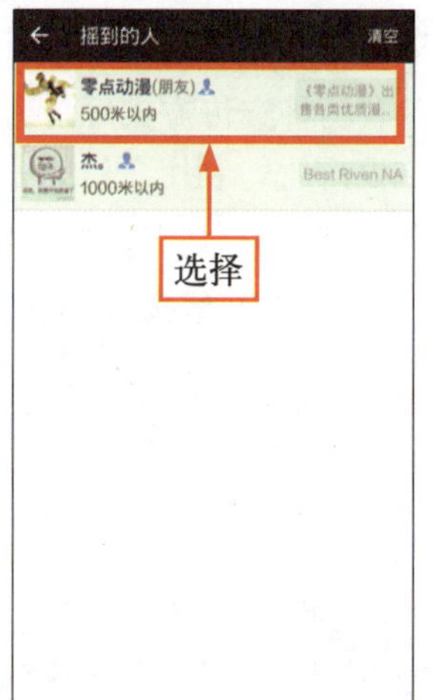

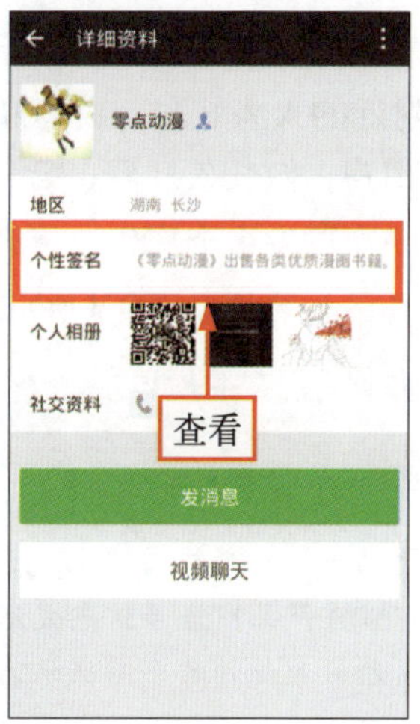

图4.16　摇一摇推广

4.2.4　附近的人推广

"附近的人"是微信4.5版本推出的一项功能，目的就是为了方便用户交友，它将会根据用户的地理位置找到附近同样开启这项功能的人，使用户轻松找到身

边正在使用微信的其他用户。微店店主可以利用该功能进行推广，操作方法如下。

step 01 启动微信，进入"发现"界面，点击"附近的人"选项，执行操作后，即可查看附近的微信用户，如图4.17所示。

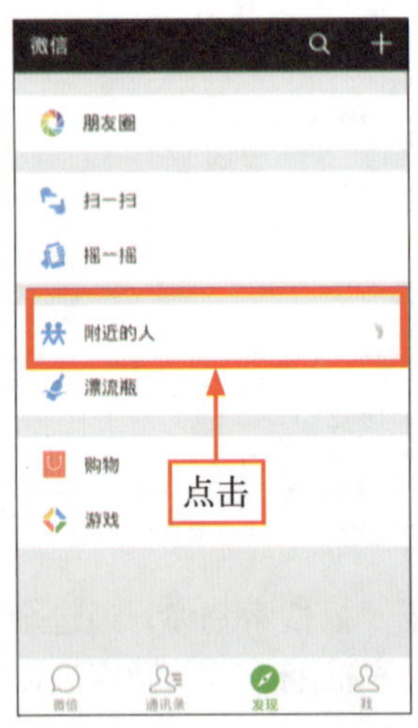

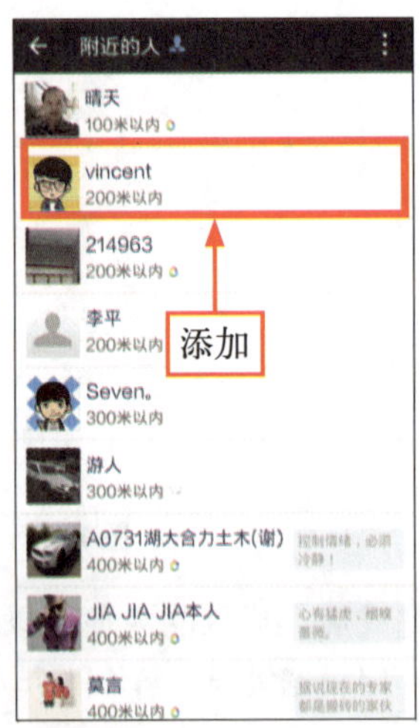

图4.17 附近的人推广

step 02 添加附近的人为好友，成为好友后，有两种宣传方式可以选取：第一，先积累用户，做长久打算；第二，立刻发广告，利用微信的一个群发助手，可以一次群发多个广告。笔者认为此功能是可以打造成一个非常不错的营销工具，尤其是对于O2O(Online To Offline，在线离线/线上到线下)模式的微店而言。

专家提醒

利用"附近的人"功能进行产品或者品牌的推广，只需支付流量，无须花费太多的资金，就能够将产品广告等信息发送到其他微信用户的手机上，而且信息的接受率是百分百，或者用企业的名字做微信名字，再加上签名广告，可以就吸引不少用户添加你为好友。

4.2.5 漂流瓶推广

使用"漂流瓶"功能的用户，只要通过扔瓶子、捡瓶子，就能方便快捷的和陌生人打招呼，结交志趣相投的新朋友，并将商品推荐给他们，具体操作方法如下。

step 01 登录微信，在“发现”界面中选择“漂流瓶”选项，执行操作后，进入漂流瓶界面，如图4.18所示。

图4.18 进入漂流瓶界面

step 02 扔出漂流瓶时，有两种方式可供选择，第一种是文字漂流瓶，在文本框输入推广语，单击下方的“扔出去”按钮即可；第二种是语音漂流瓶，长按下方按钮，把推广语说出来，装进漂流瓶即可，如图4.19所示。

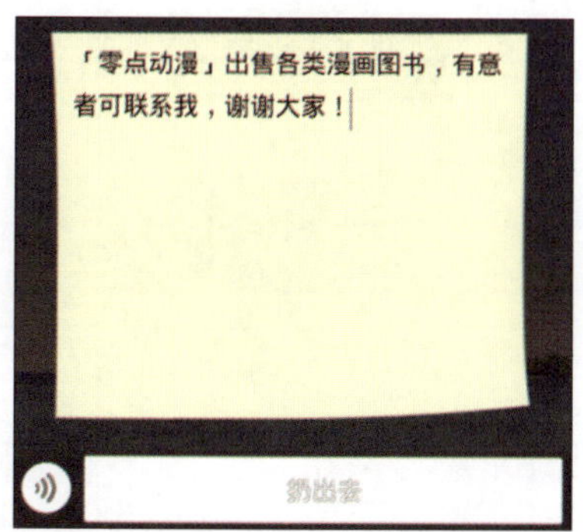

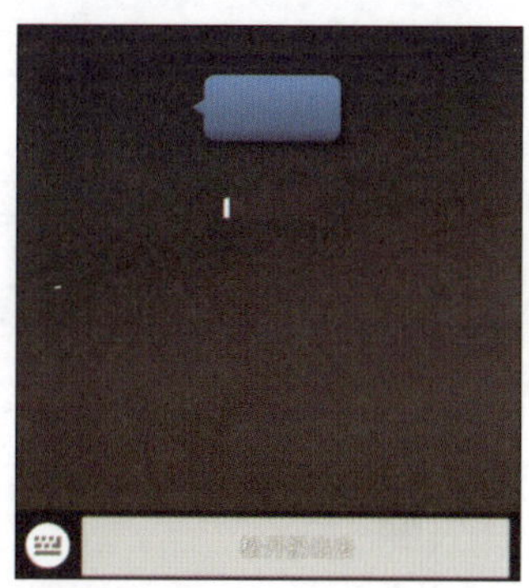

图4.19 扔一个漂流瓶

4.2.6 群聊推广

step 01 登录微信，进入“通讯录”界面，点击“群聊”选项，进入“群聊”界面，点击右上角的“+”按钮，如图4-20所示。

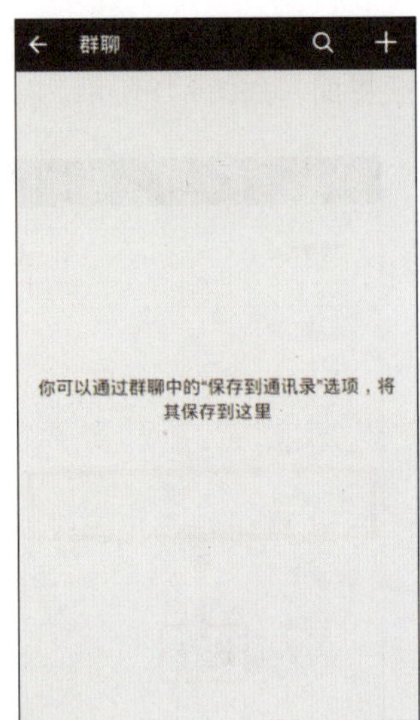

图4.20　建立群聊

step 02 进入“发起群聊”界面，选择相应的联系人，点击“确定”按钮，即可开始群聊，如图4.21所示。

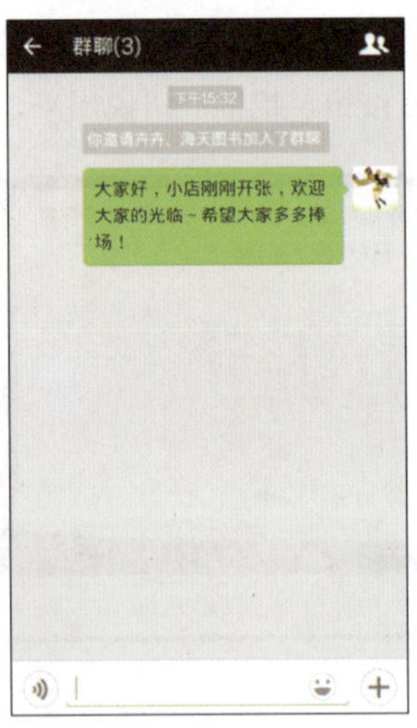

图4.21　开始群聊

step 03 我们还可以选择“面对面建群”，建立一个群聊组。首先点击“面对面建群”按钮，进入建群界面，只要和身边的朋友输入同样的四个数字，即可进入一个群聊组，如图4.22所示。

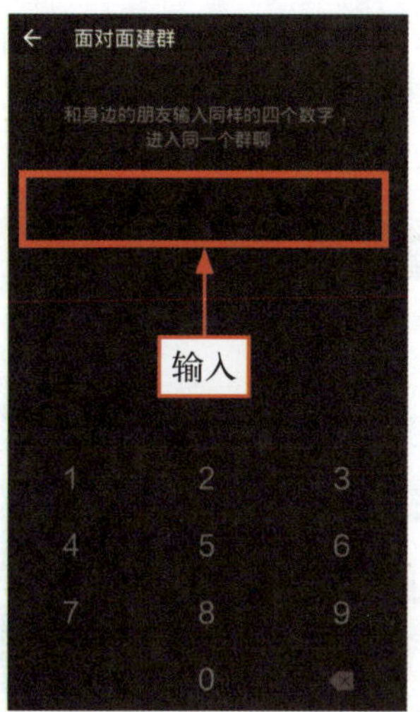

图4.22　建立“面对面群聊”组

step 04 邀请好友同样进入“面对面建群”界面，输入预先设置的四个数字，如8888，即可进入群聊，如图4.23所示。

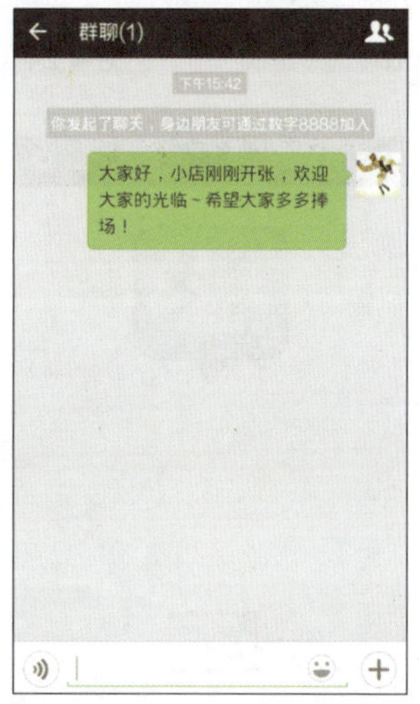

图4.23　进入“面对面群聊”组

4.2.7　群发推广

微信群发助手是一款微信营销软件，软件定位准确，地毯式营销的方式，可以帮助微店卖家进行精准营销，具体操作方法如下。

step 01 登录微信，在“通讯录”界面中点击“搜索”按钮，输入“群发助手”，如图4.24所示；点击“新建群发”按钮，选择好友后，点击“下一步(2)”按钮，如图4.25所示，

图 4.24　搜索群发助手

图4.25　新建群发

step 02 在新建的群发助手中，输入店铺推广语，点击“发送”按钮即可，如图4.26所示。

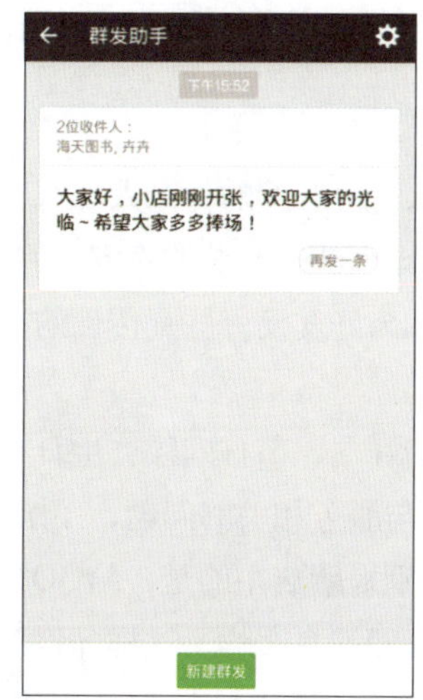

图4.26 群发推广

专家提醒

作为微信群发信息的重要工具，微信群发助手的优势集中在以下几点。

(1) 随时随地发送：在有2G、3G、4G和Wi-Fi网络的地方就可以随意地向朋友群发和接收各种有趣的文字，不再担心网络问题。

(2) 多元化信息：各种文字、语音、视频、图片、表情等多元化信息让微店卖家告别以往枯燥无味的纯文字信息，当你的朋友收到图文并茂甚至视频这样的广告信息，相信一定会觉得新奇。

(3) 速度极快：相较于普通广告，无论语音、文字、还是视频，微信群发的速度极快，对方瞬时就可以收到你的微信信息。

(4) 以往群发信息以及对应用户的保留。群发的信息和对应的人可以在“群发助手”里进行保留，用户可以继续向先前群发的朋友再次进行信息群发。

4.3 多管齐下，热门推广渠道

推广微店商品不仅仅限于在微信的平台上，店主们应该更多地利用不同的媒体平台引起人们的关注。无论是之前受人们喜爱的社交平台，如人人网贴吧和QQ，还是新兴的时代宠儿微博等，都是店主们实现自己的微店推广的好平台。

4.3.1 QQ推广

腾讯QQ是一个进行微店推广的强有力工具，主要推广渠道包括QQ好友、QQ

群、QQ空间、QQ邮件推广等，下面进行详细介绍。

1．QQ好友推广

一般来说，使用QQ的什么人都有，微店卖家可以根据自己的产品服务人群去寻找潜在用户。比如流行女装的卖家，完全可以申请个QQ号，然后查找16～35岁的年轻女性QQ，加为好友发一些宣传性的广告，她们要是有意购买肯定会回复你，然后就可以详谈了。

添加了QQ好友，节日问候、生日礼物、早中晚打招呼、常和别人聊天、详细解答你的产品或与服务相关的问题，了解客户的心理需求，从而投其所好。

不过要特别提醒店主的是，给QQ好友发送店铺信息必须坚持有度的原则，切忌无节制地进行QQ消息轰炸，这样非但不能获得顾客，反而会给人留下不好的印象，进而被拉黑。那么，微店主应该如何进行QQ好友推广呢？下面介绍具体地操作方法：

step 01 打开微店APP，进入“我的微店”界面，点击店铺下方的“分享”按钮，选择分享至“QQ好友”，如图4.27所示。

图4.27　分享至QQ好友

step 02 执行操作后，进入QQ“选择联系人”界面，选择并点击相应的QQ好友，弹出相应的对话框，点击“发送”按钮，如图4.28所示。

step 03 QQ好友会收到消息，然后点击店铺地址，即可查看店铺首页以及商品详情，如图4.29所示。

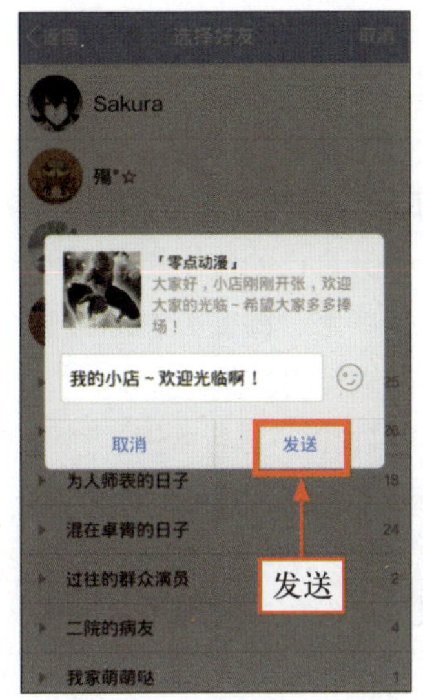

图4.28 选择联系人

图4.29 查看店铺详情

2．QQ空间推广

腾讯用户的快速增加，吸引了越来越多网络营销人员的关注，借助腾讯的广大用户平台，为不少的个人或者企业带来丰厚的利润，尤其是QQ空间推广的普及，更是为网络营销提供了强有力的工具。

QQ空间(Qzone)是腾讯公司于2005年开发出来的一个个性空间，具有博客的功能，自问世以来受到众多用户的喜爱。在QQ空间上，我们可以书写日志，上传用户个人的图片、听音乐、写心情，通过多种方式展现自己。

QQ空间一直是用户非常多的一个社区交流平台，每天养成写QQ空间日志的习惯，有助于提升自己的写作能力，并且可以建立自己的人脉圈，提升个人魅力和影响力，而且为商家、淘宝店主、创业者提供一个非常好的营销推广平台。下面介绍利用微店如何进行QQ空间推广。

(1) 利用“说说”进行营销。利用QQ空间的“说说”，微店可以搭起与客户沟通的桥梁，建立信任感，因此，发表“说说”内容多以分享为主。每天发布“说说”在2~5条之间，提供有价值的信息，新闻或资讯，编辑内容应注重价值，好的“说说”内容能够吸引读者，并进行转发分享，自动传播为你带来更多访客，带来更多的客户，带来更多成交。发布“说说”后面要有引导转发分享的内容，如果依靠活动或赠品的营销方式来鼓励访客转发分享，推广效果将更加显著。具体操作流程如下所示。

step 01 进行QQ空间营销的前提是，微店店主必须拥有属于自己的QQ账号并开通了空间功能。首先，打开微店APP，进入“我的微店”界面，点击店铺下方的分享按钮，选择QQ空间分享，如图4.30所示。

图4.30　分享店铺

step 02 执行操作后，系统默认分享为QQ“说说”，输入“说说”评论后，点击发送即可完成分享，店主以及QQ好友都可以查看动态信息了，如图4.31所示。

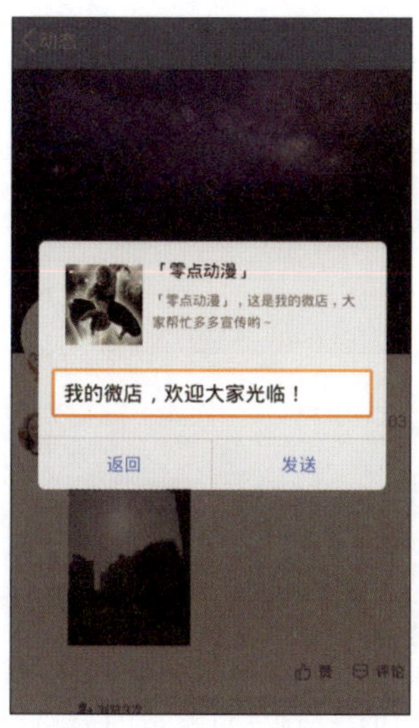

图4.31　分享成功

step 03 QQ好友通过点击商品链接，即可通过QQ空间直接查看微店商品详情，并且可以直接购买，如图4.32所示。

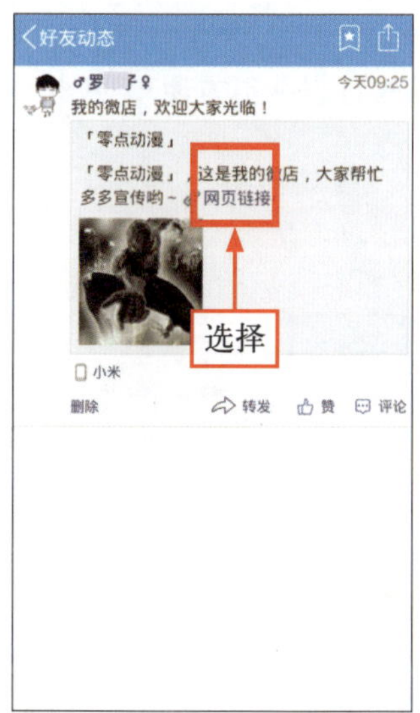

图4.32　点击链接购买

要特别提醒大家的是：QQ“说说”分享具有即时性的优点，操作便捷简单，不过仍旧需要店主对“说说”内容加以编辑，因为精心撰写的推广语可以很好地吸引顾客，如图4.33所示。

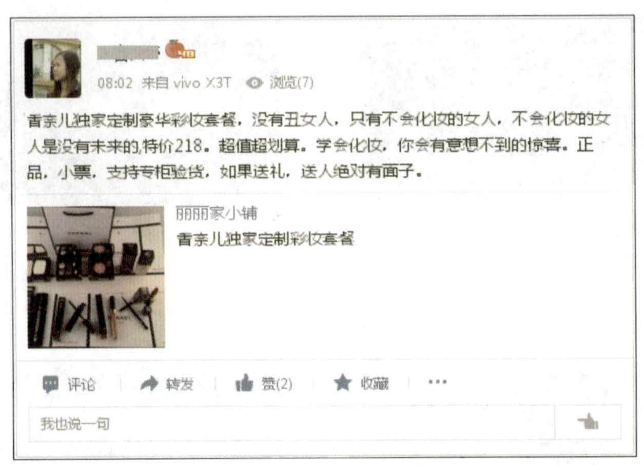

图4.33　精心撰写“说说”内容

(2) 利用日志营销。QQ日志同“说说”相似，不同的就是内容可以发布更多，更详细。好日志同样注重价值，有价值的日志同样可以吸引读者转载分享，自动传播，通过日志可以详细介绍公司或者产品、产品使用说明、客户见证、公司新闻等。每周发布日志在2～8篇，内容有价值，富有创意。想要利用QQ日志进行微店推广，操作方法如下。

step 01 电脑登录QQ空间(因为手机客户端撰写日志并不方便)，单击“日志”，选择“写日志”，如图4.34所示。

图4.34　选择“写日志”

step 02 执行操作后，进入日志撰写界面，输入标题及相关内容，单击“发表”按钮，即可分享店铺，如图4.35所示。

step 03 日志撰写完成后，店主和QQ好友可以查看日志内容，并通过日志中的店铺链接，进入微店店铺，购买商品，如图4.36所示。

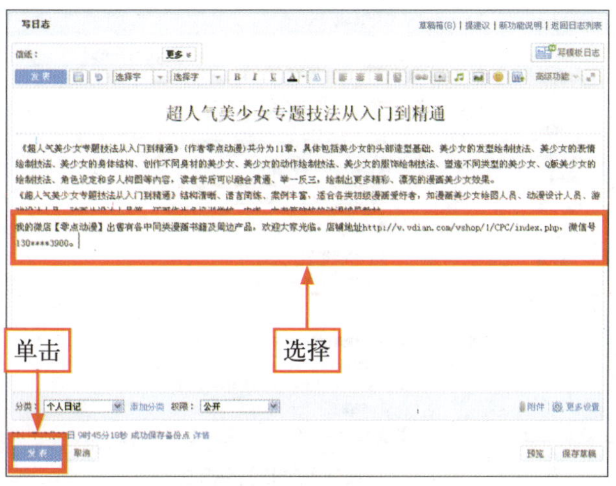

图4.35 撰写日志

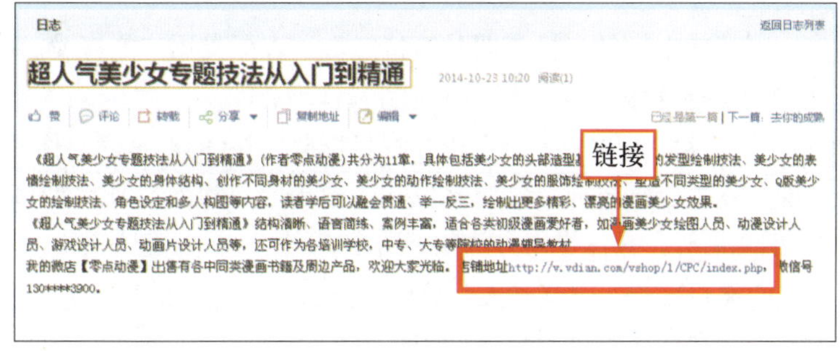

图4.36 日志分享完成

(3) 利用访客营销。要不断收集QQ空间访客，包括日志和“说说”访客，然后添加为好友，不定期在QQ上为对方发送一些QQ祝福消息、公司活动、产品信息等，建立沟通和信任，如果可以结合企业QQ使用，效果更好。

(4) 利用QQ空间同步和签名营销。设置QQ空间同步功能，利用这种功能可以把QQ空间的内容同步发送到QQ、微博和朋友网等圈子，提高展示，获得传播。另外，设置空间签名同步，并且将空间设置为所有人可见，有利于传播推广品牌，如图4.37所示。

专家提醒

QQ空间是一个典型的传统社交网络平台。如今，这些传统社交网络平台都在逐渐趋向移动化，移动社交网络的市场将会比基于电脑的社交网络更大，这缘于手机更易用而且可以一直随身携带，也由此为微店的推广提供了便利。

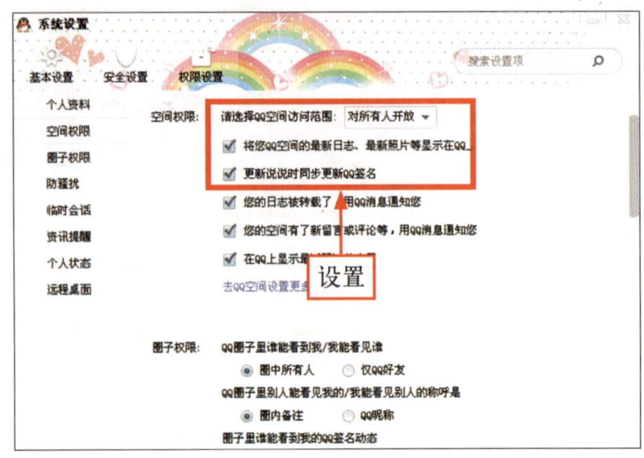

图4.37　设置空间同步和签名

3．QQ群推广

QQ群推广因其成本较低、推广即时等特点，一直深受用户的喜爱。关于QQ群推广，可以分为加群和建群两种方式，下面进行详细介绍。

(1) 加群推广。这种方式的重点在于寻找目标群，在QQ群搜索与你网站相关内容的“目标群”，这个要结合产品的定位和主要内容来进行。比如游戏群、设计群、广告群、创意群等，具体操作方法如下所示。

step 01 打开QQ客户端，在“联系人”界面中点击“添加”按钮，进入添加界面，选择“查找群”；输入目标群关键词，点击“查找”按钮，如图4.38所示。

图4.38　查找目标群

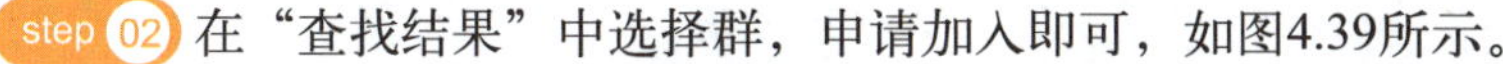

step 02 在“查找结果”中选择群，申请加入即可，如图4.39所示。

图4.39 申请加入目标群

专家提醒

进入目标群后，店主就可以直接在群里面发广告了。这种方法是最直接的办法，但存在比较多的缺点，一是刚进群就发广告最惹人讨厌，不但所推广的网站不能给人留下好的印象，而且还容易被踢；二是现在网民的安全意识都有所提高，这样发出来的链接已很少有人会去点击，并且还可能被举报，一旦被举报的次数多了，想再发链接就难了。

因此，对于新加入的群，店主应该以“先建感情，后推广”为主要原则，不要进来就大发广告，留下链接，应该循序渐进，做好铺垫。并且要尽量发布与群主题相关的信息并植入产品信息，内容需要富有可读性与可互动性，最好是图文结合。

(2) 建群推广。QQ群推广的另一种方法就是建立一个主题群，然后邀请相同兴趣或行业的人进群，每天进行店铺推广，同时可以对群内成员给予特殊优惠，以建立稳定的客户群体，具体操作方式如下。

step 01 在“添加好友”界面中选择“创建群”，然后选择相应的群类型，如图4.40所示。

step 02 选择“兴趣群”，进入“选择群分类”界面，选择符合微店主题的分类，如漫画图书就以“动漫”为主题分类；执行操作后，填写群名称，这个名称最好与微店名称一致，有助于推广宣传，如图4.41所示。

图4.40　选择群类型

图4.41　确定群分类和名称

step 03 上传图片，设置群头像，这里的头像也最好与微店头像一致，点击“提交”按钮，即可完成群的创建，如图4.42所示。

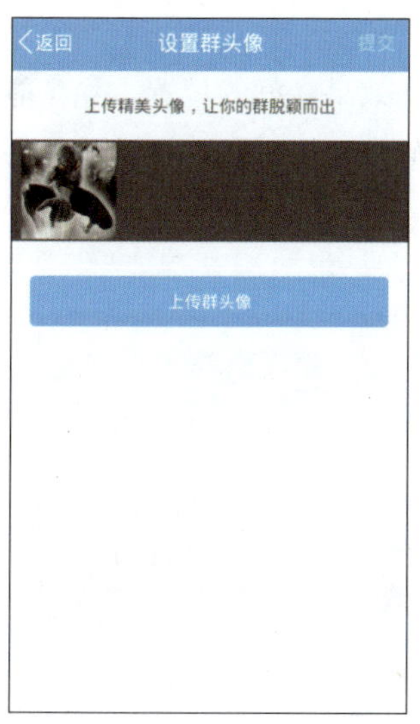

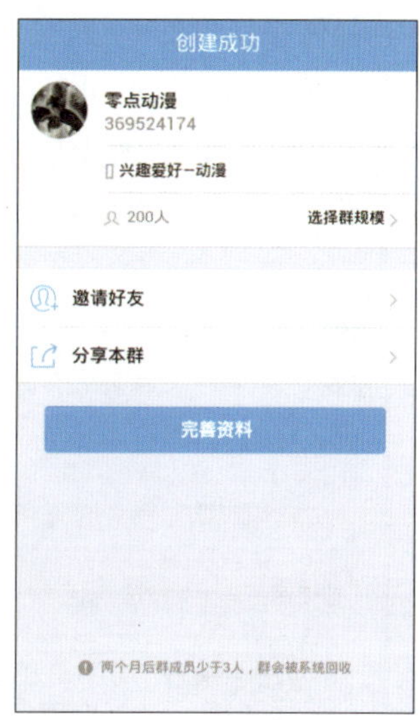

图4.42　群创建成功

step 04 完成创建后，我们就可以添加好友了，点击“邀请好友”按钮，在好友列表中选择邀请加入的QQ好友，人数自然是越多越好；然后店主就可以再创建好的群，发布消息进行推广宣传了，如图4.43所示。

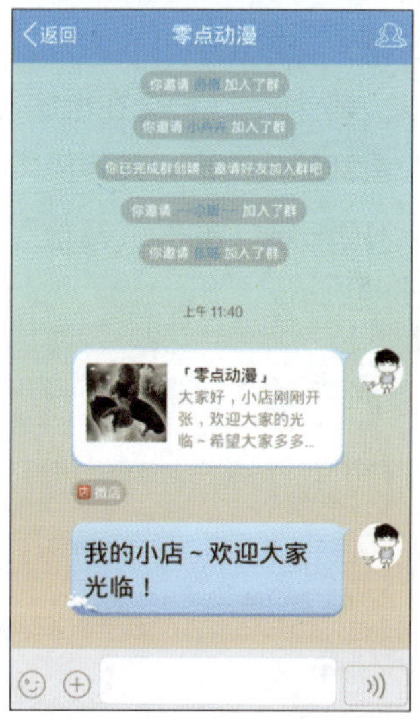

图4.43　发布群消息

除了聊天等基本功能外，QQ群还拥有群公告、群共享、群空间、群邮件等各种辅助工具，合理地利用这些小功能，能够为你的推广工作锦上添花。下面对群公告功能和群邮件功能做个简单的介绍。

群公告功能。群公告是群内最显眼、广告效果最好的位置，除了能显示公告信息外，还可以显示群内的最新图片等，而我们就可以利用这个功能来进行推广，如图4.44所示。

图 4.44　群公告功能

群邮件功能。QQ群自带有群邮件功能，可以针对群内所有成员群发QQ邮件。这个功能非常强大，转化率也非常好。

因为在发完邮件后，QQ会在电脑右下角自动弹出邮件提醒消息，保证每个群内成员都能及时看到邮件内容，具体操作步骤如下。

step 01 进入QQ邮箱，单击“写信”按钮，然后切换至“QQ群邮件”页面，如图4.45所示。

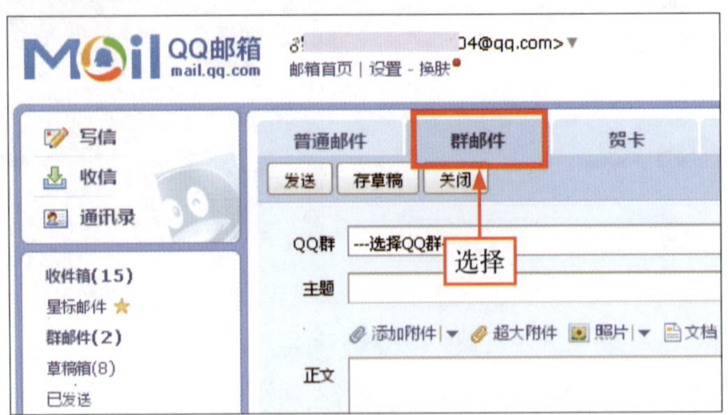

图 4.45　切换至群邮件

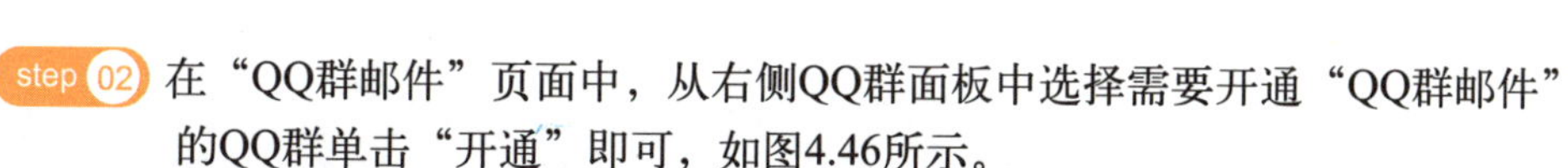

step 02 在“QQ群邮件”页面中，从右侧QQ群面板中选择需要开通“QQ群邮件”的QQ群单击“开通”即可，如图4.46所示。

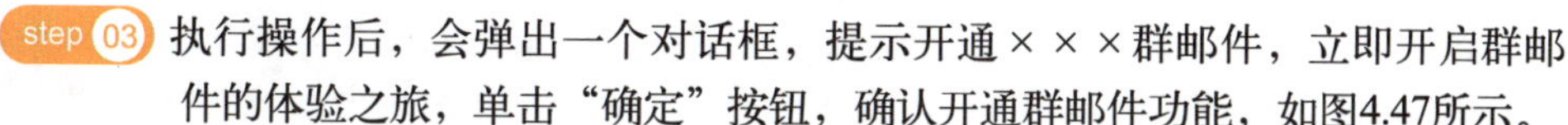

step 03 执行操作后，会弹出一个对话框，提示开通×××群邮件，立即开启群邮件的体验之旅，单击“确定”按钮，确认开通群邮件功能，如图4.47所示。

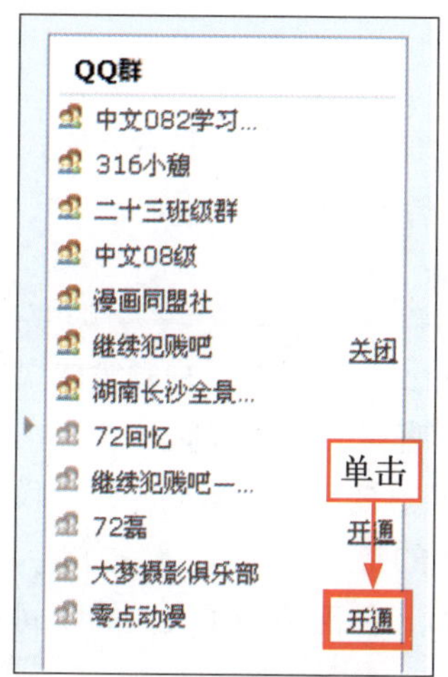

图 4.46　开通群邮件

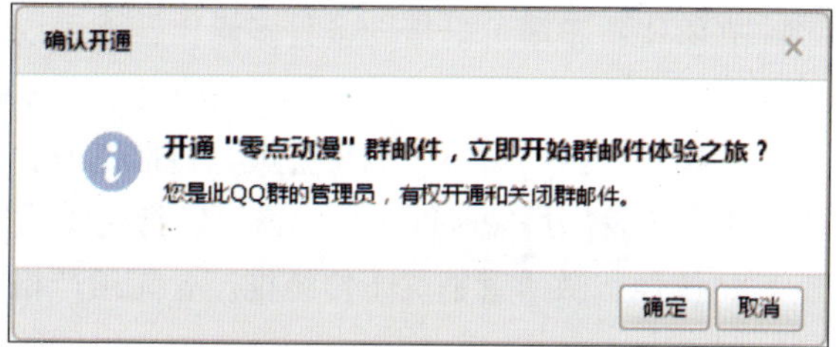

图 4.47　确认开通群邮件

step 04 完成设置后，选择要群发消息的QQ群，输入标题和正文，单击“发送”按钮即可，如图4.48所示。

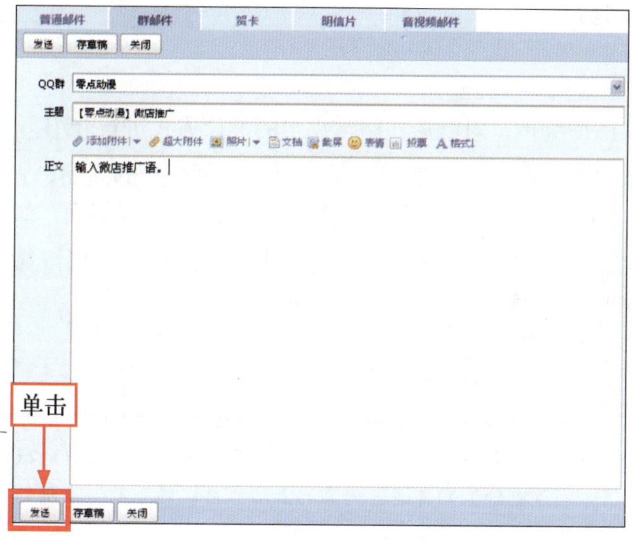

图4.48　发送邮件

专家提醒

要特别提醒大家，只有在开启了群邮件功能的群，才可以使用该服务。如果群管理员关闭了该功能，则无法使用。

4.3.2 微博推广

微博推广是指通过微博平台为商家、个人等创造价值而进行的一种营销方式，也是指商家或个人通过微博平台发现并满足用户的各类需求的商业行为。

1. 推广特点

- 立体化：微博可以借助多种多媒体技术手段，用文字、图片、视频等展现形式对产品进行描述，从而使潜在消费者更形象、直接的接受信息。
- 高速度：微博最显著的特征就是传播迅速。一条热度高的微博在各种互联网平台上发出后短时间内转发就可以抵达微博世界的每一个角落。
- 便捷性：微博营销优于传统推广，无须严格审批，从而节约了大量的时间和成本。
- 广泛性：通过粉丝形式进行病毒式传播，同时名人效应能使事件传播呈几何级放大。
- 效率高：针对企业产品的FAQ提高效率，并且能很快速帮助客户建立互相了解的一个通道。

2. 操作流程

下面以新浪微博为例，对微店在微博平台的推广方式进行介绍。

step 01 打开微店APP在“我的微店”界面中点击要分享的商品，弹出对话框后，点击“新浪微博”按钮；执行操作后，进入微博登录界面，如图4.49所示。

step 02 点击“确定”按钮，即可分享至微博，我们可以在新浪微博查看店铺信息，并购买店铺商品，如图4.50所示。

专家提醒

微博营销是以微博作为营销平台，每一个听众(粉丝)都是潜在的营销对象，微店卖家利用更新自己的微型博客向网友传播微店信息、产品信息，树立良好的微店形象和产品形象。微博营销方式注重价值的传递、内容的互动、系统的布局、准确的定位，微博的火热发展也使得其营销效果尤为显著。

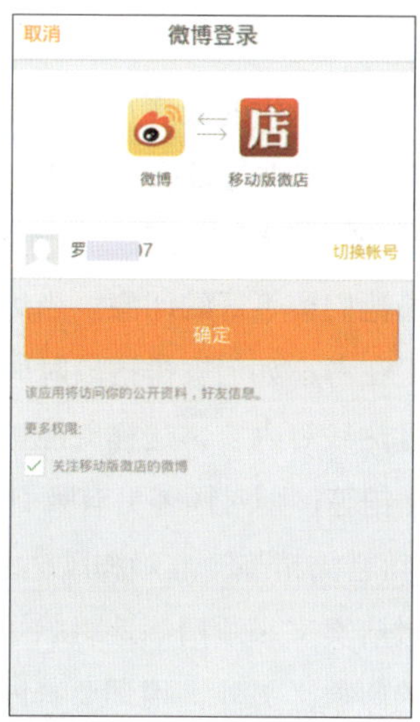

图4.49　登录微博

图4.50　分享至微博

4.3.3　短信推广

短信推广是一种效果比较明显的营销推广手段，是指以发送短信到普通手机的方式来达到营销目的营销手段。

1. 推广技巧

由于短信营销费用的低廉及国内个人隐私保护政策的不得力，导致垃圾短信泛滥。因此微店店主在进行短信营销时，必须坚持以下五个原则。

(1) 节日问候与促销相结合。在节假日期间，微店卖家可以给顾客们发去祝福短信，这样会给他们留下好的印象。当然，在祝福他们时也别忘了促销。假期来临，顾客们也许正在考虑如何安排这段时间的消费，你可以在短信中加上服务热线、订购热线、预订热线等内容，这样既能影响顾客的消费选择，又方便了他们。如果同时推出优惠促销等，则对顾客更有吸引力。

(2) 短信语言需精炼、准确和风趣。过长的短信内容往往让人觉得乏味、无可读性。因此，微店卖家必须精炼地组织短信语言，短小精悍、风趣活泼的语言会让顾客留下更好的印象。另外，用词要真诚，最好加上图片，更能感动顾客，让他们的体验感更佳。

(3) 不要忘记称呼和微店的落款签名。在给顾客发送短信时，别忘了给他们加上尊称，这样会使你的短信更具人情味和亲切感。另外，短信中有微店的落款签名，也是对收信人的一种尊重。

(4) 短信发送对象的针对性要强。其实，很多微店卖家只要平时略为注意，就能积累很多老顾客或相关客户群的手机信息，向他们发送信息，针对性最好。如果是实行会员制的微店，要记得经常用短信与顾客保持沟通，让顾客牢牢记住你，保持对微店的好印象，有相关的消费想法时，就会第一个想起你。

(5) 不要频繁发送广告信息。短信固然是一种理想的推广手段，但也不能频繁重复发送。只要有效准确地传播微店的新产品、新服务、促销优惠活动就行，同一件事向顾客发多次短信，很容易引起他们的反感。

2. 操作流程

step 01 进入“我的微店”，点击店铺下方的“分享按钮”，在分享界面中选择其他，点击“短信”按钮，如图4.51所示。

step 02 执行操作后，选择手机联系人，点击“发送”按钮，联系人可以接收到店主分享的店铺信息及地址，如图4.52所示

图4.51　选择分享至短信

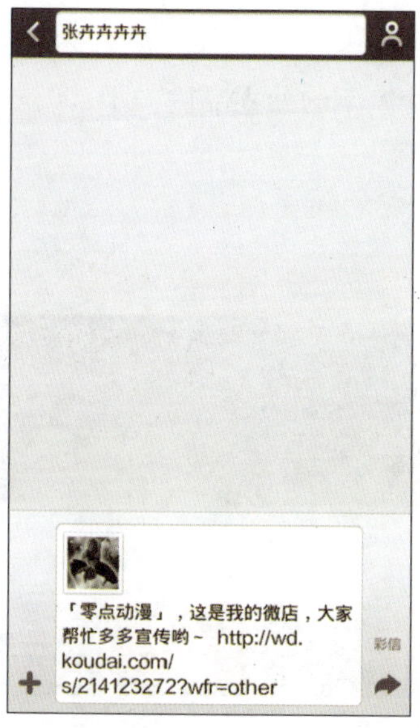

图4.52　发送短信

step 03 点击短信中的店铺地址，选择“访问”，进入分享的店铺首页，顾客可以查看商品信息，并下单购买，如图4.53所示。

图4.53　查看店铺信息

4.3.4　贴吧推广

百度贴吧是全球最大的中文社区——百度旗下的独立品牌，于2003年11月29日正式上线。如图4.54所示，为百度贴吧微店吧。

图4.54　百度贴吧微店吧

很多人都没有预料到，经历了多年的发展，百度贴吧每天的在线用户量达到了3亿人。百度贴吧或许已经成为国内访问人数最多的互动论坛，根据百度方面的

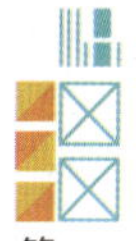

数据，目前，用户已在百度上创建300多万个贴吧，每天有上千万的用户在贴吧发帖，累计帖子总数已高达近40亿。百度贴吧的流量已经占到了整个百度总流量的19.6%，是排在百度网页搜索后的第二大业务。

1．推广技巧

百度贴吧虽然只是一个简单的社区，但微店完全可以利用这个拥有庞大用户群体的平台，采用百度贴吧的应用技巧，开拓出新的推广渠道。下面笔者将分享一些百度贴吧的推广技巧，希望能给微店的推广带来一些可借鉴的信息。

(1) 做好准备工作。微店在进行贴吧推广时，首先要做好事前准备工作，比如说，查找贴吧与选择贴吧。微店商家查找与选择的贴吧必须与自己的产品相关，并有利于其宣传。

第一，找行业贴吧。微店可以先把与自身行业相关的贴吧都收集起来，然后再调查出这些贴吧的主题数、帖子数、每日发帖量等数据。微店店主可以根据数据分析，来选择贴吧与把握好发帖和顶帖的时间、频率。

第二，找人气贴吧。在贴吧首页上升最快的贴吧和本周上升最快贴吧，都是近期人气最旺的贴吧，微店可以利用这些贴吧进行推广。微店在利用人气贴吧进行推广时，要把握一个原则：在选择人气贴吧的同时，尽可能寻找跟自己的行业主题相符合的贴吧。

(2) 编辑主题帖。微店必须围绕推广的内容准备主题帖，在这里需要提醒的是，店主一定要重视主题帖标题的创新性。因为很多人气贴吧发帖和回帖的频率都很高，如果微店主不懂得利用新颖的标题吸引用户，过不了多久发布的帖子就会沉下去。如何拟好标题，让用户在一堆帖子里面看到自己的帖子，对于帖子升级成为精华帖来说至关重要。

(3) 提高帖子存活率。如果想要提高帖子的存活率，微店主就势必要充分了解贴吧的规则，然后，遵守规则或是巧妙的绕开规则来进行推广。下面笔者将根据自身在贴吧的推广经验，总结出几点绕过规则提高帖子存活率的策略。

一是帖子标题：有些热门贴吧的标题需要有前缀，因此，微店在设置标题时要带上这类贴吧的前缀；除此之外，店主还要注意标题的长度，在笔者看来，选择合适的长度，利用新颖的文字与吸引人的特殊符号，会吸引更多的用户。

二是帖子内容：多以相关且真实正面的信息为主，且在内容中尽量少出现自己微店的链接(每天链接总数不超过5个为好)。微店在贴吧推广时，应该尽量详细到推广与主题有关的某个或是某类产品，而非推广店铺网站。

三是帖子数量：在同一个贴吧，发主题帖(推广帖)不要太多，1～3个就行了，多了很有可能被删掉。

四是顶主题帖：顶帖推广不要太过频繁，而且顶起的内容不能只有一两个字，一般15字以上为好。微店要注意顶帖的技巧，不能让用户一眼就看出是在推广。

(4) 自主创建贴吧。如果微店在这个行业本来就没有贴吧，微店店主可以考虑建一个与微店相关的贴吧，然后针对与自身微店相关的东西，每天发一个帖子，如图4.55所示。笔者认为，如果店主时间充裕，可以用心经营与维护这个贴吧，让贴吧的影响力与营销力迅速扩大。

专家提醒

微店在其他贴吧推广的时候可以发布自己创建的贴吧的链接，如果可以的话，店主最好选择放贴吧首页的地址，这样就能很方便的引导其他贴吧的用户进入自己的贴吧。

图4.55

2．操作流程

微店店主需要注册有百度贴吧账号，然后才能登录相关贴吧进行发帖。这里以“微店吧”为例进行操作介绍。

step 01 在百度中搜索“微店吧”，进入微店贴吧首页，点击“关注”按钮，成为贴吧会员，因为只有成为贴吧会员才能进行发帖操作，如图4.56所示。

图4.56　关注贴吧

step 02 在贴吧首页底部，选择发帖，输入标题和帖子正文，点击“发表”按钮，即可发布推广帖子，如图4.57所示。

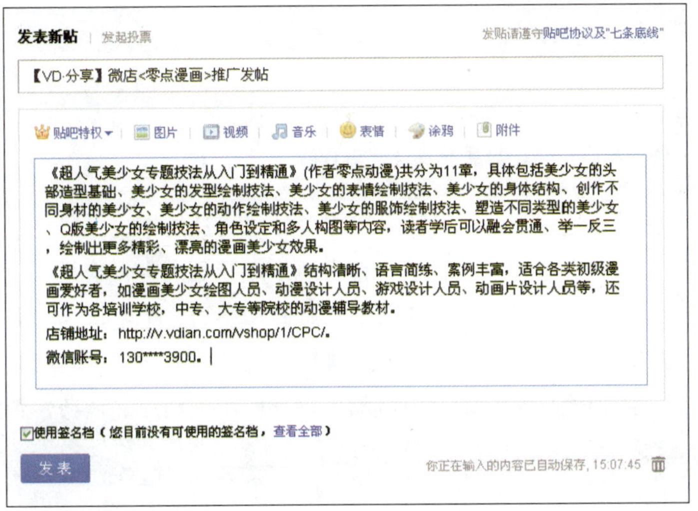

图4.57　发表推广帖

step 03 执行操作后，输入发帖验证码，即可发布新帖，如图4.58所示。

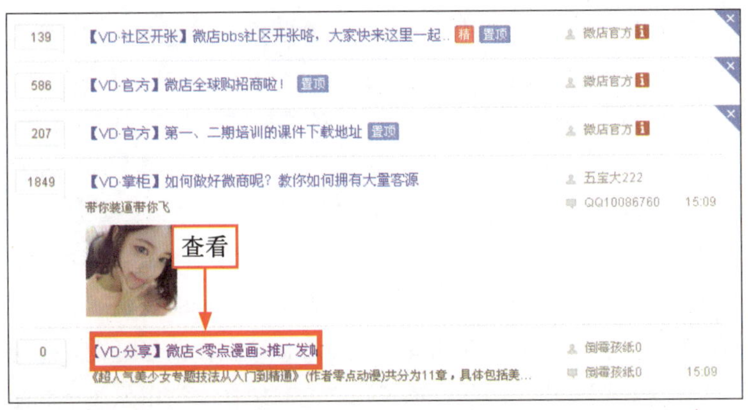

图4.58　推广帖发布成功

4.3.5　论坛推广

微店的环境是相对封闭的，用户很难通过搜索找到店铺，所以对于微店店主来说，必须打通商品推广渠道，将店铺的商品送到用户面前，才有可能收获到粉丝顾客。在笔者看来，论坛是一个活跃度极高的社区，店主可以在论坛上发布产品消息，将用户引到店铺中来。

专家提醒

论坛推广就是指商家利用论坛这种网络交流的平台，通过文字、图片、视频等方式发布产品和服务的信息，从而让目标客户更加深刻地了解商家的产品和服务，最终成功达到宣传店面品牌、加深用户认知度的网络营销目的。

微店店主在进行论坛推广的时候，一定要结合自身的情况，寻找最合适、效果最强的论坛推广方式。不过，在论坛上盲目地推广产品内容很容易被版主删除，一味蛮力的推广不仅收效甚微，而且还会浪费时间和精力。笔者认为，微店在进行论坛推广时，只有掌握一定的方法，才能让推广变得简单有效。下面笔者将从论坛筛选、帖子设计、维护论坛账号这三个方面入手分析论坛推广的技巧，希望能让微店的论坛推广得到一些启发。

1. 推广技巧

(1) 筛选合适的论坛。商家在选择符合产品的论坛网站与实施论坛推广时，一定要根据自身产品的特性，选择合适的论坛，最好是能够直击目标客户的论坛。

(2) 精心设计帖子内容。作为传递产品信息的载体，信息传达的成功与否主要取决于帖子的标题、主帖与跟帖三小部分，如果一个帖子能够吸引用户点击，又巧妙地传递了产品的信息，同时让用户感受不到它的广告性，那么说明帖子相当成功。

一是标题：可以说帖子成功的关键在于标题写的恰当与否，标题写得“诱人”与否直接决定帖子的浏览量，因此标题是帖子的关键。

二是主帖：当用户被标题吸引到主帖时，帖子内容的质量直接决定了回复数量，因此，商家在发布帖子内容时，可以把标题中有争议的场景展开，在一个帖内展开，传达产品对用户的重要性或相关性。商家也可以在回复时设置悬念，由于产品信息传达可发生在回复中，因此，笔者建议，商家在主帖中只要把产品的信息叙述清楚就可以，不需要加入太多的产品信息，避免引起用户的反感。

三是回帖：回帖一般为用户对于产品的“主观”评论，当用户被标题、主帖吸引，查看回复时，那就是帖子“真实身份”曝光的时刻。评价过高会让用户察觉到整个帖子的意图，影响产品传达的效果。因此，在写回复时要采取发散性思维，声东击西，为产品信息做掩护，将用户可能产生的负面情绪降到最低。

四是跟帖：帖子发出后，如果不进行后期跟踪维护，那么很快帖子就会沉下去，尤其是在人气比较旺的论坛，沉帖后，帖子就再也不能起到任何的推广作用了。

对于论坛推广来说，后期的帖子的维护对于微店的整个推广环节来说至关重要，及时地顶帖，可以使帖子始终处于首页，易于被目标用户所浏览。笔者认为，维护帖子不要一味地去夸奖，或进行夸张的评价，把握好尺度从反面去辩驳(挑产品不重要的缺点去说，比如颜色不好等)，挑起争论，进一步把帖子“炒热”，能引起更多用户的关注。

(3) 维护论坛账号。笔者曾经看到很多商家抱怨论坛的外链出现骤减情况，出现这种状况的原因通常是商家的论坛操作违规，导致ID被封，让已经被百度收录的外链变成了死链，在搜索引擎进行更新的时候，这些死链会被剔除。

论坛外链的骤减对于商家的发展是非常不利的，尤其是现在很多高质量的论坛网站都限制会员的权限，一些高权重的论坛版块和专题往往需要高级的论坛会员才能进入发布。因此，为了商家的长期发展考虑，微店主在注册论坛会员后不要急着发布外链和广告，在笔者看来，店主可以先通过回复、认证等操作进行会员账号的升级后再发广告也不迟。

专家提醒

论坛推广的真正价值在于互动，真正好的网络传播一定是用户自动顶帖或者转帖率高的传播，那些发一个帖子，找无数ID为自己顶帖和转帖的做法并不好，原因在于目标用户的参与度低，使广告的传达率难以达到要求。

2. 操作流程

下面以“微店社区”为例，讲述微店的论坛营销操作方法。

step 01 进入论坛首页，输入微店账号密码，如图4.59所示。

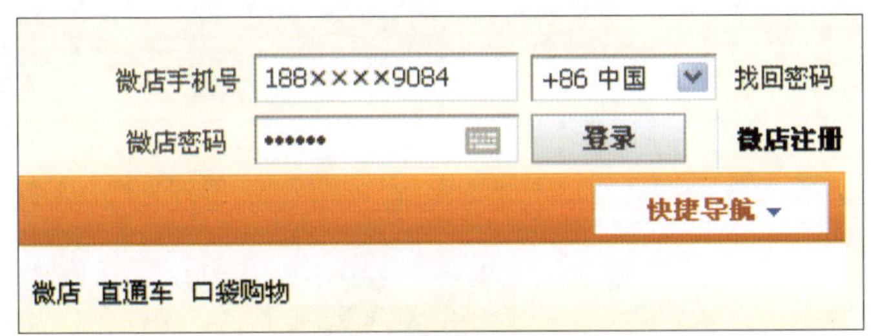

图4.59 输入账号密码

step 02 输入论坛昵称，完善论坛账号，如图4.60所示。

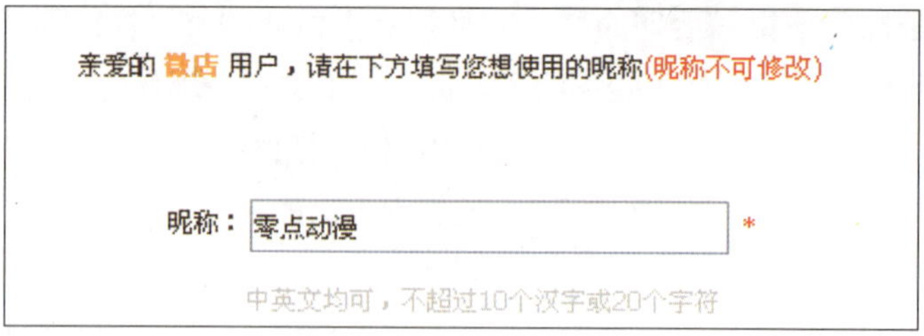

亲爱的 微店 用户，请在下方填写您想使用的昵称(昵称不可修改)

昵称：零点动漫 *

中英文均可，不超过10个汉字或20个字符

图4.60　输入论坛昵称

step 03 选择卖家综合区的“卖家杂谈”版块，发表新帖，如图4.61所示。

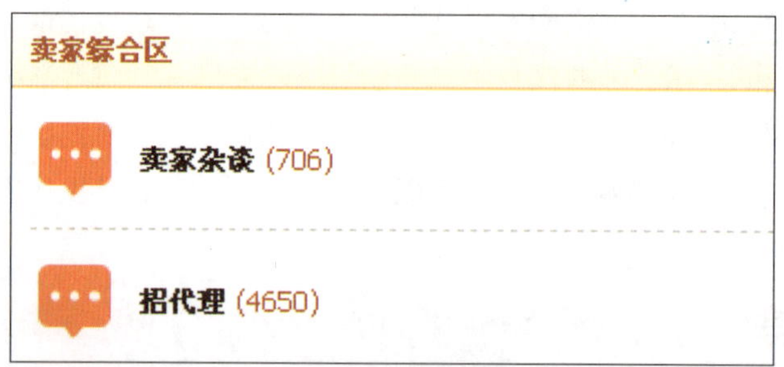

图4.61　进入卖家杂谈版块

step 04 填写帖子标题和正文，点击“发表帖子”按钮，如图4.62所示。

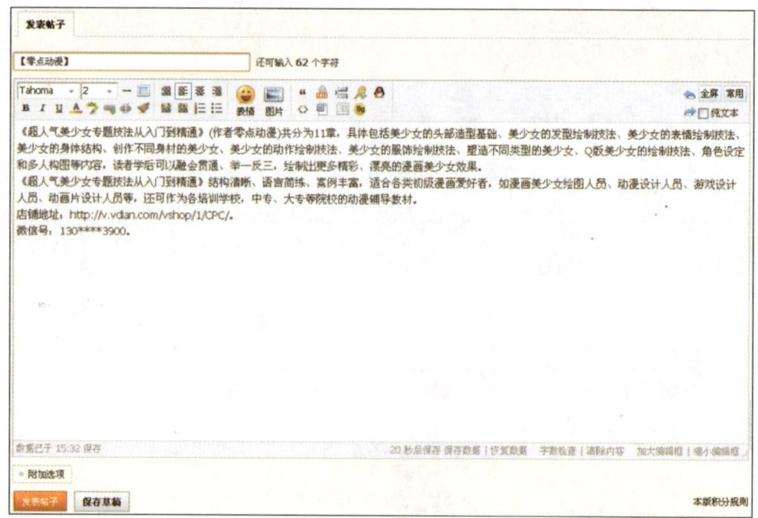

图4.62　发表新帖

4.4 我要推广，微店合作联盟

前文我们已经介绍过，微店采用分销商模式，开店者既是店主，也是消费者，所以店主之间可以进行合作推广，下面对微店内的“微店联盟”进行详细介绍。

4.4.1 友情店铺

首先我们了解一下友情链接，友情链接也称网站交换链接、互惠链接、互换链接、联盟链接等，是具有一定资源互补优势的网站之间的简单合作形式，即分别在自己的网站上放置对方网站的LOGO图片或文字的网站名称，并设置对方网站的超链接(点击后，切换或弹出另一个新的页面)，使得用户可以从合作网站中发现自己的网站，达到互相推广的目的，因此常作为一种网站推广的基本手段。

微店联盟推广中的友情店铺，是指两个微店之间互换店铺链接，互相推广已获得流量。那么怎么找到好的店铺呢？首先你在选择的时候要先进去看看他是不是用心在做微店，商品数量、店铺介绍、店招、店铺LOGO等是否认真做。因为我们加友情链接的目的是要让他的店铺给我们带来流量，因此，那些一件商品都没有的店铺没有必要互换友情链接。下面介绍友情店铺的操作方法。

step 01 打开微店APP，进入“我要推广”界面，选择“友情店铺”，进入店铺选择界面，如图4.63所示。

图4.63 推广店铺

step 02 执行操作后，店主可以查看推荐店铺的信息，然后选择自己的友情店铺；或是输入店铺名称或网址，选择友情店铺，如图4.64所示。

图4.64 搜索友情店铺

step 03 等待对方验证成功后，即可在“我要推广”的“管理”界面中查看友情店铺的信息；在“统计”界面中可以查看友情店铺统计信息，如图4.65所示。

图4.65 友情店铺管理与统计

step 04 在“动态”界面，显示的是其他店铺对自己店铺的申请信息，店主可以选择“拒绝”或“接受”决定其是否成为友情店铺，如图4.66所示。

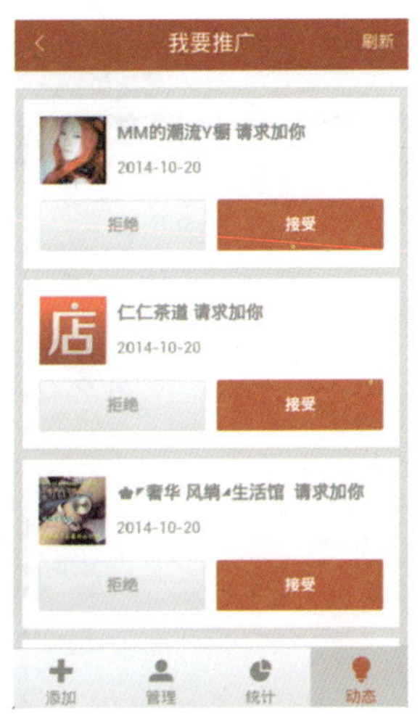

图4.66 添加或拒绝用户

4.4.2 分成推广

微店分成推广是别人通过分享你的店铺到朋友圈促成购买获得佣金的方法，分成推广只对微信有效，只有从微信进入你的店铺才能看到你设置的分成推广。

step 01 进入“我要推广”界面，选择“分成推广”，显示相关条款，点击“同意”按钮，如图4.67所示。

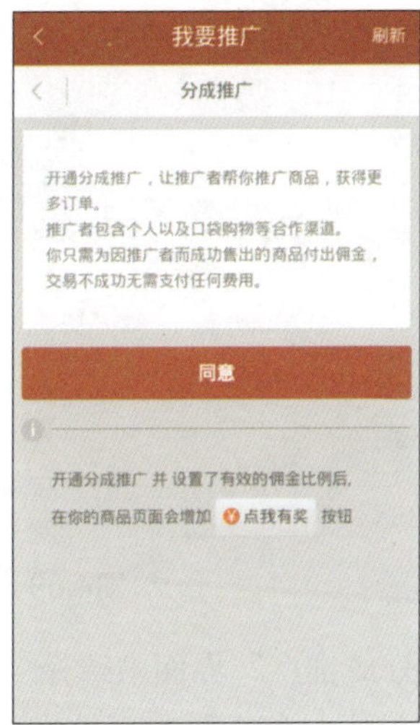

图4.67 同意分成推广

step 02 执行操作后，设定佣金比例，点击“确定”按钮，如图4.68所示。

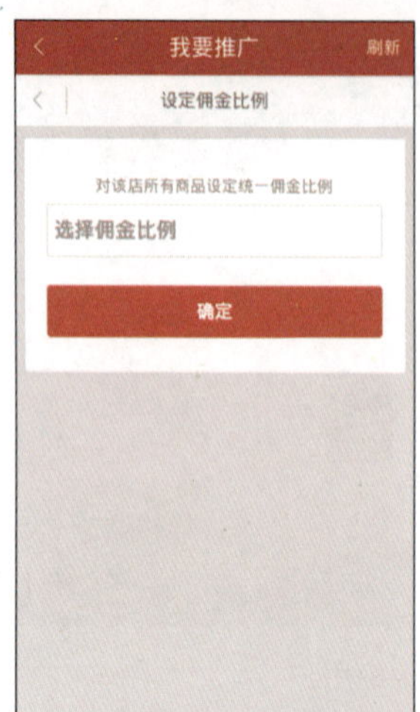

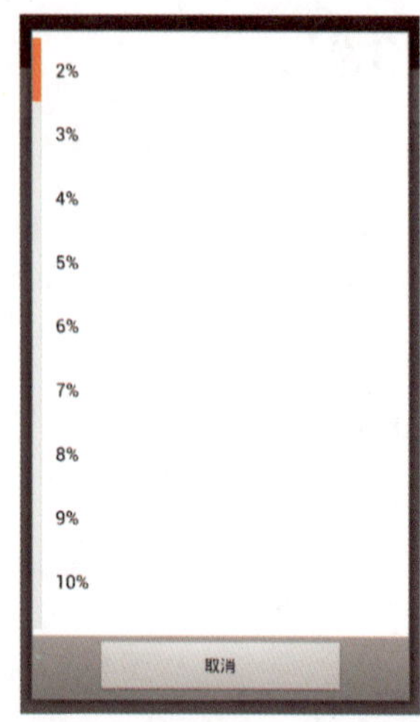

图4.68 设定佣金比例

step 03 设定佣金比例后，在弹出的信息提示框中，点击“是”按钮，即可将所有商品设定为相同的佣金比例，如图4.69所示。

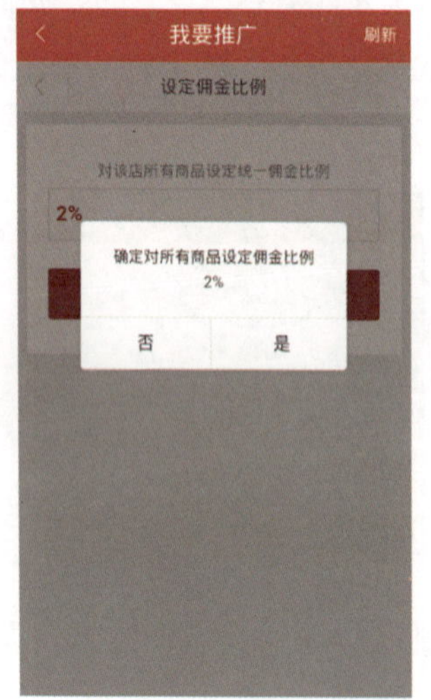

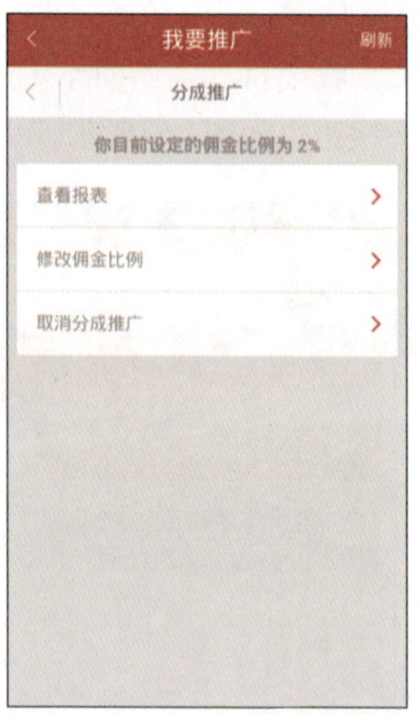

图4.69 确定佣金比例

step 04 在“分成推广”界面中选择“查看报表”，即可查看分成推广报表，包括“累计支付佣金”和“推广成交金额”，如图4.70所示；如果想取消分成推广，直接点击关闭即可，如图4.71所示。

图4.70 查看报表

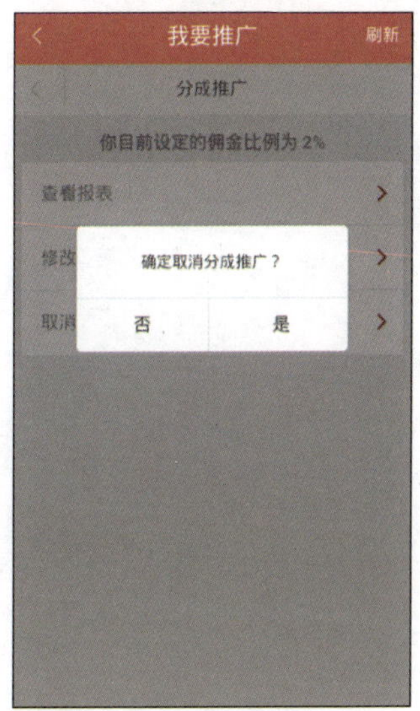

图4.71 取消分成推广

第5章 微店购物流程的掌握

作为一种新兴的购物模式，微店并不为大多数人熟知，许多消费者并不清楚微店基本的购物流程，因而对微店产生抵触情绪。本章重点讲解微店购物的入口、流程以及客服沟通技巧，希望对广大微店店主有所帮助。

- 营销助力，微店购物入口
- 全面了解，微店购物流程
- 沟通交流，微店客服技巧

5.1　营销助力，微店购物入口

随着移动互联网的到来，支付宝已经成为全球最大的移动支付公司。支付宝曾发布数据显示，截至2013年年底，支付宝实名制用户已近3亿，其中有1亿用户将主要支付场景转向支付宝钱包，移动支付总金额超过9000亿元，已超过硅谷两大移动支付巨头PayPal和SQUARE移动支付3000亿元的总和。

随着支付宝的普及，移动支付同样遍布人们生活的方方面面，这也为微店购物提供了便利途径，在手机上进入店铺、选中宝贝、立即购买，微店的操作其实和淘宝并没太大区别。下面我们首先来了解一下消费者进入微店的常用途径。

5.1.1　扫描二维码

从目前的市场表现来看，二维码为受众提供了便捷的感知，同时企业也从中受益良多，开拓了更大的营销平台，不再局限于传统的店面销售和电商推广，转为更便捷更易于人们操作的新的购物方式。

1．二维码购物

前文中我们介绍了微店通过微信扫一扫功能，进行二维码推广。因为每个微店都可以生成属于自己唯一的二维码，消费者可以通过扫描二维码进入店铺，购买商品，如图5.1所示。

图5.1　扫描二维码

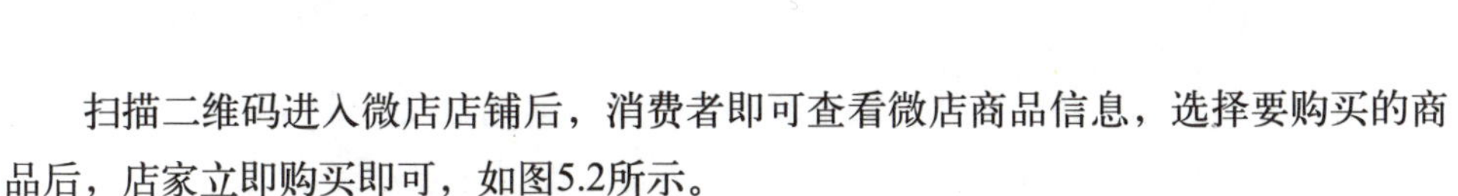

扫描二维码进入微店店铺后，消费者即可查看微店商品信息，选择要购买的商品后，店家立即购买即可，如图5.2所示。

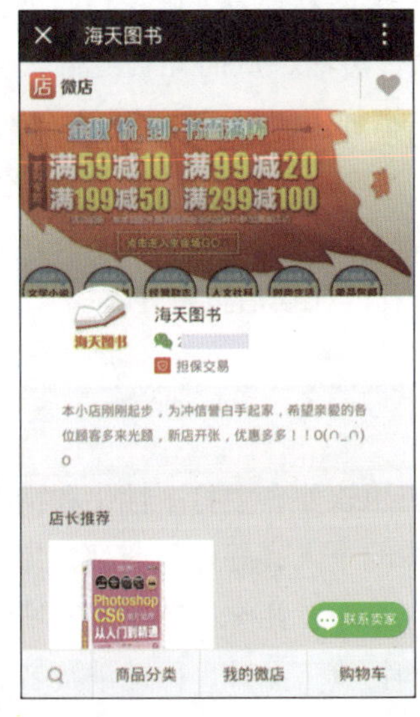

图5.2　购买商品

专家提醒

二维码购物不仅体现在购物的便捷性方面，利用二维码软件也可以轻松进行多个商家的商品信息对比。通过软件扫一扫商品二维码，哪家店有卖、售价多少、店家的电话地址、营业时间、网址等信息，马上会显示在消费者的手机屏幕上。同时能够显示包括淘宝、京东、家乐福等商家的价格信息，让消费者不出门便可货比三家，从而真正实现花最少的钱买到最实惠的商品。

2. 扫码的风险

二维码作为大数据时代的产物，是移动互联网的重要入口之一，为电商企业和消费者架起了一座互动的桥梁，实现了线上、线下的无障碍连接。由于二维码容量大、成本低，从而获得了各大企业、厂商的推崇，尤其是腾讯、阿里等互联网巨头对二维码的大力推广，催生了“扫码一族”。

二维码已覆盖到生活中的方方面面，如移动支付、打折优惠信息、电子票券等，然而在二维码风生水起的同时，其背后也存在极大的隐患。一般用户不了解二维码的原理，常常“见码就扫”，存在随意扫描等现象，很容易被不法分子设下的假象所迷惑。因为制作二维码不存在技术门槛，不法分子只要在二维码生成器中置入病毒、木马程序、扣费软件等的下载地址，立即就能生成二维码图片，基本可以实现“一分钟制码”。再打着打折、促销或热门游戏等幌子诱导用户扫描。

一旦手机中毒，用户的通讯录、银行卡号等隐私信息、财产信息就会被泄露。这种病毒也可能通过后台，使得手机发送收费短信，从而耗费流量，导致话费流失。而消费者单从外观上并不能识别其真假，增加了使用二维码的安全风险。

因此，消费者在扫描微店二维码购物时，必须确认被扫描二维码的安全性，并且最好在手机上安装相应的安全软件，选用加入检测功能的扫码工具，遇到可疑网站时，先进行扫描查看其是否存在木马病毒，检验无误后再打开。

5.1.2 口袋购物搜索

口袋购物是一款移动平台推荐的购物类应用软件，主打个性化和精准化的商品推荐。其功能包括热门的商店推荐，根据用户的个人喜好寻找商品，每天精选潮流热卖商品，帮助用户一站式购买淘宝、天猫、京东、凡客、苏宁等商城的商品，随时随地发现又好又便宜的宝贝。微店是口袋购物旗下品牌，因此消费者能够通过口袋购物搜索微店店铺，具体操作流程如下。

step 01 登录口袋购物APP，点击“搜索”按钮，即可查找宝贝或店铺，如图5.3所示。

图 5.3　搜索店铺

step 02 执行操作后，消费者可以直接输入宝贝或店铺关键词，或者点击“话筒”按钮，语音输入关键词，待系统倾听识别完成后即可，如图5.4所示。

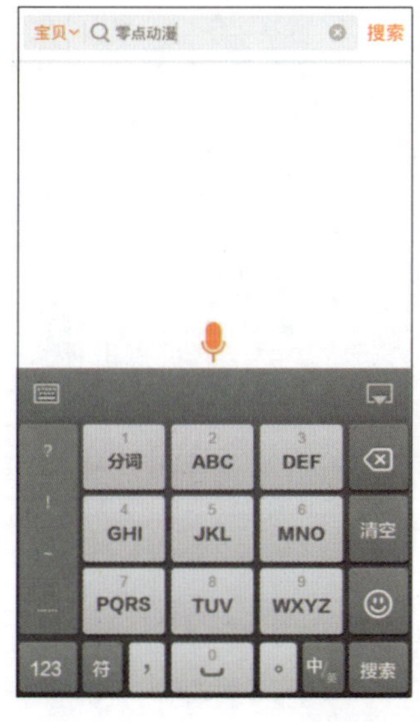

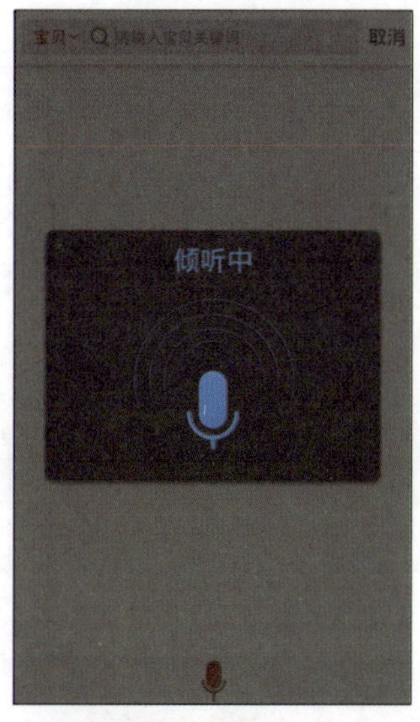

图5.4　语音输入关键词

step 03 输入关键词后，即可显示相关商品，用户可点击“筛选”按钮，选择价格区间以及店铺平台，然后点击“微店”按钮，如图5.5所示。

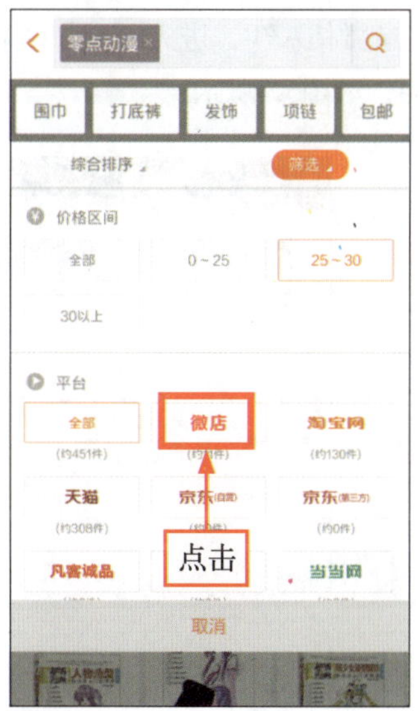

图5.5　选择商品

step 04 执行操作后，显示通过微店平台出售商品的店铺，点击要购买的商品，商品下方显示有店铺名称，点击“进入店铺”按钮即可完成，如图5.6所示。

图5.6　筛选商品

5.1.3　微信收藏夹

买家可以将微店添加到微信收藏夹，这样更方便随时进入微店和卖家进行交流。

step 01 登录微信APP，进入“我”界面，点击“收藏”按钮，进入“我的收藏”界面，如图5.7所示。

图5.7　微信收藏夹

step 02 点击相应的微店，即可进入该微店，如图5.8所示。

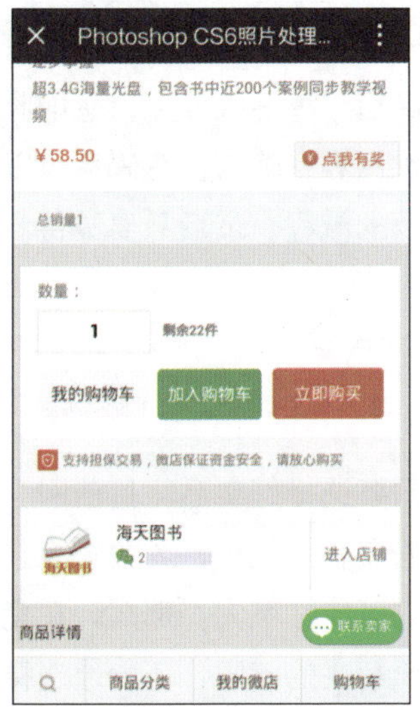

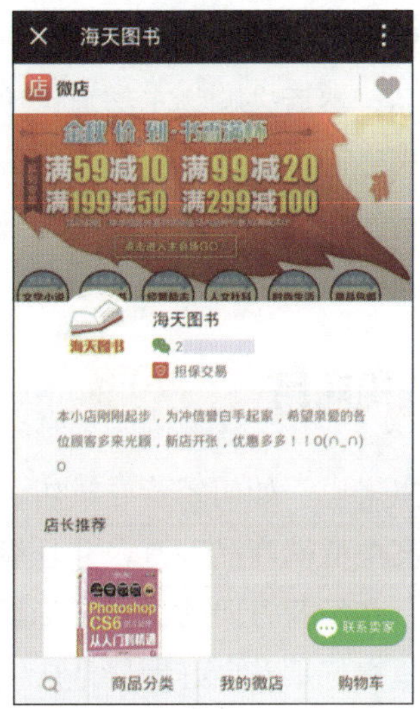

图5.8 进入店铺

5.1.4 分享链接

在基于社会化营销的主流方式中，通过卖家分享到社交媒体上的店铺或商品链接是买家进入店铺最常用的方式，如图5.9所示。

图5.9 通过链接进入店铺

5.2 全面了解，微店购物流程

对于消费者来说，进入微店店铺只是第一步，接下来的微店购物流程是挑选自己喜欢的商品，然后去购物车结算。确认商品后，填写收件人信息即收货地址、姓名和联系方式，确定后选择支付方式，如有优惠券，输入优惠码后可以使用，之后提交订单。付款成功后，就完成了在微店购物的流程，最后只要等待商品到家就可以了。下面进行详细介绍。

5.2.1 选择商品

对于店主来说，如何经营好微店，首先需要选择好卖品。目前网上商城的商品种类齐全，高中低端商品都有，并且经营者遍布各个领域，为数众多，其中并不乏优秀经营者，在经营方向的选择上标新立异的可能性不大。那么，在竞争如此激烈的网商行业里立好足并良好发展是店主必须要解决的问题，巧妙地选择卖品是最为直观的解决方式。

step 01 买家进入微店店铺后，接下来就可以选择自己想要购买的商品了，如果卖家设置了商品分类，则买家可以通过分类来筛选商品，如图5.10所示。

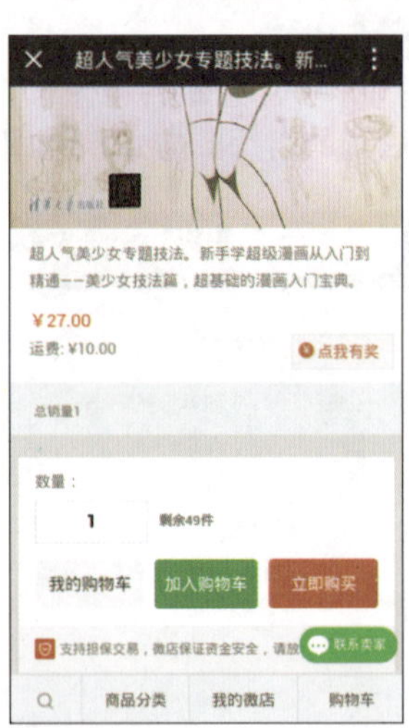

图5.10 选择商品

step 02 在“商品详情”界面中用户可以点击“点我有奖”按钮，生成唯一标识的链接，用户可以将链接发送到任何地方，有人付款即可获得奖励；用户输入手机号码后，点击“确认”按钮即可，如图5.11所示。

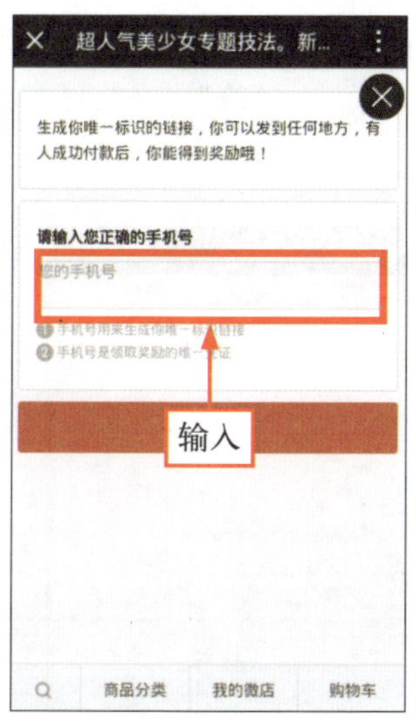

图5.11　输入手机号

step 03 执行操作后，系统生成商品详情链接，长按内容进行“全选”→“复制”操作，可以将链接复制到微信、朋友圈、QQ好友、QQ空间、新浪微博、人人网、开心网、豆瓣、百度贴吧等，这里笔者以分享至QQ空间为例，如图5.12所示。

图5.12　复制分享链接

step 04 选择相应商品后，用户可以输入商品购买数量，点击“加入购物车”按钮，即可将商品放入微店购物车，然后点击“去结算”按钮，即可购买商品，如图5.13所示。

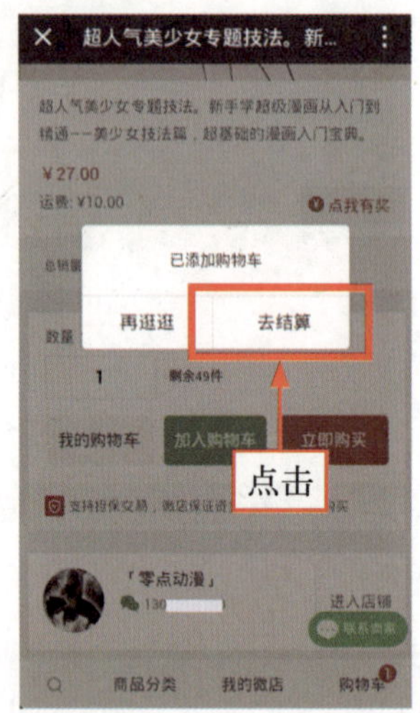

图5.13　购物车结算

step 05 如果想要放弃订单，买家可以点击界面右上角的“删除”按钮，删除选中的商品。点击“删除”按钮，购物车内会显示“还没有选购商品”，如图5.14所示。

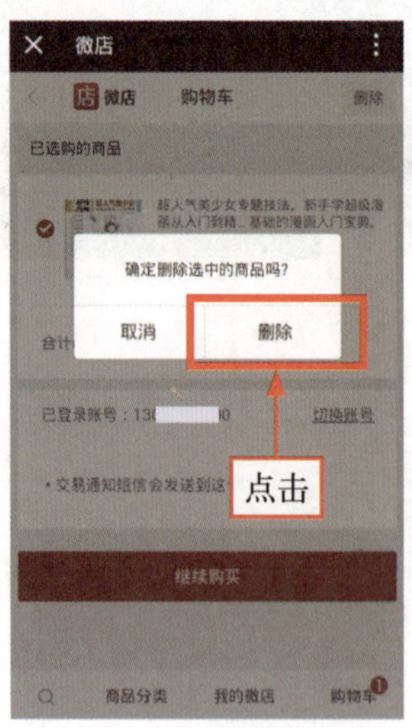

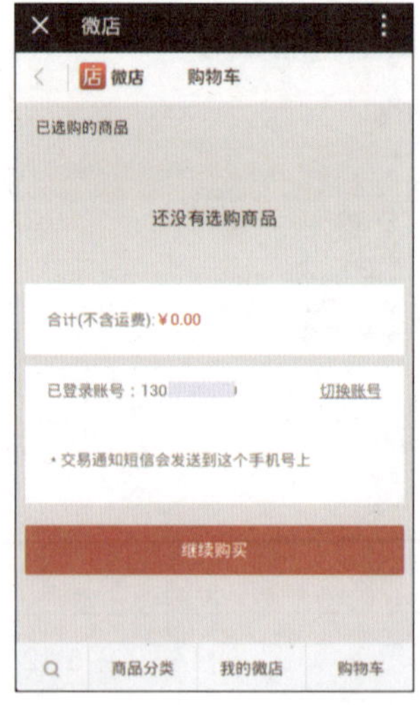

图5.14　删除选购的商品

5.2.2 收货地址

step 01 买家可以在“商品详情”界面中点击“立即购买”按钮或者在购物车中点击“继续购买”按钮，进入“收货地址”界面，输入收货人以及地址信息，如图5.15所示。

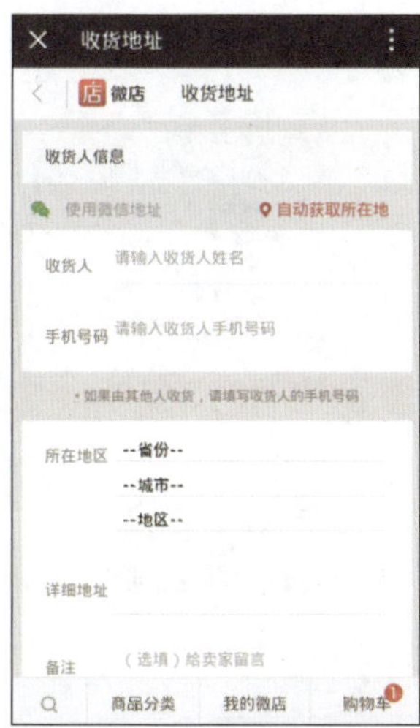

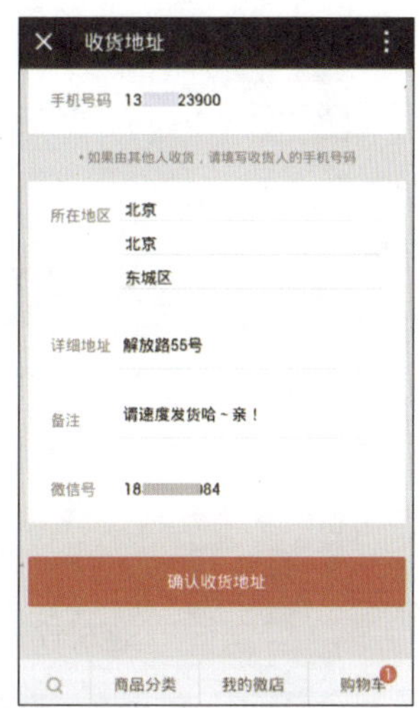

图5.15 输入收货地址

step 02 买家可以在“收货地址”界面中点击选择“使用微信地址”，但是需要预先在微信中进行地址设置，然后点击“保存”按钮即可，如图5.16所示。

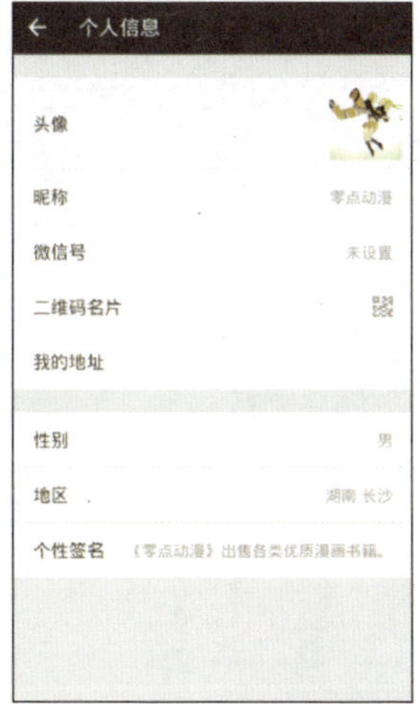

图5.16 设置微信地址

step 03 使用微信地址，可以直接完成收货地址设置，输入备注和收货人微信号，点击“确认收货地址”按钮，如图5.17所示。

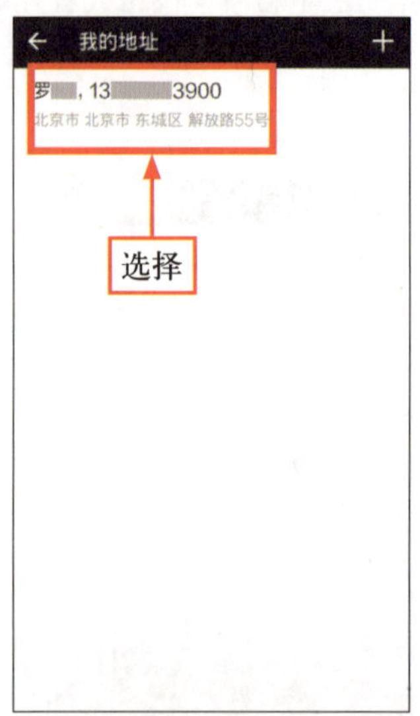

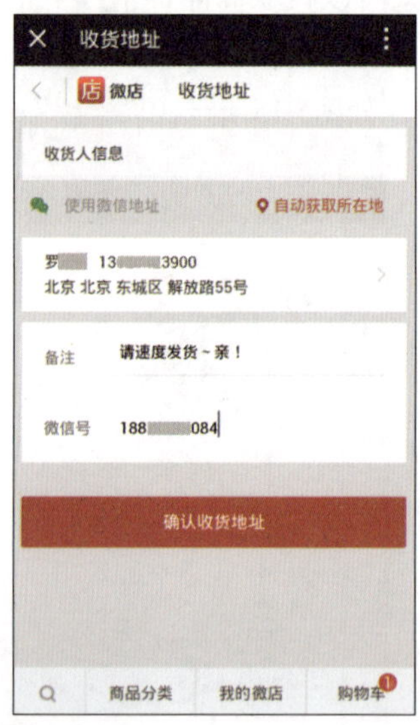

图5.17 使用微信地址

step 04 执行操作后，即可完成下单，如图5.18所示。

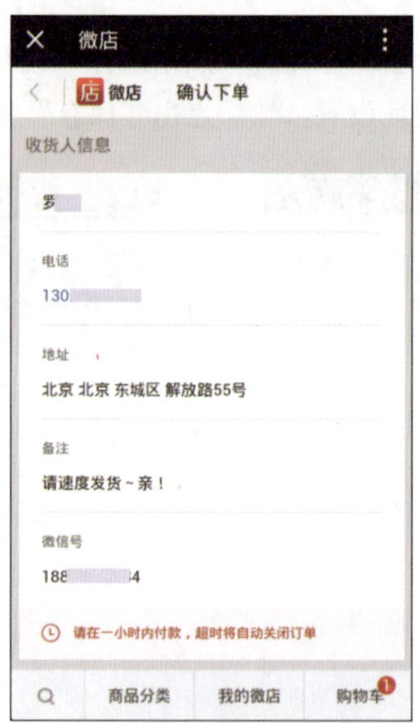

图5.18 确认下单

5.2.3 买家支付

设置完收货地址后，买家就可以下单支付了。买家需要先选择支付方式，包括担保交易、货到付款以及直接到账3种支付方式，下面进行详细介绍。

1. 担保交易

担保交易，是指针对电子商务中，卖家与买家的交易安全问题而首先由支付宝率先提出的交易模式。它有效地解决了电子商务交易中的信用问题，即买家担心付款后，收不到货物，而同时卖家也担心发出货物后，收不到钱。如图5.19所示为支付宝担保交易流程。

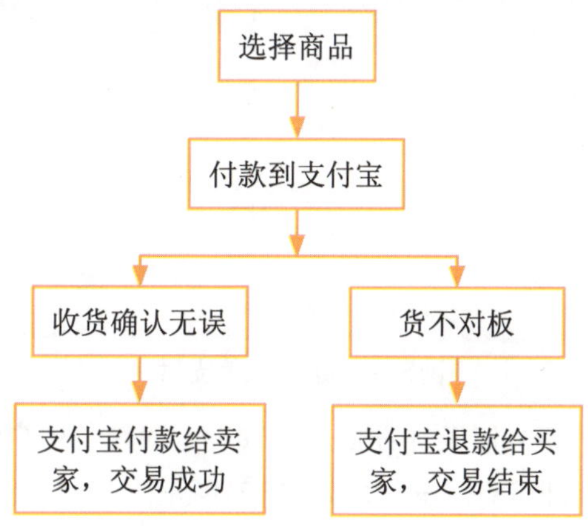

图5.19 支付宝担保交易流程

目前中国国内的担保交易产品主要有PayPal(ebay公司产品)、支付宝(阿里巴巴旗下)、拉卡拉、财付通(腾讯公司，腾讯拍拍)、盛付通(盛大旗下)、国付宝(Gopay)、百付宝(百度C2C)、物流宝(网达网旗下)、网易宝(网易旗下)、网银在线(chinabank)、环迅支付、汇付天下、汇聚支付(joinpay)、宝易互通、宝付(我的支付导航)等。

专家提醒

"担保交易"和"即时到账"的区别在于：担保交易在付款后，买家有10天左右的时间来确认付款，适合亲朋好友之外的对方；即时到账在付款后，钱会直接到对方账户，适合亲朋好友间使用。

买家在微店支付订单时，可以使用微信支付、信用卡支付、财付通、支付宝或储蓄卡支付四种方式，下面进行详细介绍。

(1) 微信支付。在“选择支付方式”下的“担保交易”选项卡中选择“微信支付”选项，然后点击下方的“提交订单”按钮，即可以在微信中进行支付，再点击“添加银行卡支付”按钮，如图5.20所示。

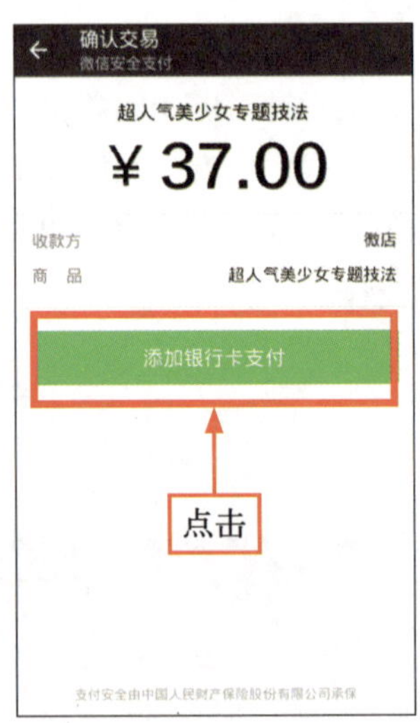

图5.20　选择微信支付

输入支付银行卡的卡号以及详细信息，选中“同意《用户协议》”复选框，再点击“下一步”按钮，即可完成支付，如图5.21所示。

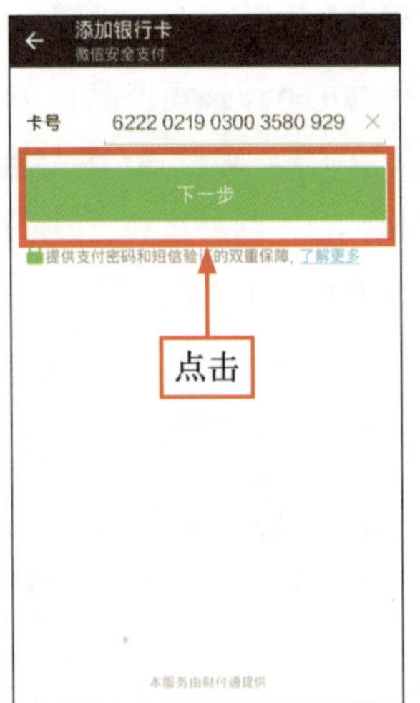

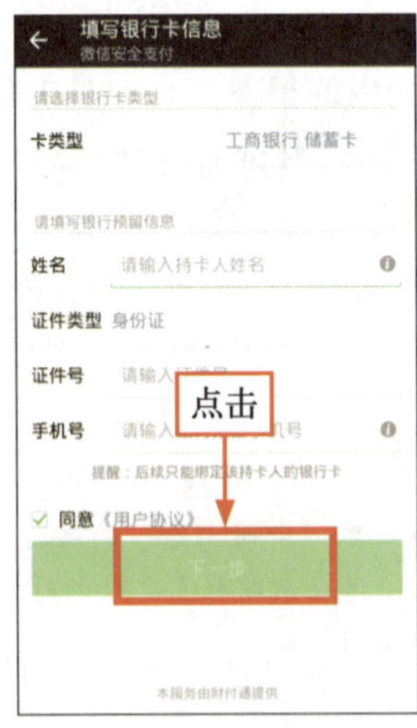

图5.21　确认支付

(2) 信用卡支付。在“选择支付方式”下的“担保交易”选项卡中选择“信用卡支付(推荐)”选项；执行操作后，进入相应银行的信用卡付款界面，输入信用卡号、有效期、安全码、银行预留手机号、短信验证码等信息，并点击“确认支付”按钮，即可完成信用卡付款操作，如图5.22所示。

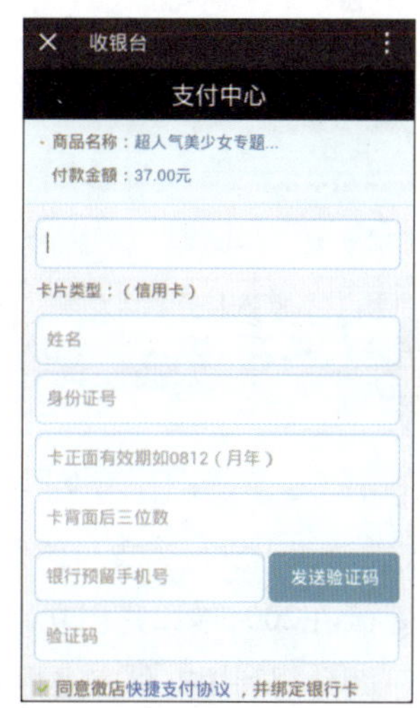

图5.22　信用卡支付

专家提醒

信用卡背面持卡人签名处有一个安全码(Card Security Code)，前四位和信用卡的后四位相同，后三位为效验码，术语叫CVV2验证码，主要是用来获得银行授权的，包括网上、离线、电话等交易方式。一般来说，CVV2和交易密码配套使用最安全。

(3) 财付通支付。财付通(Tenpay)是腾讯公司于2005年9月正式推出的专业在线支付平台，其核心业务是帮助在互联网上进行交易的双方完成支付和收款，致力于为互联网用户和企业提供安全、便捷、专业的在线支付服务。

个人用户注册财付通后，即可在拍拍网及20多万家购物网站轻松进行购物。财付通支持全国各大银行的网银支付，用户也可以先充值到财付通，享受更加便捷的财付通余额支付体验。下面介绍买家通过财付通进行支付的流程。

在“订单支付”界面中选择“财付通”选项，再点击“确认购买”按钮，进入“支付中心”界面，再选择“财付通”选项。如果买家没有财付通账户，可以使用银行卡快捷支付；如果有财付通账户，输入账户密码，然后点击“下一步”按钮，即可完成支付，如图5.23所示。

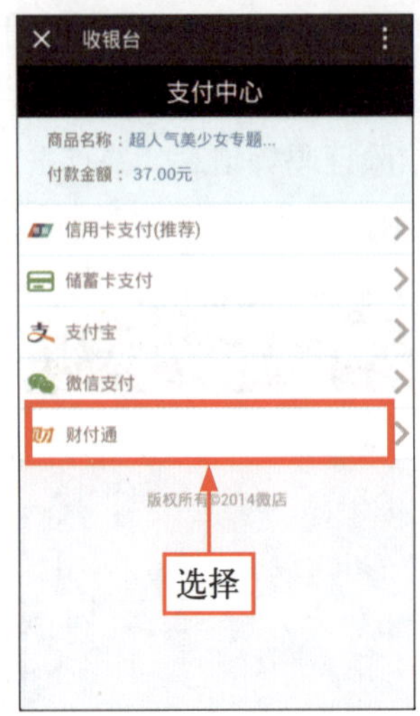

图5.23　财付通支付

(4) 支付宝或储蓄卡支付。支付宝是国内领先的独立第三方支付平台，由前阿里巴巴集团CEO马云在2004年12月创立，在电商支付、移动支付、航空支付等多个领域占有优势。下面介绍利用支付宝进行支付的基本流程。

step 01 首先，在微店的“确认订单”界面中选择“支付宝”支付选项，然后点击“确认购买”按钮，进入“收银台-高端版-支付宝”界面，输入支付宝账号密码，并点击“下一步”按钮，如图5.24所示。

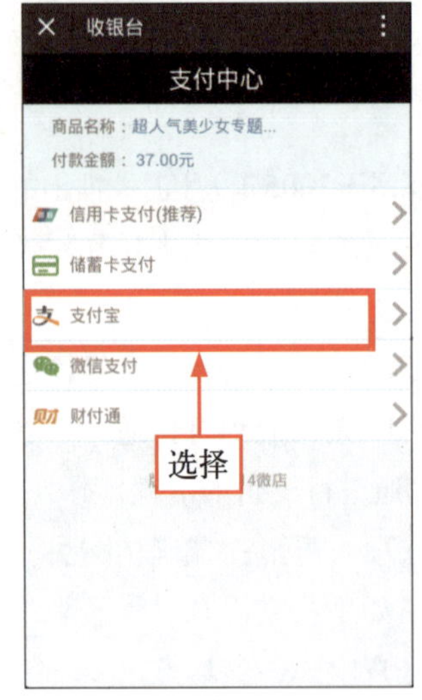

图5.24　支付宝支付

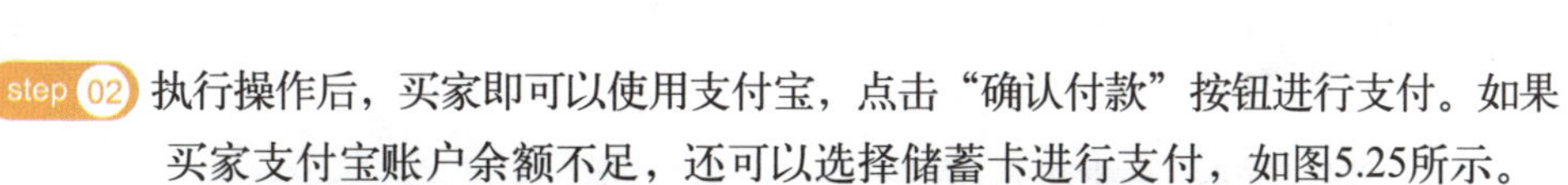

step 02 执行操作后，买家即可以使用支付宝，点击“确认付款”按钮进行支付。如果买家支付宝账户余额不足，还可以选择储蓄卡进行支付，如图5.25所示。

图5.25　支付宝/储蓄卡支付

step 03 选择要付款的储蓄卡，输入银行卡号、开户人姓名、身份证信息和联系方式，然后点击“确定”按钮，完成支付(特别提示：单笔限额5000元，每日限额50000元，而每月最高限额50000元)，如图5.26所示。

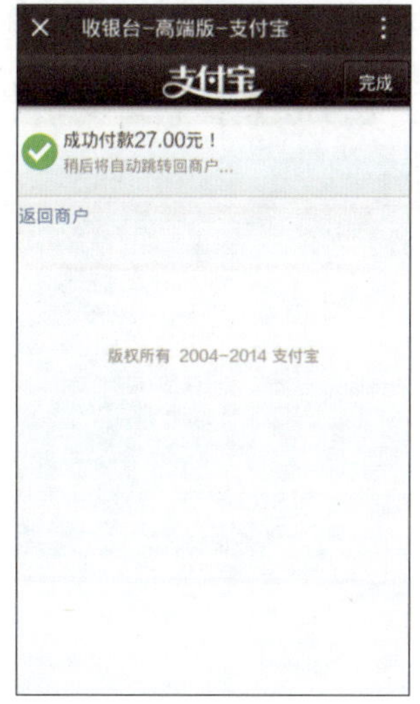

图5.26　支付成功

2. 货到付款

货到付款指的是由快递公司代收买家货款，货先送到客户手上，客户验货之后再把钱交给送货员，也就是我们常说的“一手交钱一手交货”，之后货款再转到卖家账户里去。

货到付款可以开箱验货，先查看货物描述与购买的货物有无差别，检验货物真实性、质量情况，还有运送损伤等情况之后再签单，如果与事实不符，可以拒签，表明理由即可。如图5.27所示为货到付款流程。

(1) 支付优势。货到付款能覆盖更多网上没有支付功能、不会支付功能的客户(这部分客户很多)。货到付款一方面解决了买家没有网银的问题，下单便捷度更高(省去客户网银登录麻烦，没空时，让别人代下单也是很方便)；另一方面，买家可以掌握收货主动权，而且还能验货付款，更有保障。货到付款加大了差异化，比不能提供货到付款的商家更有竞争力。

(2) 支付缺点。对卖家和买家来说风险都较高，卖家的风险在于买家恶意拍下，再恶意拒收；对于买家来说，风险就是付款后售后可能得不到保障。

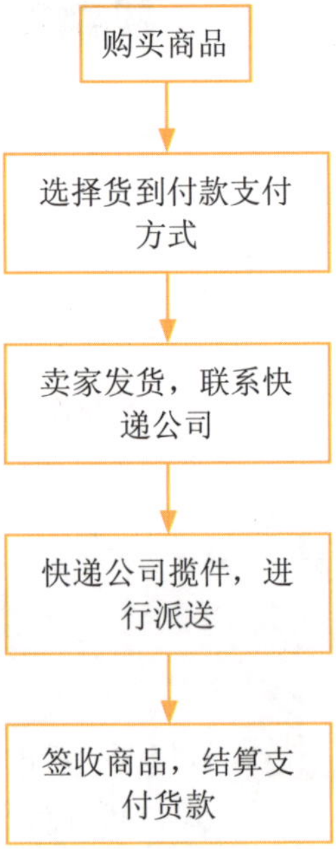

购买商品
↓
选择货到付款支付方式
↓
卖家发货，联系快递公司
↓
快递公司揽件，进行派送
↓
签收商品，结算支付货款

图5.27 货到付款交易流程

(3) 支付操作。在微店订单确认界面中选择“货到付款”选项，再点击“确认付款”按钮，即可完成订单，如图5.28所示。

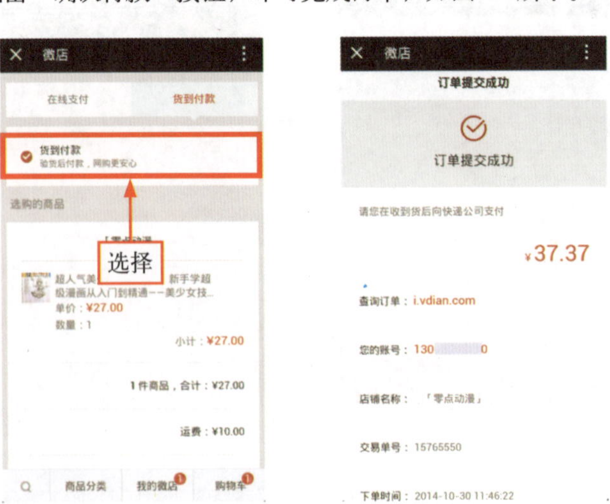

图5.28 货到付款

3. 直接到账

买家可以在“确认订单”界面中点击“直接到账”按钮，再点击“提交订单”按钮即可完成付款操作，如图5.29所示。

专家提醒

对于微店交易的双方来说，如果都是朋友或者熟人，因此卖家可以告诉买家选择直接到账，这样避免了担保交易中转账的麻烦。

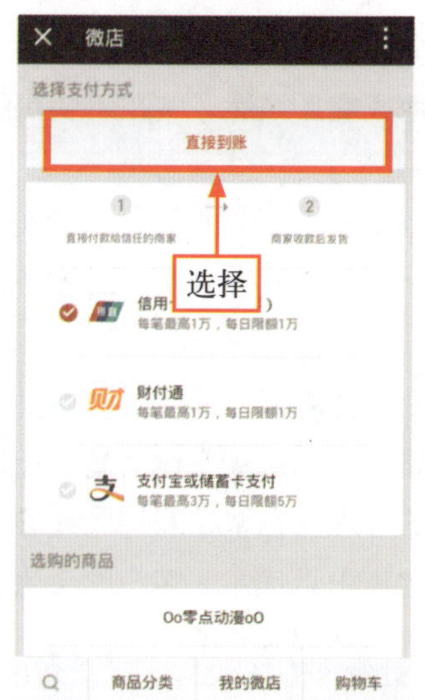

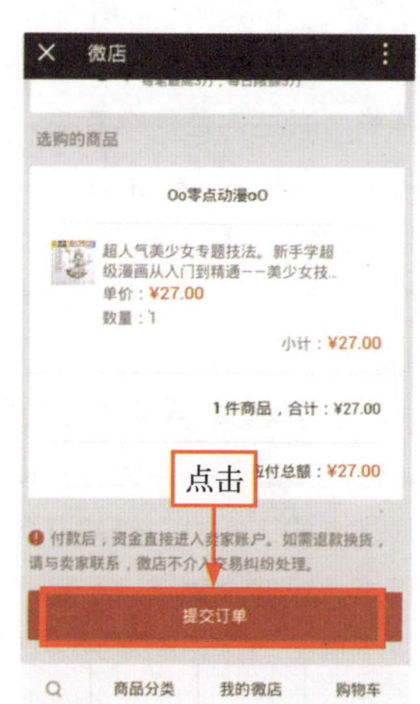

图5.29 直接到账

5.3 沟通交流，微店客服技巧

为了实现交流的最终目的，树立微店的良好形象，店主在交流时可以采取一些特殊的技巧和原则来加强沟通的效果。

5.3.1 微店交流原则

微店的客服或店主在与客户沟通的时候要遵循一些最基本的原则，既不能损害微店的利益，也不能给客户留下不好的印象。

(1) 保持良好的心态。这是个很重要的原则，因为微店上各种形形色色的人都有，有时候一些客户就是摆明来刁难你的，但是不要因此影响自己的情绪。做微店客服一定要学会自我调节，面对挑剔的客户我们要很耐心地回答他们所提出的问题。有些客户比较多疑，一般都是怕看不到实物，不太放心，面对这样的客户，就要把微店的产品优劣跟客户说明白，不能只说优点，不要让客户把它想得太完美了，如果他收到的货物跟想象的不一样，可能就会给你留下中差评。

(2) 双方地位平等。微店中买卖双方的地位是平等的，新店也不要以哀求的姿态来对待客户，那样会使人怀疑商品的质量和店铺的专业水平。

高级店铺更不能以专业自居，居高临下的态度会让客户心情不愉快，即使商品没什么问题，恶劣的态度也可能给微店带来差评。

(3) 沟通能力和理解能力要强。有些客户说话比较含糊，所以理解能力强点，才能很快明白客户想表达的是什么意思，更快地成交。当然，实在不明白的时候就要询问客户，切记不懂装懂、答非所问。

(4) 给客户留面子。在买方市场中，买家有着众多的选择机会，购买的不仅仅是商品，也是商家的服务，因此在交易沟通中，一定要照顾到买家的面子，让对方感觉得到了足够的尊重。

(5) 坚守微店的收益。买家大多数都比较喜欢杀价，所以微店客服应具备良好的说服能力，把产品的特色、优势、优惠策略、赠品给买家讲清楚，让他们知道产品本身就是很优惠的，客户一般都有贪便宜的心理，在坚持我们底线的情况下，尽可能给客户优惠，让客户知道这个已经是在优惠上再优惠，客户就会感觉赚到便宜了，并会很快下单。当然，沟通时主要还得根据不同客户的心理做出不同的策略，但千万不要为了讨好客户而损害了微店的利益。

5.3.2 微店沟通技巧

掌握与顾客沟通的技巧，店主就可以顺利地与顾客沟通，拉近与顾客的距离，促成销售。

(1) 不要过分热情，分寸很必要。过分热情往往令人反感。在用微信与顾客交流时，尽量不要说“您想要买什么”之类太直白的话。特别是顾客刚上来的时候，因为有很多人找你是因为他们还没拿定主意，这样问的话顾客就会想：“非要买你的东西才能跟你说话吗？我打听打听就不可以吗？”或者会认为：“我还有很多问题没弄清楚呢，这个卖家怎么这么不耐烦。”

其实，和顾客的初次交流，店主完全可以不提买东西的事。如果顾客需要，他当然会和你说的。那时候及时跟进才是店主需要做的。刚开始和顾客在网上聊天

时，掌握恰到好处的热情度和真诚度就可以了，下面举例来说。

顾客：你好，在吗？

卖家：上午好，让您久等了。(即使是立刻回答了，也要这样说。)

顾客：我看到你店里的××商品很漂亮啊。

卖家：谢谢夸奖，这个商品在我店里人气是很旺的，你很有眼光啊。(把一开始的“您”，悄悄转变成“你”，与顾客拉近距离。)

顾客：我还想多逛逛，你的商品都有货吧？

卖家：当然啦，如果您需要的话，可以随时与我联系。(交流结束的时候称呼顾客为“您”显得比较正式。)

顾客：那回头再见。

卖家：回头见。(一定要加顾客为好友。)

专家提醒

在实体店铺中，导购人员和顾客是面对面的，我们可以通过表情和肢体语言让顾客感受到我们的服务态度，但是微店是通过网络、手机和电脑来完成的，没有声音和形象的辅助，所以我们更要用亲切、友好、礼貌的语言，让顾客感受到我们真诚的服务态度。另外，可以尽量多地使用一些可爱表情，让顾客感受到微店客服的亲切和礼貌。

(2) 商品的缺陷不要隐瞒。每个顾客都相信没有完美无缺的产品，如果店主自始至终只提产品的优点，而对产品的缺点只字不提，那你的商品不仅不会在顾客心中得到美化，反而会引起更多的怀疑。

为了打消顾客的疑虑，店主可以主动说一些产品的小缺点，说这些缺点的时候，态度一定要认真，让顾客觉得你足够真诚，但这些缺点一定是对方可以接受的。例如：“这种产品的设计和质量在国内都是一流的，只是在外观上不如国外的产品，正是由于这点，我们的价格要比国外的产品低了将近1/3。”

店主主动把产品存在的问题说出来之后，顾客会认为你更值得信赖。这种做法常常会使那些理智型或挑剔型的顾客迅速对你产生好感，接下来的沟通就会顺畅得多。

(3) 不要显得太功利。尽管与顾客沟通的最终目的是为了成功签单，赢得利润，但在沟通过程中不能时时想着利润，要抱着与顾客交朋友的心态与之沟通。

在与顾客沟通的过程中，不管是以E-mail的方式还是以在线聊天的方式，都不能一味地只为了让顾客下订单而层层逼近。严肃、功利的沟通过程，只会让顾客产生压力、反感，反而达不到沟通的目的。可以在跟顾客洽谈的时候多聊些生活上的事情，或顾客感兴趣的话题，让顾客先喜欢上你这个人，再引导顾客喜欢上你的商品，最后变成你的忠实顾客。

(4) 卖家也要有底线。不要把自己当成卖家，要站在顾客的角度给其合理的建议，向顾客推荐最合适而不是最贵的商品，这样顾客容易认同你的建议，也就很容易达成交易。

但将心比心，并不是意味着你要一味迁就顾客，卖家也要有自己的底线。对于那些提出无理要求的顾客，不要不理睬或冷嘲热讽，而要委婉地解释无法成交的原因。有时过分迁就还会让顾客觉得你的产品可能是质量上有什么问题。

(5) 让顾客感受到你的诚意。以交易为目的的沟通本来就是一个揣摩对方心理，让对方接受自己主张的过程，对买卖双方来说都是如此。

绝大部分顾客对作为商人的卖家来说有一种天然的不信任感。所以，在沟通中，一定要让顾客感觉到你的专业和诚意。顾客的负面情绪很大程度上是和价格无关的。顾客最讨厌的是买到价高质次的东西，觉得自己被商家欺骗了。

(6) 让顾客自己掌握主动权。买不买东西，是顾客最大的权利，所有想代替顾客作决定的商家都是非常愚蠢的。购物者在网上购物，除了满足实际的需要之外，还要求获得猎奇的满足感。

店主一定要创造条件，让顾客高高兴兴地做出购买的决定，而绝不是靠花言巧语让顾客在被说昏了头之后做出这样的决定。否则事后顾客冷静下来后会觉得上了你的当，从此不再光顾你的微店。

(7) 找到共同话题。从谈生意的角度来讲，就是怎样才能迅速地和一个陌生人由生变熟，直到建立某种信任。

关系就是需要沟通技巧的。所以，要利用一切信息，迅速找到与顾客的共同话题。可以通过研究顾客的网名、顾客的个人资料、顾客以往的购物记录等来发现顾客的兴趣所在，聊聊对方感兴趣的话题，这样就很容易与顾客形成共鸣，店主介绍自己商品时，顾客也会很容易接受你了。

(8) 赢了争辩，失了顾客。网上开店的目的是为了卖东西，只要推销自己的商品就可以了。当双方观点不一致时，应该理性接受顾客的观点，即便不同意，也不必恶语相加，与其争辩。做生意和为贵，买卖不成情义在，多一个朋友也就多了一个潜在顾客。如果不同意就与顾客争辩，纵然你占尽上风，赢了争辩，估计最后也会失去这位顾客。

第6章 微店粉丝用户的培育

对于微店来说，粉丝也是一种资源，背后隐藏的是无限商机。而粉丝经济，其实就是一种注意力经济，没有粉丝的关注，那就无法完成营销。因此，微店经营者需要找准粉丝，并成功地将粉丝转化为消费者，最终产生购买行为，增加店铺的收入。

- 精准定位，寻找海量粉丝
- 打造品牌，获取目标粉丝
- 用心互动，赢得粉丝信任

6.1 精准定位，寻找海量粉丝

做微店不论是运营公司还是个人创业者，吸引足够多的精准的粉丝(或好友)都是运营微店的基础。那么，微店主应该如何获得海量的粉丝呢？本节就给大家详细介绍。

6.1.1 微信关系链

所谓微信关系链，是指依靠微信平台构建的关系网络，其主要功能包括朋友扩展、关系维护、内容分享等。利用微信关系链，微店主可以通过添加朋友、朋友圈营销、LBS签到等不同方式添加粉丝。

1. 添加新朋友

海量的粉丝是建立在海量的好友基础上的，只有添加了足够多的微信好友，才能利用消息推送收获粉丝。

首先，打开微信APP，进入“通讯录”界面，点击右上角的“+”按钮，选择“添加”朋友，如图6.1所示。

图6.1　添加新朋友

(1) 雷达加好友。执行操作后，进入“添加朋友”界面，用户可以直接搜索微信号/QQ号码/手机号添加好友，或是利用雷达加朋友、面对面建群、扫一扫、QQ/手机联系人、公众号等工具。这里首先介绍利用雷达添加好友，如图6.2所示。

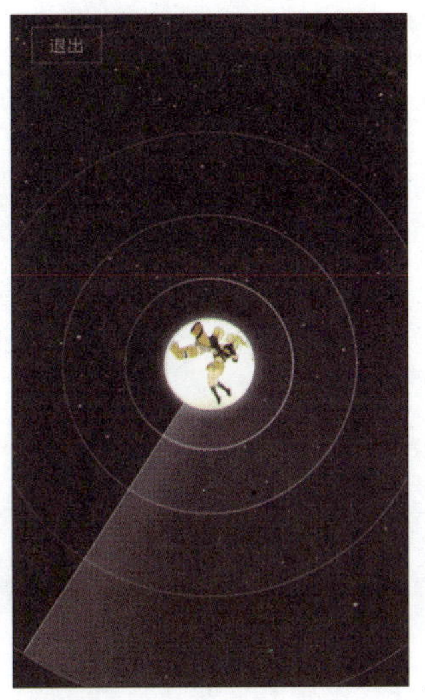

图6.2　雷达加好友

(2) 面对面建群。适合和身边的朋友进入群聊，用户只需输入同样的数字即可建立一个群聊组，该功能我们在前文已经介绍过，这里不再赘述。

(3) 扫一扫加好友。下面介绍扫一扫二维码名片添加好友，用户打开微信“扫一扫”功能，扫描名片上的二维码即可添加好友，如图6.3所示。

图6.3　扫一扫添加好友

(4) 添加QQ好友。在“添加朋友”界面，选择“添加QQ/手机联系人”，然后选择“添加QQ好友”，同时绑定QQ账号，如图6.4所示。

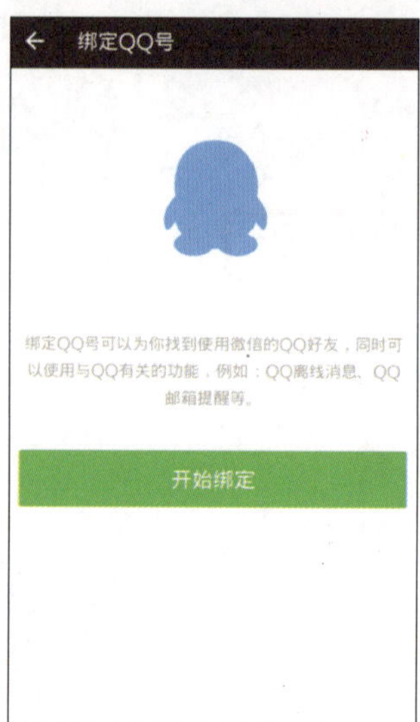

图6.4　选择“添加QQ好友”

输入验证QQ账号和密码，点击“完成”按钮，弹出“已绑定”提示框，点击“确定”按钮，完成QQ账号的绑定，如图6.5所示。

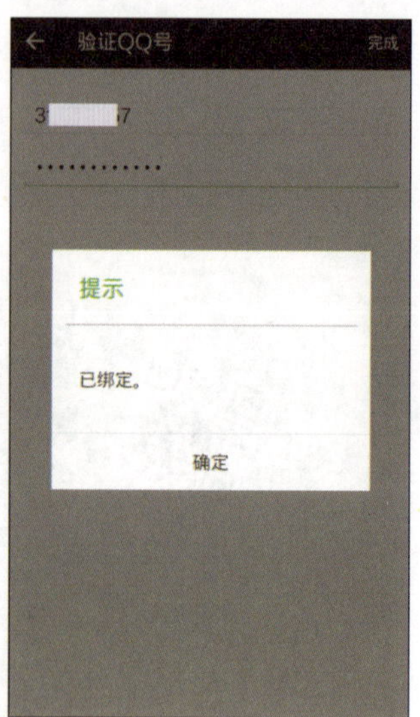

图6.5　绑定QQ账号

执行操作后，用户可以查看QQ好友，并且在相应的分组下，添加好友，如图6.6所示。

图 6.6 添加 QQ 好友

也可以在“添加朋友”界面中选择“添加手机联系人”，即可查看手机通讯录，在相应的联系人中点击“添加”按钮即可，如图6.7所示。

图6.7 添加手机联系人

2. 朋友圈营销

前文中我们已经介绍了微店如何通过微信朋友圈进行推广，其实推广的目的就是获得粉丝，也就是收获顾客，这里介绍利用朋友圈营销的技巧。

(1) 微信互推。利用微信朋友圈进行店铺互推，可以起到不错的成效。首先，微店主可以利用已经拥有的好友，用一百个字左右简单地描述一下自己(建议一定要有吸引人的地方或特点)然后配上几张靓照。把内容发给好友，让他在他的朋友圈里发出，这样你的曝光率会大大增加，交换越多曝光越多，效果也越显著。

(2) 线上导流。如果店主之前在新浪微博或腾讯微博(QQ群、豆瓣群也可以)粉丝数多的话，完全可以引导他们加你微信个人号。如果你是做网店的，可以在客服上下手，也可以直接在店铺里挂上加微信送某某礼品。

(3) 线下导流。如果你有实体店，完全可以把自己的二维码放在店里，然后引导用户加你个人微信，比如关注微信送小礼品。偶尔发些新产品或店里的优惠活动到朋友圈，并经常跟好友进行互动。这种方法比单纯地运营公众号效果要好得多。建议平时经常参加一些线下活动或聚会，在现场直接用雷达加朋友即快速又方便。

(4) 软文推广。根据微店店铺和个人微信号的主题，经常找一些相关的文章，在文章的最后添加上你的简短介绍，并附上微信个人号。然后把这篇修改后的文章发到自己的博客以及各大论坛，比如猫扑、天涯等，这样效果会更好。

3. LBS签到

LBS即基于位置的服务(Location Based Service)，它是通过电信移动运营商的无线电通信网络或外部定位方式获取移动终端用户的位置信息(地理坐标，或大地坐标)，在GIS(地理信息系统)平台的支持下，为用户提供相应服务的一种增值业务，代表有嘀咕网、街旁网等。

LBS签到的应用，集中表现在位置签到服务，其业务以用户签到为核心，探索基于签到的增值服务。目前该类服务呈现为位置社交、位置游戏、位置场景化三种发展方向。下面介绍微信APP的LBS签到功能。

step 01 打开微信，进入朋友圈，点击右上角的“相机”按钮，选择“照片”，发布新动态，输入店铺地址、推广语、店铺二维码等信息，如图6.8所示。

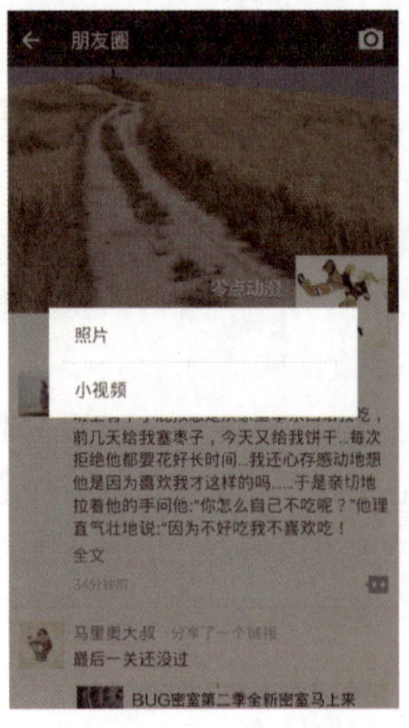

图6.8　发布微信新动态

step 02 执行操作后，点击“所在位置”，可以为新动态添加位置信息，选中附近想要签到的地点，即可签到位置，如图6.9所示。

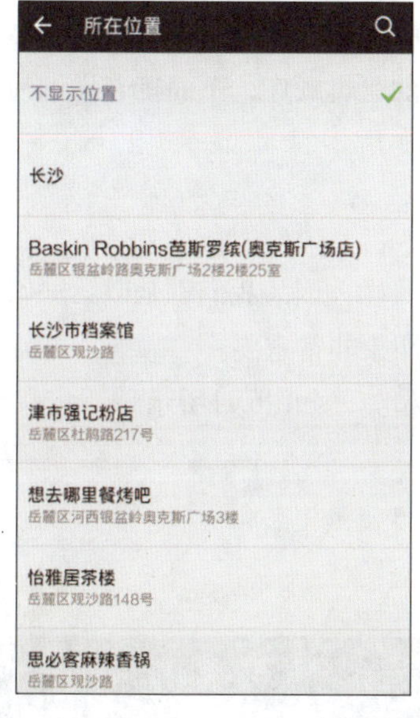

图6.9　添加位置信息

step 03 点击“发送”按钮后，即可将动态发表至微信朋友圈，微信好友可点击动态位置信息，查看周围商圈，如图6.10所示。

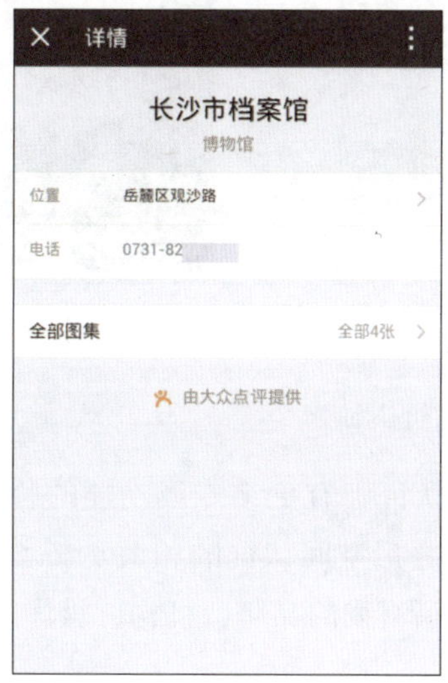

图6.10　查看周围商圈

6.1.2 增加QQ粉丝

想要利用QQ来获得粉丝，QQ空间是店主们首先要考虑的因素，因为成功的QQ空间营销意味着人气，有了人气才会有人不断地重复访问你的店铺；而要想人气足必须拥有大量的QQ好友，这是一个环环相扣的逻辑顺序，下面笔者详细为大家介绍如何利用QQ获得粉丝。

1．空间装饰

QQ空间装饰很重要，这就跟我们的着装一样，因为我们都是以第一印象来判定一件事物的，所以QQ空间给潜在客户的第一印象非常重要。

小米手机QQ空间主页就装饰得很专业和精美，如图6.11所示。

图6.11 小米QQ空间

2．空间认证

空间认证拥有更多专属功能的腾讯专页。用户可以自主添加成为空间认证的粉丝，之后空间认证的相关更新都会在其粉丝的个人中心展现，粉丝可以及时关注到所喜爱的品牌、机构、媒体或名人的最新动态，如图6.12所示为小米QQ空间认证。

图6.12 QQ空间认证

通过空间认证，品牌、机构、媒体、名人除了进行形象展示、动态更新，还可以发起各种活动、与目标用户保持持续、顺畅的互动交流。

专家提醒

QQ空间认证包括名人认证、企业网站认证、企业认证三种认证方式，微店主可以根据自己的情况开通认证的类型，取得认证除了可以提高潜在顾客对企业的信任之外，腾讯还会首先推荐这些通过认证的QQ空间，一旦被腾讯推荐，将为企业带来上百万的流量，带来成千上万的潜在顾客。

3. QQ会员

QQ会员可以比非会员普通用户多创建4个500人群资格，QQ会员VIP6用户可以额外获得1个1000人群的资格，QQ会员VIP7用户可以额外获得2个1000人群的资格；年费用户可以额外再获得1个1000人群创建或升级资格(不受等级影响)。因此，开通了QQ会员的微店主，可以利用特权建立一个超级群，为海量微店粉丝做准备。

6.1.3 微博赚粉丝

目前有一股趋势，即利用微博平台开店，具体方式是线上微博推广，然后私信下单送货，线下完成交易。这种“微博开店”的方式，其实就是微店的同类。结合微博的特性，目前更适合作为创业的“跳板”，与网站、实体店作为互补存在的一种营销推广或售后服务的平台。首先我们看一看下面这条新闻(来源于常州晚报)，如图6.13所示。

吃货之本土"微店" 靠"粉丝"们口口相传

发布日期：2013-01-08 来源：常州晚报 浏览数：313 字号：〖大 中 小〗

下午2点，打开手机上新浪微博，新北区外企上班的任小姐总会先刷新关注的几家"小店"，看看有无新下午茶推出。"昨天喊了丝袜奶茶加蔓越莓饼干外送，今朝想换换歌剧院蛋糕和抹茶慕斯。"

周末上午，远在法国的朱先生已通过微博私信留言，为家在常州的父母订了一只招牌榴莲蛋糕。

近几个月，吃货们又有了新流连地。5、6家本土"微店"——甜品星球、费先生的Home、吉米的厨房、旧掌柜等相继在微博世界蹿红。

动动手指，140字的微博阵地开始"微创业"

在淘宝开家网店，是不少年轻人创业的一条途径。如今，一种新"网店"正悄然兴起——开在微博上的"微店"，这里，店主不再笑盈盈端坐小资情调的店堂迎客；动动手指，花点心思，140字加精美图片，就是与外界沟通的方式，表达小店经营理念、展现着产品，也讲述与电脑、手机那头顾客的种种故事。

记者在新浪微博上搜索"送货"、"送餐"、"私信送货"关键字后，能搜到30多万条记录，包括美食、饰品、定制花束等。在常州地区的"微店"群体，至少也有10多家。

店主以80后居多，创业梦满溢，手头启动资金寥寥……共性的存在，让他们盯上微博这个互联网草根小店。喜欢戏称自己是"微创业"者，他们说："140字的阵地就是梦想的开始。"

图6.13 微博开店成新潮流

利用微博进行开店，关键点就在于粉丝，微博粉丝相对于QQ好友和微信好友又有不同，因为微博粉丝与博主的“亲属”关系不强，而这样反而更容易开展店铺推广。下面我们就了解一下应该如何利用微博为自己的微店店铺增加粉丝。

1. 通过互粉游戏获得粉丝

成功注册微博后，我们就可以开始获取粉丝了。获取粉丝的第一种方法是在首页中间进行微博互粉游戏，进行微博互粉游戏，必须完成上传头像、邮箱验证，每人每天可以玩3次互粉游戏，如图6.14所示。

图6.14 微博互粉游戏

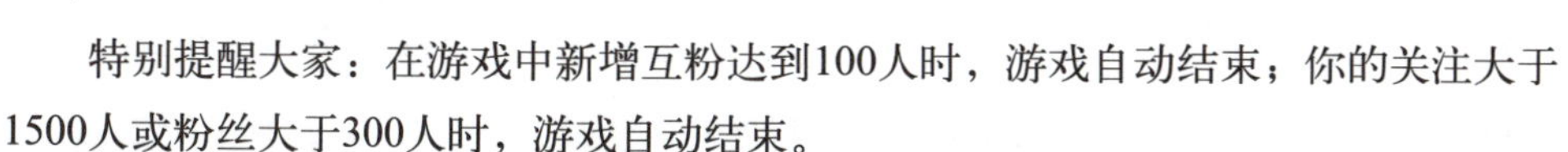

特别提醒大家：在游戏中新增互粉达到100人时，游戏自动结束；你的关注大于1500人或粉丝大于300人时，游戏自动结束。

2．通过互粉大厅获得粉丝

除了互粉游戏，我们还可以通过互粉大厅，通过互粉的方式来增加粉丝量。在微博搜索栏中输入“互粉大厅”，点击“立即使用”按钮，如图6.15所示。

图6.15　使用互粉大厅

执行操作后，需要用户授权，允许互粉大厅获得个人信息和好友关系，同时分享个人微博动态，如图6.16所示。

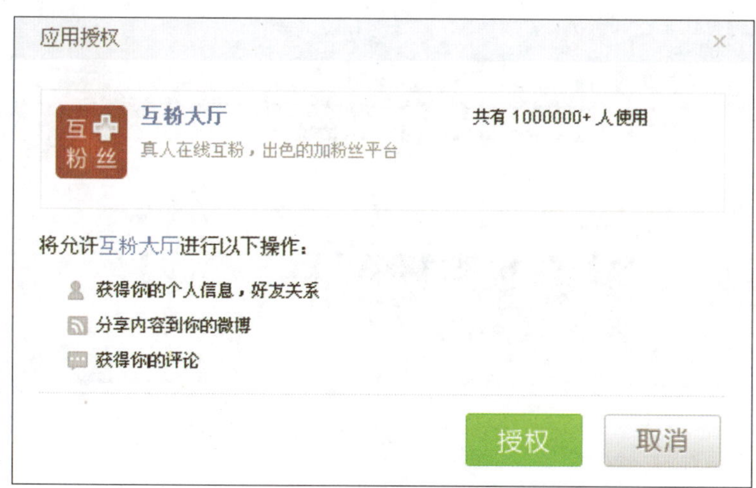

图6.16　授权微博互粉大厅

进入互粉大厅后，选择一个服务器进入，并选择进入互粉排队，在界面上就可以点击互粉从而实现增加粉丝了，如图6.17所示。

图6.17　开始互粉

3．通过互粉吧获得粉丝

在搜索栏中搜索互粉，并找到微吧中互粉的帖子，关注有意互粉的人，并评论让他们记得回粉，这样就可以增加粉丝了，如图6.18所示。

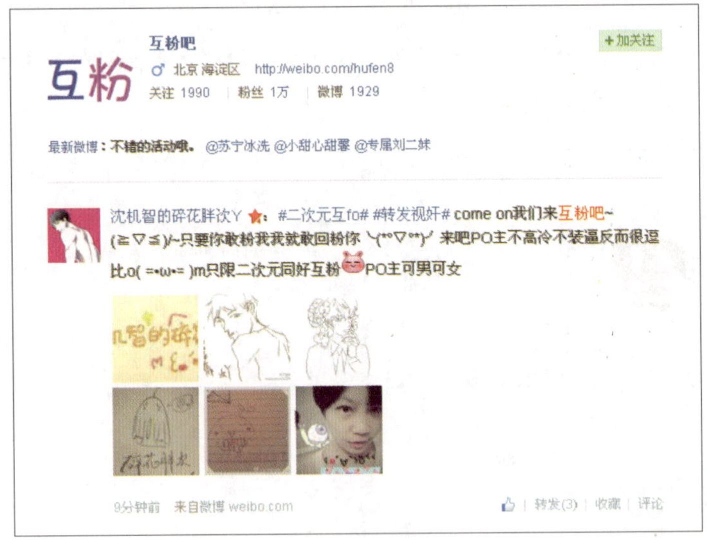

图6.18　互粉吧获得粉丝

6.2 打造品牌，获取目标粉丝

对于营销而言，一千个微信粉丝大于十万微博粉丝，因此利用微信进行微店推广占据着重要位置。因此，如何获取微信粉丝，就是微店主重要的工作之一。

6.2.1 准确定位

不同的微店，不同的产品有着不一样的经营方法，微信营销是借助微信这个移动互联网的战略级平台展开，但是它也并不是适用于所有的微店和所有的产品的。

现实中，很多微店商家跟风投身微信营销，大致上有两个原因：第一，希望尝试这种新的营销方式为自己的微店获益；第二，跟上趋势。这说明大家是愿意接受新鲜事物愿意学习的，这本是一件好事，但是不少商家盲目跟风，没有任何专业知识，也没有任何策略。

聪明的跟风者也许会获得成功，但是盲目地跟风只会浪费钱财。每个微店商家都应该考虑清楚，所在行业适不适合做微信营销？准备怎么做微信营销？目标用户是否在微博微信？总而言之，必须找准自己的定位，才能一步步开始步入微信营销。

(1) 根据商业目标定位。每个微店都有自己的特点和要求，不尽相同，因此它们的营销目标也不可能相同，那么他们的微信营销在定位的时候，就不能人云亦云。比如笔者的“零点动漫”和朋友的“海天图书”，虽然两家微店都是主打图书产品，但是这其中差别也很大，如图6.19所示。

图6.19 商业目标定位

海天图书主要是做计算机图书，因而它的目标用户群是各类计算机培训中心、中职中专、高职高专等院校的学生以及从事计算机相关工作的人员；而零点动漫则是将精力主要放在动漫书方面，它最大的消费群体无疑是平面广告设计人员、网络广告设计人员、动漫设计人员等。两者商业目标的差别，就决定了两家微店的定位不可能相同。

(2) 根据产品特色定位。当然，微店商家要对微信进行精准定位，并不拘泥于某个固定的套路，服务式营销固然人性化，更受用户青睐，但它也并不适用于所有的微店。对于广大投身微信营销的微店商家而言，最好的方法就是深入了解自己的产业特色、产品特色，有针对性地进行定位。比如手机厂商，就应该根据手机的功能，锁住不同年龄层的用户，进行一对一宣传。

例如，小米手机的微信营销，就和其他手机的“广撒网”方针不同，它巧妙地避开与同行的竞争劣势，精准定位自己的客户群，将目标瞄准年轻一族，把握年轻人的心理，打造自己的产品特色。

图6.20　小米微信专场

(3) 根据目标群体定位。一是根据目标客户群体的年龄、收入、喜好、习惯以及身体特征进行基本的面料、款式、价格定位。比如35岁的企事业单位女性，身材略微发福，可以针对这样的女性在款式上多选取一些不收腰、中长款衣服遮挡身材。二是根据目标客户群体收入，面料、工艺需求以及产品成本制定相应的产品价格体系。例如35岁左右的公务员，具有一定的社会地位，对于实体两三千一件的毛衣觉得太贵，但是又有一定的产品要求，那么根据这类产品定制300元左右的成本，在考

虑款式优势以后，可以把价格定位在500～800元。

(4) 根据经营模式定位。除了商业目标，不同的经营模式也决定了微店不同的定位。例如，对于餐厅、酒店等服务行业来说，微信可以作为一个服务用户的工具，用户主动的体验服务，方便快捷，比如招行查余额、南航值机手续等。这样，微店商家就把自己定位在服务，营销反而在其次，这实际上是以退为进，用户在体验周到的服务之后，自然也就成为企业的忠实粉丝。相比之下，那些靠信息群发来主动营销的方式不受欢迎也不会长久。

6.2.2 用户需求

我们常说“顾客就是上帝”，顾客的需求应该是店铺发展的行动指南，因此如果微店店家想要成功运营微店，了解客户并满足需求显得至关重要。

以微信公众平台为例，该平台不像个人微信着重社交，它的作用强调的是为个人提供服务，这些账号的立足之本都是切切实实的为用户提供帮助的，也只有这样的微信公众账号才能留住用户，持久发展并且为企业带来效益。

同理而言，微店想要留住客户，获得粉丝信任，必须能够为粉丝带来价值，例如客户需要化妆品，美容产品店铺自然比服饰店铺更吸引顾客，下面笔者结合具体实例向大家介绍满足客户需求的重要性，以及如何了解客户需求，并利用客户需求来增加店铺流量的方法。

1. 客户需求的重要性

一名“80后”年轻人，通过微信接单卖烧烤，年赚百万，如图6.21所示。关于这个创业点子，这位名为李烨的年轻人是充分调查了市场及客户群体后，才付诸实施的。

首先是人们最关心的食品卫生问题，有感于一些路边烧烤摊色素、添加剂、假羊肉满天飞的同行恶评，他把每批食材的质检报告和进口报关单都清楚地晒到了网上。

其次，根据季节的不同，烧烤店所卖的商品也做足了差异。他指出：“比如夏天用的炭晶和冬天就不一样，通常夏天的燃点比较低，卖的炭晶必须不那么容易自燃。四五月份适合春游，一些下单量比较大的顾客会获赠帐篷。”

同时，李烨还大胆跨界做分销，一手“混搭”玩得很熟练。通过对消费者心理的揣摩，他曾试探性地在烧烤店里卖起了面膜，主打 “烧烤后护理”的概念，结果被一扫而空。他还敢卖玩具，推销的卖点是“让小朋友一边玩去”，防止其在大人烧烤的过程中捣乱受伤，同样迅速售罄。

图6.21 微信接单卖烧烤案例

关于创业成功的经验，他说了这么一句话：“聪明的商人不但满足需求，还要创造需求。”，对于同样是新兴产业的微店来说，店家们可以从中学到不少。

2．了解粉丝需求

对于微店的众多粉丝来说，店主应该如何了解客户需求呢？我们可以从销售学的角度入手，解决这个问题。

(1) 利用提问来了解客户的需求。要了解客户的需求，提问题是最直接、最简便有效的方式。通过提问可以准确而有效地了解到客户的真正需求，为客户提供他们所需要的服务，在实际运用中有以下几种提问方式可以供我们灵活选择运用。

① 提问式问题。单刀直入、观点明确的提问能使客户详述你所不知道的情况。这常常是为客户服务时最先问的问题，提这个问题可以获得更多的细节。

② 封闭式问题。封闭式的问题即让客户回答“是”或“否”，目的是确认某种事实、客户的观点、希望或反映的情况。问这种问题可以更快地发现问题，找出问题的症结所在。

③ 了解对方身份的问题。在与客户刚开始谈话时，可以问一些了解客户身份的问题，例如对方姓名、微信账号、电话号码等。目的是获得解决问题所需要的信息。

④ 描述性问题。让客户描述情况，谈谈他的观点，这有利于了解客户的兴趣和问题所在。

⑤ 澄清性问题。在适当的时候询问、澄清客户所说的问题，也可以了解到客户的需求。

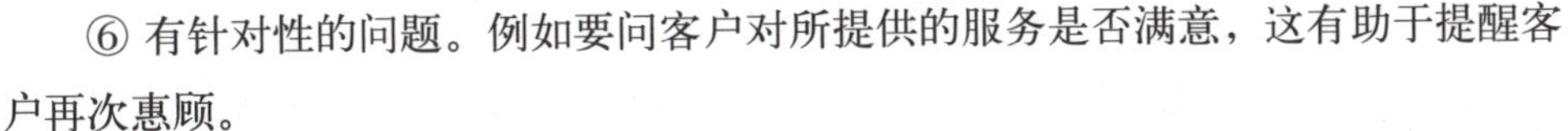

⑥ 有针对性的问题。例如要问客户对所提供的服务是否满意，这有助于提醒客户再次惠顾。

⑦ 询问其他要求的问题。与客户交流的最后，你还可以问他还需要哪些服务。通过主动询问客户的其他要求，客户会更容易记住你和你的店铺。

(2) 通过倾听客户谈话来了解客户的需求。在与客户进行沟通时，必须集中精力，认真倾听客户的回答，站在对方的角度尽力去理解对方所说的内容，了解对方在想些什么，对方的需要是什么，要尽可能多地了解对方的情况，以便为客户提供满意的服务。

3．做好店铺引流

当店铺有了流量，店主需要让流动的客户产生购买行为，这里的关键在于提升店铺转化率。那么，微店主应该如何做好微店店铺引流呢？

(1) 提高店铺产品的展现量。店铺和产品如果排名比较靠前，那么就可以被更多的人看到，这也就是展现次数增多，提高产品展现量的方法如下：

① 优化产品标题。产品标题中的关键词越精准，产品排名越容易靠前，在编写产品标题的时候可以参考阿里指数里的热搜榜，观察近期热搜的关键词以及对应的商品数，选择竞争度适中又比较热门的关键词，也可以参考同行的标题。

② 信息重发。重发能够影响产品的新鲜度，新鲜度越高的产品排名越好。

首先，选择合适的重发时间，上午09:00—11:30，下午02:00—05:30，这个时间段网商们大多会在线工作，在这个时候重发的信息会带来很多流量。

其次，下午05:00—05:45是集中刷新的时段，此时更新产品信息，到第二天更新，之前的这个时间段重发的信息，在整个晚上都会有排序的优势，而晚上7:00—9:00是有很多用户搜索产品的，当产品排序靠前，自然会增加曝光的机会。

③ 缩短产品信息的有效期。发布产品时可以选择信息的有效期，最短的是10天，最长的是6个月，在这里我们选择的有效期越短越好，因为离下架时间越短的产品排名会越靠前，所以我们不要偷懒。

④ 加入买家保障(冻结支付宝资金)。展现自己的信用，店铺的供应信息在排名方面会相对靠前。

(2) 提高产品的点击转化率。消费者输入某个关键词进行搜索微店后，就会有很多产品展现在消费者的眼前，而消费者第一眼能看到的关于产品的信息主要是：产品主图、产品价格、产品销量，还有一些店铺的勋章标志。想要吸引消费者点击你的产品，那么展现在消费者眼前的这几个信息就必须要足够吸引人。

① 产品主图。主图必须要完整清晰，图片规格必须是750*750像素，主图上除了要有展示的产品外，不要有其他抢眼的装饰，当然在主图边角的地方打上一些标签，比如：厂家直销、现货批发、爆款或者折扣等的字眼，这样更抢眼球，如图6.22所示。

图6.22 产品主图要抢眼

② 产品价格。产品的定价要参考阿里指数里的行业平均价格水平，还可以参考同行的定价，总之价格要合理，在同行中要有竞争优势。

还可以采用小数位定价法，比如价格是50元的，可以写成49.8元或者49.9元这样的价格，虽然实际上只相差一两分钱，但是十位数上的5和4给人的感觉就大大不同了，这也是从消费者心理的角度去考虑的定价方法，可以试用一下，如图6.23所示。

③ 产品销量。基本上消费者都会很关注销量这个问题的，但是销量本来就是我们在苦恼的问题，我们可以把线下的客户逐渐转移到网上来进行交易，这样可以提升产品的销量，同时把以上我说的这些内容都去做好，把展现量做上去，只要款式不过时，有竞争优势，那么销量就会逐渐多起来的。

图6.23 产品价格

6.2.3 内容为王

要想拥有更多忠实的粉丝和保持更高的粉丝活跃度，最重要的就是要有优质的产品内容。这个也是微店营销一直以来在不断强调的问题。微店营销的内容一定要对于用户有吸引力和帮助，这样才能赢取用户信任。

以微店官方公众账号作为例子，其定位是服务于卖家的，所以大部分的内容会围绕如何开微店、微店相关设置和微店运营相关的内容为主，同时会辅助发一些关于淘宝店铺运营的内容，如图6.24所示。

那么，假如你是一家做女装的店铺，需要如何确定你应该推送哪些内容呢？笔者认为可以发一些关于穿衣搭配的小窍门、衣物包养的一些常识、同时也可以根据受众群体都为女性来搭配发一些美容化妆、娱乐八卦这些相关的女性比较喜欢的内容。下面介绍微店店主进行店铺内容营销的常用策略。

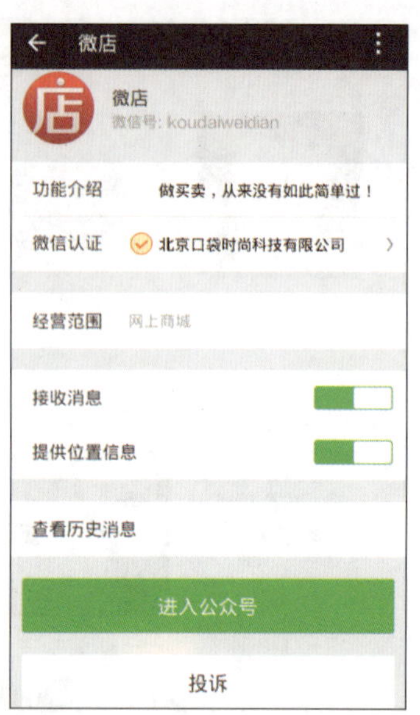

图 6.24 微店官方公众账号

1. 营销原则

微店商家的营销人员进行的最直接且最重要的一项工作，就是通过微信发布信息，而商家所发布的信息必须经过认真的思考和衡量，要从用户的心理和企业目标的角度出发，考虑各方面的问题，尤其是中小企业。为了吸引其他用户的注意，微信营销发布的信息必须遵循“3I原则”：

(1) 有趣(Interesting)。即内容要有足够的新意，有足够吸引人的地方。营销人员需要花足时间巧妙地构思微信营销创意，当然创意和新意总是有限的，但微信发布的内容至少要使得企业的微信主页面信息不至于空洞无聊，特别是要防止发布硬性广告性质的微信，此类微信不仅得不到关注，反而会引起普通用户的强烈反感。

(2) 利益(Interest)。这里所说的利益是指对用户有利益、有用、有价值的内容，也就是说，商家所发布的内容具有一定的实用性，能够向用户提供一定的帮助，既可以是提供信息服务、传授生活常识、利用视频课程帮助用户解决困难，也可以向用户提供促销信息或者折扣凭证、发放奖品等。

(3) 个性(Individuality)。个性是最难把握的一个原则，微店商家要注意发布的微信内容要自成体系，在报道方式、内容倾向等方面要有特点，并且能长期保持这种一致性，这样才会给用户一个系统和直观的整体感受，使微店的微信营销比较容易

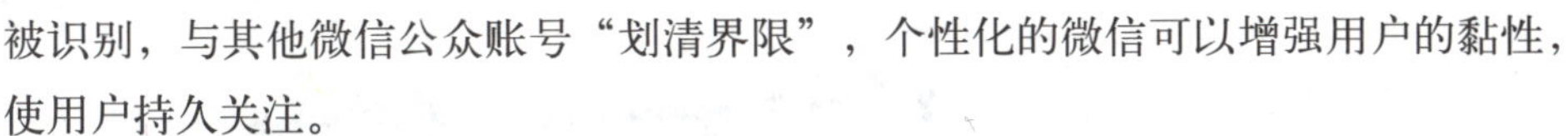

被识别，与其他微信公众账号“划清界限”，个性化的微信可以增强用户的黏性，使用户持久关注。

2. 营销风格

在进行微信消息推送时，店主可以参考以下风格类型。

(1) 促销活动型。这种类型比较适合代购类商品、男性商品、日常必需商品、快销商品、标准化商品，因为稀缺性或必需品，所以无须太多的技巧，直接推销，可能效果反而更好，但也要关注掉粉情况，及时调整内容和发送频率。

如果您的店铺经常搞促销，那这样的信息对于客户来说就是垃圾信息，效果和影响不言而喻。如果是难得促销一次，那这样的效果会比较好。

(2) 信息播报型。重点在发送的信息是否切中用户的需要，千万别变成新闻的信息推送。一般不建议发送这样的信息，除非是需求面比较广众的信息，如上新、预售、抢购、拍卖等。

(3) 专业知识型。比较适合户外、母婴、成人、电器、家居、内衣、保健、汽配类目商品，因为这类信息专业性强，并非日常生活知识，故内容可读性还是较高的，客户接受度高。

(4) 幽默搞笑型。最适合成人类目商品，而且可以和商品实现无缝对接。情侣相关的礼品类目，也可以通过此类型内容完成不错的结合。

(5) 关怀互动型。比较适合针对老客户，比如发货提醒、生日祝福、互动小游戏等内容，如果加上些优惠券什么的内容，是不错的方法。

(6) 文艺小资型。比较适合小众类商品、外贸原单类商品、高端价位商品，也是塑造品牌形象和品位的好方法，同样难度也是最大的。

6.3 用心互动，赢得粉丝信任

“粉丝”的数量代表着“消费力”，赢得“粉丝”的好感和信任，并成为朋友，就是“微店”成功的秘籍。那么，微店主应该如何经营店铺，来获得粉丝的信任呢？

6.3.1 微信互动

微店互动营销主要借助于微信公众平台，微信开放平台加上朋友圈的社交分享功能的开放，使得微信成为一种移动互联网上不可忽视的营销渠道，如图6.25所示。

图6.25　微信互动营销

作为微店推广营销的主战场，微信平台尤为重要。如何利用微信进行互动，已达到获得粉丝、留住客户的目的，是每位店主必须要上的一课。

1．*通过活动互动*

活动是微信最常用的一种营销模式，无论是送奖品还是共同参与同一个话题的探讨，这是粉丝增长速度提升最快的一种模式。

(1) 活动规划前需要先了解微信订阅用户的属性，进行市场调研后策划并进行全方位预热推广，包括微博、线下广告、官网等多方面都宣传微信活动的情况。虽说微店店铺规模较小，可能没有成本来做线下推广，也没有设置官网，但是仍然可以利用QQ空间、微博等方式进行预热推广。

(2) 活动运营期间需要有专门的客服在后台记录和解答问题，引导用户积极参与活动，并通过自定义回复接口不断推送活动参与说明，利于关注用户快速参与。

(3) 基于自定义接口开发有奖问答平台，根据自身微信公众号的定位来植入和品牌相关的问题，也可以联合多个相关品牌一起联合植入营销，提供多款各品牌产品提升中奖度。

(4) 通过设置多重奖品来刺激参与者，并且在推广渠道不断的宣传来刺激参与度。奖品方面不光设置单次的大奖还可以设置多个参与奖，这样调动用户的积极性。

这一点可结合具体案例进行详细介绍：2014年8月4日，苏宁易购宣布正式启动818周年庆祝活动，据介绍，活动期间，苏宁易购将对全品类商品进行0元闪拍、大聚惠、疯狂五天五夜等让利活动，还将发放18亿微信红包，同时还将推出“一日三送”、“急速一小时送达”等物流特色服务。

同时，苏宁易购将在2014年8月17日前在微信上发放红包，红包可以由用户领

取，也可以复制发放给自己的好友，用户可领到的红包金额累计最高到818元。红包可在苏宁易购客户端、m.suning.com、中国大陆门店抵现使用，如图6.26所示。

图6.26　苏宁微信活动

(5) 由于微信的互动是隐秘的，所以特别适合设置和企业品牌有关的问题来有奖答题，首个答对的就可以获得奖励，利于统计中奖名单。当然也可以设置只要答对就有积分，通过后期统计的总积分来获得奖励，目前这块暂时还是需要手工统计，后期估计会有基于后端活动的平台出来。

(6) 对参与用户进行二次分组，每个参与的用户都可以根据其基本属性按照性别、地域等分组，后期非常有利于二次营销。

(7) 要注意互动的便利性，尽量让用户采用选择的方式来参与，可以设置多个问题的总积分模式，用户只需输入简单的数字或者英文即可参加，大大提升活动度。

(8) 抓住节日时效性活动营销热潮。活动的策划建议多多采用节日性和热门事件结合。比如“微信晒罚单，送祝福”这样非常有创意的服务就值得学习。采用微博节日营销活动思路来策划评估微信的节日营销，效果一样会好。只需在微信上更多的注意对新关注用户的引导即可。

2. 通过游戏互动

2013年，一款游戏风靡微信朋友圈，这款游戏就是疯狂猜图。它是一个很简单

的游戏，进入游戏后，系统会提供一张图片，再给出24个待选汉字或字母，用户需要在答案框里输入正确答案。如果猜不出答案，用户可以选择用金币获得提示，也可以分享到微信朋友圈向好友求助，如图6.27所示。

图6.27　疯狂猜图

事实表明，最后一个分享到朋友圈的动作对疯狂猜图的爆发起到了不可替代的作用。将游戏分享到朋友圈求助，朋友圈的朋友打开后下载成为新用户，新用户遇到困难再次分享到朋友圈吸引新用户，这一传播链条源源不断。

由于微信关系大部分为相互之间较为信任的熟人关系，因此疯狂猜图借助微信实现了爆发式的增长。疯狂猜图活动的成功证明了朋友间的口碑传播依然是品牌传播的最重要力量。

6.3.2　微博互动

微店开展微博营销时，粉丝的质量才是最为重要的，因为微店营销的最终目的就是实现产品和服务的销售。因此，微店店主必须通过精心互动，来留住微博粉丝。

1. 寻找精准用户

(1) 通过标签找用户。微博上的用户都会根据自己的特点或者喜好为自己的微博贴上不同的标签。这些标签都是用户自身设定的，最能体现出个人的特点，如图6.28所示。

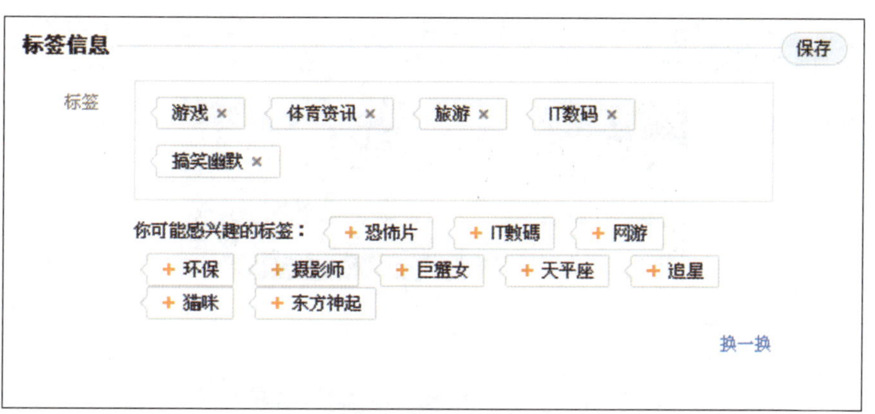

图6.28　微博个性标签

根据这些粉丝的特点，我们就可以对他们进行年龄、身份、职业、爱好等方面的归类。如果我们的目标用户正好和某一类人群重合，则这类微博用户就是我们的目标用户，也是我们需要引导的人群。

(2) 通过话题找用户。微博上的话题是通过#话题名称#来实现的，最大的优点就是我们可以通过微博搜索直接找到参与某个话题讨论的人群，如图6.29所示。

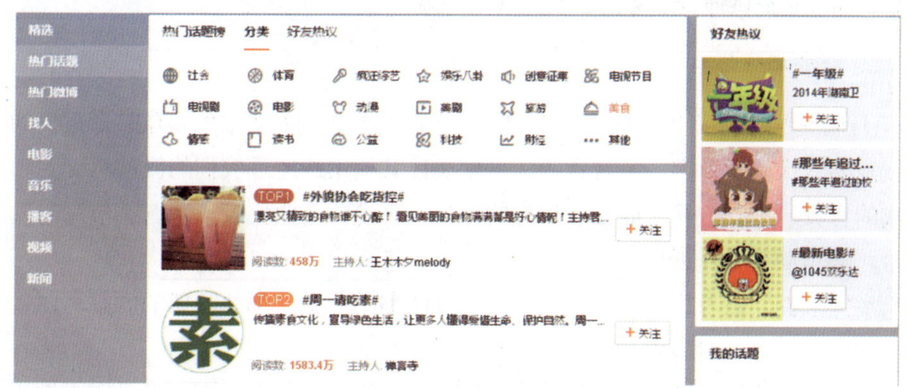

图6.29　微博话题

如果你发现某些用户经常参与#NBA#、#足球#这样的话题进行讨论，而你的企业恰好又是卖运动鞋的，那这些微博用户就是你的目标用户了。

(3) 通过微群找用户。微群就像QQ群一样，是一群人因为某个共同的特点或者话题聚到一起，进行交流和互动的地方，如图6.30所示。

图6.30　新浪微博微群组

如果微群的主要话题和你的产品有比较紧密的结合点，那么微群里的用户也是你的目标用户。比如某个微群主要是谈论“减肥”这个话题的，你的企业恰好是卖减肥产品或是提供瘦身服务的，那这些用户就再合适不过了。

2. 经营微博粉丝

(1) 微博要有吸引用户的优质内容。一个微博要想拥有更多的粉丝，最重要的一条就是要有优质的内容。笔者认为，一定要让其他用户通过我们的微博感受到一个真实的自我，只有这样才能赢取用户的信任。单纯的企业信息或者营销信息的发布平台，是非常不受欢迎的。

举例来说，笔者的微店是一家出售动漫图书的店铺，那么微博的内容可以包括很多方面，如图6.31所示。

首先，应该是个人信息的展示，包括自己今天遇到的新鲜事、自己今天做了什么、今天心情如何、和朋友聊天中提到的趣事等等。

其次，讨论一些关于动漫图书的话题。比如某动漫最新的连载信息、最新出版的漫画图书等。

最后，微博要多发一些有趣或者有价值的内容，来吸引用户。比如一个刚刚看到的小笑话或一条很有价值的新闻等。

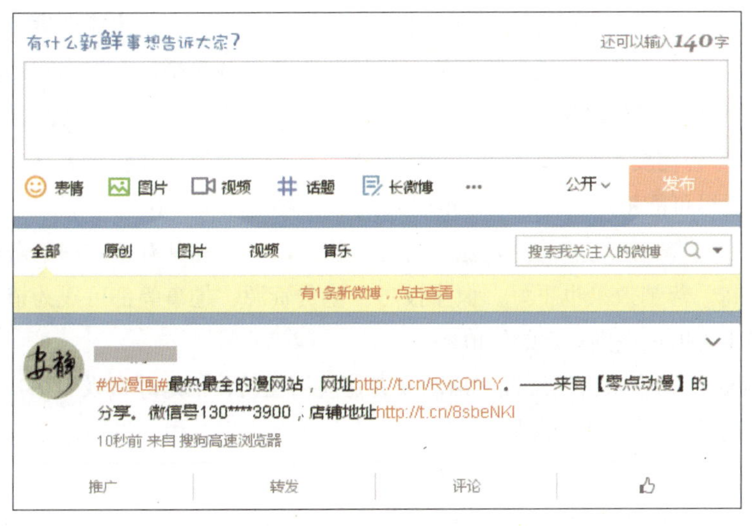

图6.31 微博内容要吸引人

(2) 主动关注你的用户。如果你的微博能有一些优质的内容，而且大都是目标用户喜欢的内容，那接下来的事情就是把他们吸引到你的微博上了。主动关注你的目标用户是个不错的办法，一般用户在得到新的关注之后，都会回访一下对方的微博，看看新增的粉丝是哪些人，发表了哪些内容。

这时如果你的微博内容能够引起用户的兴趣，那么大多数情况下他也会主动关注你，成为你的粉丝。如果你的个人资料再丰富些，头像再吸引人一些，互粉的可能性就会更大。

(3) 转发和评论用户的信息。经常转发用户的微博，并在转发的同时写一些有价值、有深度的评论，用不了几次就会引起用户的注意。用户会觉得自己得到了尊重，自己发表的东西有人懂得欣赏，自己又找到了一个志同道合的朋友。

这时，用户主动关注你，成为你的粉丝就是水到渠成的事情了。这种方法看起来虽然简单，但只要坚持做，用心去评论别人的信息，最终是能取得非常好的效果的。

(4) 在目标用户集中的微群积极互动。微群为大家提供了一个围绕某个话题交流和讨论的场所，群内的成员也往往都是对这一话题关注的人。

如果我们能常常发一些用户关注的内容，经常和群内的用户进行交流讨论，帮助用户解决问题，甚至成为群内的名人，那么群内的用户也会慢慢转变成我们的粉丝。

3. 微博粉丝互动

(1) 取得粉丝的信任是根本。微博营销是一种基于信任的主动传播。在发布营销

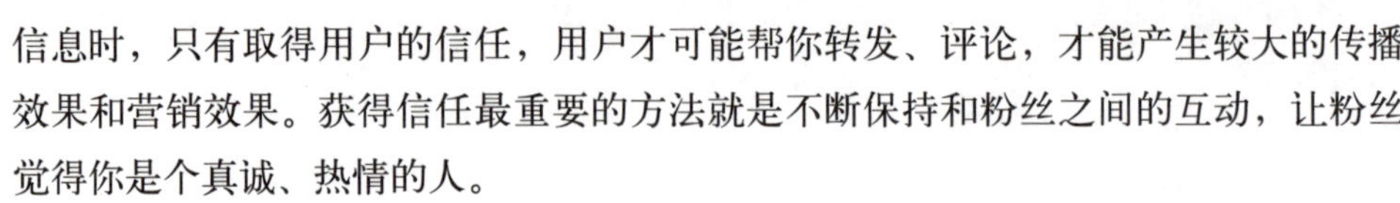

信息时，只有取得用户的信任，用户才可能帮你转发、评论，才能产生较大的传播效果和营销效果。获得信任最重要的方法就是不断保持和粉丝之间的互动，让粉丝觉得你是个真诚、热情的人。

(2) 发广告需要有一定的技巧。在发布企业营销信息时，建议大家在措辞上不要太直接，要尽可能把广告信息巧妙地嵌入到有价值的内容当中。

这样的广告因为能够为用户提供有价值的东西，而且具有一定的隐蔽性，所以转发率更高，营销效果也更好。像小技巧、免费资源、趣事等都可成为植入广告的内容，都能为用户提供一定的价值。

(3) 通过活动来做营销。抽奖活动或者是促销互动，都是非常吸引用户眼球的，能够实现比较不错的营销效果。抽奖活动可以规定，只要用户按照一定的格式对营销信息进行转发和评论，就有中奖的机会。奖品一定要是用户非常需要的，这样才能充分调动粉丝的积极性。

如果是促销活动，一定要有足够大的折扣和优惠，这样才能够引发粉丝的病毒式传播。促销信息的文字要有一定的诱惑性，并且要配合精美的宣传图片。如果能够请到拥有大量粉丝的人气博主帮你转发，就能够使活动的效果得到最大化。

第7章 微店运营战略拓展

对于创业者来说，微店代表着一种新兴的商业模式，利用低门槛和高收益等优势，微店在帮助人们实现手机创业梦想的同时，也更加方便人们的生活。面对众多的平台，创业者需要在坚持转化率的前提下，理性选择开店平台，合理运营。

- 平台一览，微店运营策略
- 实战经营，提高用户转化率

7.1 平台一览，微店运营策略

目前，微信开店大致可分为三种情形：一类是商家在淘宝、天猫等电商平台有店，微信作为一个辅助的展示平台，最后把消费者引流到电商平台，具体交易最后在电商平台中完成；第二类是零起步的草根创业者们，他们不需要通过任何卖家身份审核，只是在自己的朋友圈里展示商品，双方买卖基于朋友圈的熟人关系；第三类则是创业者利用新兴的各类微店平台，如微电网、微信小店、拍拍微店、中兴微品会等，以淘宝网店的形式出售各类商品，从店铺注册，到商品展示，再到寻找货源，都可以在手机上完成。

第三类情形是这一节我们要重点认识的开店方式，了解各类开店平台，并将各种开店技巧融会贯通，可以帮助开店者更加了解微商模式。

7.1.1 微信小店

2014年5月29日，微信公众平台正式推出了“微信小店”功能。它是基于微信支付，包括添加商品、商品管理、订单管理、货架管理、维权等功能，开发者可使用接口批量添加商品，快速开店。已接入微信支付的公众号，可在服务中心中申请开通微信小店功能，如图7.1所示为微信小店开店的基本流程。

图7.1 微信小店开店流程

1. 申请微信公众账号

step 01 开通微信小店的第一步是申请微信公众账号，下面介绍具体注册流程。首先，进入微信的官方网站http://weixin.qq.com，点击“公众平台”，如图7.2所示。

图7.2 进入微信官网

step 02 执行操作后，已经注册的用户可以直接输入账号密码登录，没有账号的用户需要点击“立即注册”进行账户注册，如图7.3所示。

图7.3 注册账号

step 03 输入用户常用的邮箱地址，和登录微信公众平台的密码，点击“注册”按钮，如图7.4所示。

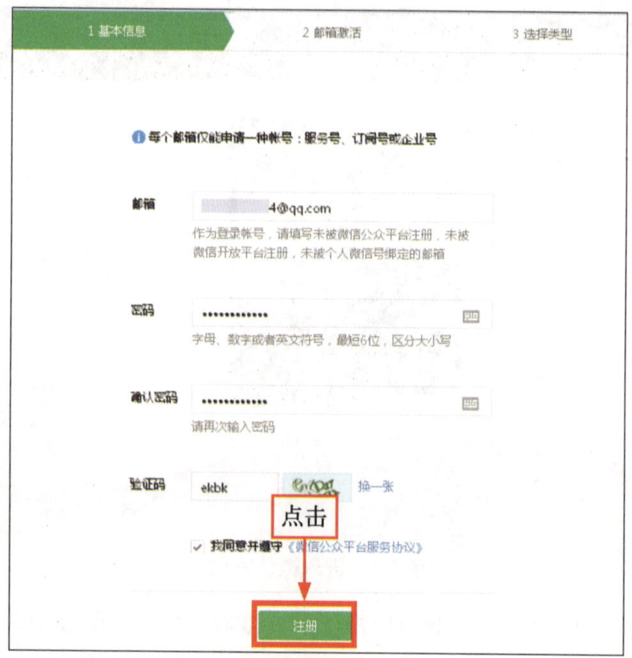

图7.4　填写基本信息

step 04 激活公众平台账号，此时确认邮件已发送至你的注册邮箱，用户可以进入邮箱查看邮件，并激活公众平台账号，如图7.5所示。

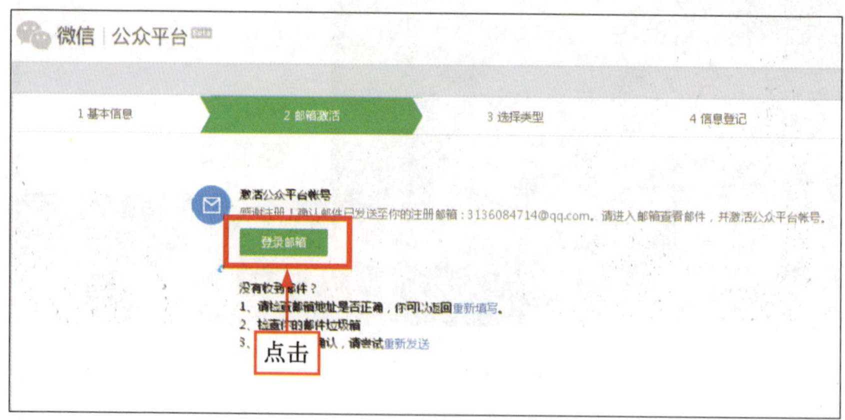

图7.5　邮箱激活

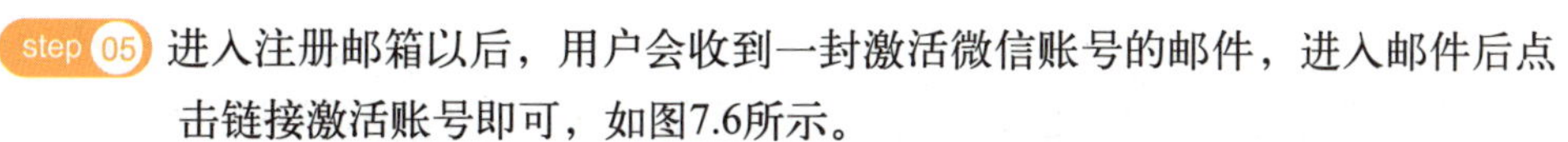

step 05 进入注册邮箱以后，用户会收到一封激活微信账号的邮件，进入邮件后点击链接激活账号即可，如图7.6所示。

图7.6　激活账户

step 06 选择相应的账号类型，包括订阅号、服务号和企业号三种类型，这里我们选择服务号(订阅号不支持微信小店功能，并且选择类型后不可更改)，点击“选择并继续”按钮，如图7.7所示。

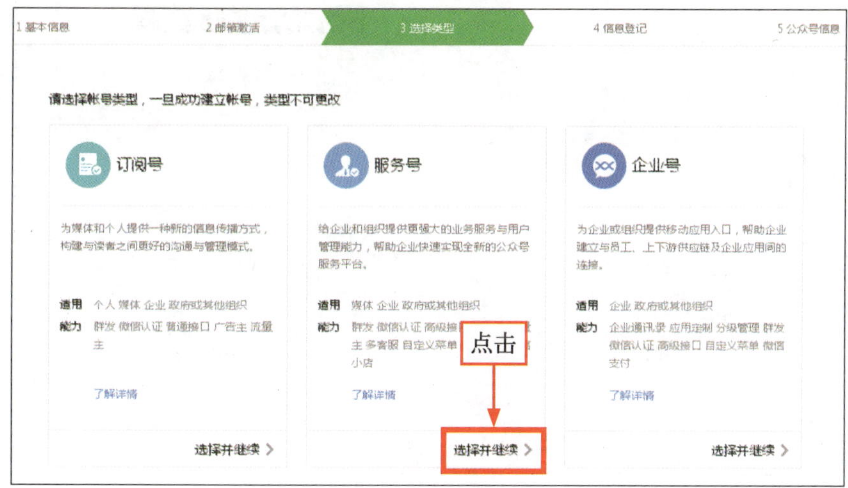

图7.7　选择账号类型

step 07 执行操作后，需要用户填写个人基本信息，包括身份证姓名、身份证号码、证件照片、运营者手机号码以及短信验证码等，如图7.8所示。

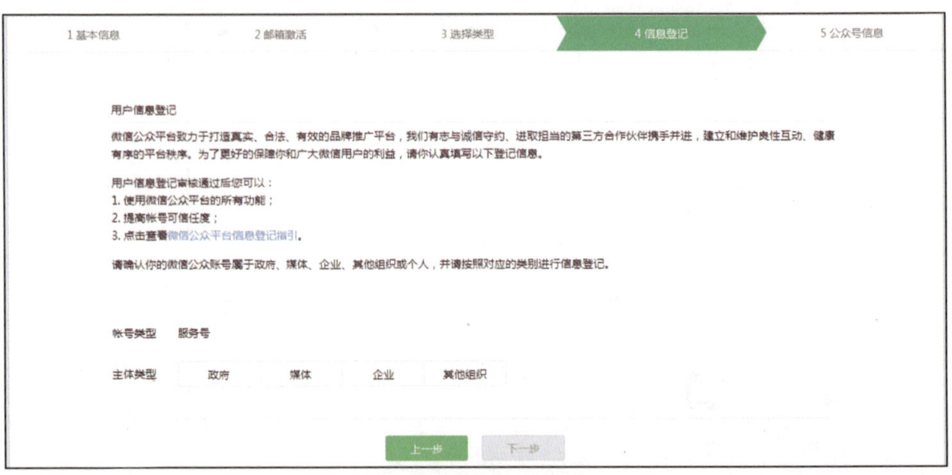

图7.8　填写基本信息

step 08 填写完成后，设置公众号信息，包括账号名称、功能介绍、语言地区、语言以及账号类型等，点击“完成”按钮即可完成注册，如图7.9所示。

图7.9　设置公众号信息

专家提醒

用户需要特别留意以下几个注意事项。

(1) 微信公众号名称注册后不可修改，可设置2～16个汉字或是4～32个字符(可以设为简体或繁体中文、英文大小写或数字混淆的方式)。

(2) 微信公众号名称、账号名称只允许含有中文、英文大小写、数字，并且不能与他人已有知识产权的内容相同或相近似。

(3) 微信公众号名称可以重复，粉丝可以通过查看微信公众号的认证资料(公众账号申请成功后才能申请认证)、功能介绍后，再进行关注。

step 09 完成以上操作后进入审核阶段，审核时间为7个工作日，期间无法修改已提交的信息和干涉审核进度。审核期间无法申请认证，也无法使用群发功能和高级功能。审核完成后，用户即可完成服务号注册，并使用相关功能，如图7.10所示。

图7.10　完成注册

2．店铺注册与运营

(1) 开通条件。用户想开通微信小店，必须有几个先决条件：第一必须是服务号；第二必须开通微信支付接口；第三必须缴纳微信支付接口的2万元押金。

其中，服务号和微信支付都需要企业认证，再算上不低的押金，整体来看，微信小店的门槛其实是不低。如果你的企业没有这么多预算的情况下建议做个微信网

站即可，并且效果也不比微信小店差。

满足条件后，商家只需登录微信公众平台网页版，进入“服务中心”，即可看到“微信小店”的入口，点击“详情”按钮，按照操作提示即可申请开通。

(2) 微信认证。用户在认证前应准备好材料，企业至少要有营业执照复印件、公章等，机构至少要有组织机构代码证复印件、公章、法人信息证等。

微信认证体系提供更安全、更严格的真实性认证，也能够更好地保护企业及用户的合法权益。微信认证全过程完成后，用户将在微信中看到认证公众号特有的标识，如图7.11所示。

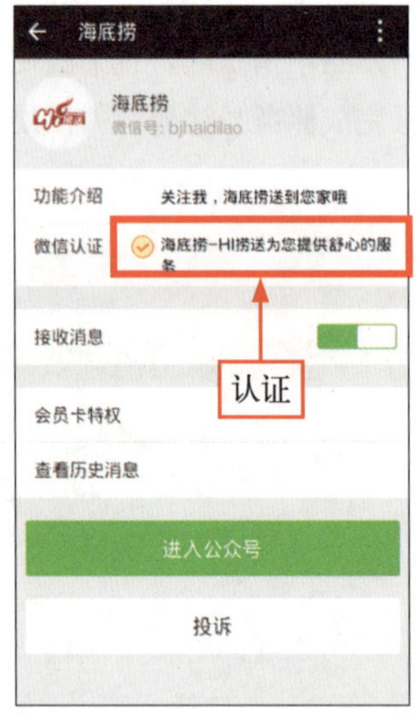

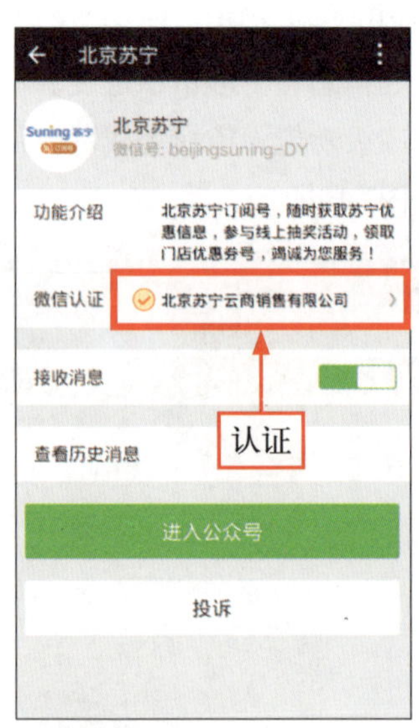

图7.11　微信认证标识

账号资质审核认证通过后，订阅号将获得自定义菜单接口权限，服务号将获得高级功能接口中所有接口权限、多客服接口，以及可申请商户功能。微信认证审核服务费用为300元/次。

只要在规定的时间内，认证申请真实并符合相关认证规范要求，且企业、机构主体和资质材料合法、有效、完整、准确，申请人获得企业、机构的真实授权，就能通过账号资质审核。

账号资质审核成功后，高级功能接口权限、多客服接口等高级权限将会被保留一年。用户最晚应该在账号资质审核成功后一年内完成年审认证，年审认证需要另行支付审核服务费。如未通过年审认证，已开通的高级功能接口将可能会被断开。

微信小店的出现是微信有序开放的一个新标志，也是微信在电子商务领域的一种新探索，必然为商家以及整个电子商务生态带来新的无限可能。此外，微信小店的推出可以更好地规范微信公众平台的生态环境，建立统一标准的接入服务，为业界拥抱移动互联网搭建更好更便捷的平台。

(3) 店铺开通与运营。对微信官方而言，“微信小店”将丰富微信和微信支付的应用场景。商家在微信中搭建自己的电商平台，有助于其扩展微信公众账号的业务范围。

① 店铺申请。如果商家还未开通微信支付，系统会提示商家先开通微信支付。通过填写商户号和微信支付密钥，提交申请，并审核通过后，就可开始在“微信小店”里试营业，如图7.12所示。

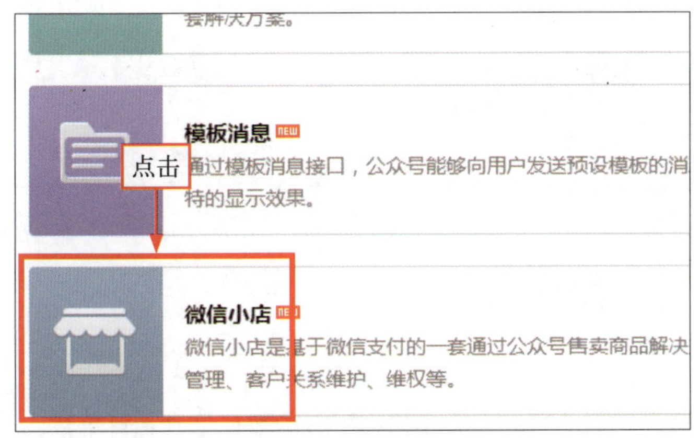

图7.12 申请开店

② 添加商品。这是店铺运营的第一步，首先需要开店者选择商品类目，然后按照指引填写商品的基本信息，包括商品名称、商品图片、运费、库存、详情描述等，如图7.13所示。

③ 商品管理：用户可以设置不同的分组来管理商品，分组可用于将商品填充到货架中，同时还可以快速对商品进行上下架操作，如图7.14所示。

④ 货架管理。所谓货架，是指商家用于承载商品的模板，每一个货架是由不同的控件组成的。选择完货架之后，商家可以将分组管理里面的商品添加到货架中；将编辑好的货架点击发布，然后复制链接，链接可以填入自定义菜单中，或者下发商品消息中，如图7.15所示为货架分组。

图7.13 添加商品

图7.14 商品管理

⑤ 小店概况。店主可以查看小店中所有的数据信息：订单数、成交量等，如图7.16所示。

图7.15 货架管理

图7.16 小店概况

⑥ 订单管理。用户支付成功后会生成一笔订单，商家可以查询订单，并进行发货等操作，以下为微信小店购物流程。

step 01 进入微信小店，选择商品类型，点击商品进行购买，如图7.17所示。

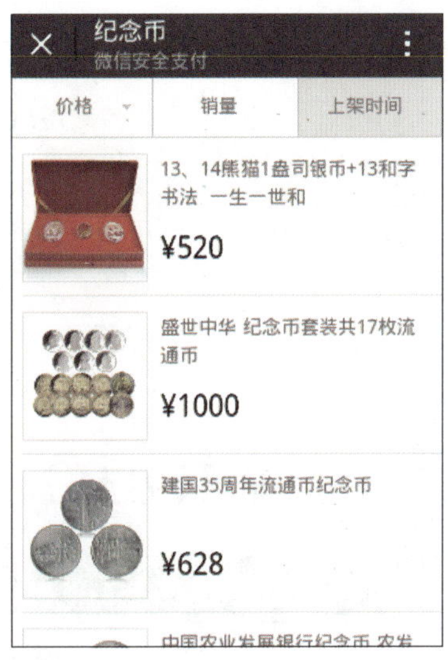

图7.17 选择商品

step 02 点击要购买的商品，查看商品详情，包括商品介绍和商品价格；然后输入商品数量，点击“购买”按钮，如图7.18所示。

图7.18 确认商品数量

step 03 输入收货地址以及配送方式，再次确认商品价格，点击“去付款”按钮，通过微信安全支付，显示支付成功，点击“完成”按钮即可完成订单，如图7.19所示。

图7.19　支付成功

⑦ 运费管理。商家可以选择普通物流方式，统一物流运费;也可以根据地址、件数来自定义。而运费模板恰好满足了商家的灵活需求，如图7.20所示。

图7.20　运费模板

⑧ 维权仲裁。用户可以在交易消息里对已经购买的商品进行维权，商家可以在微信公众平台上查看客户的维权信息并进行处理，保证双方利益的平衡。

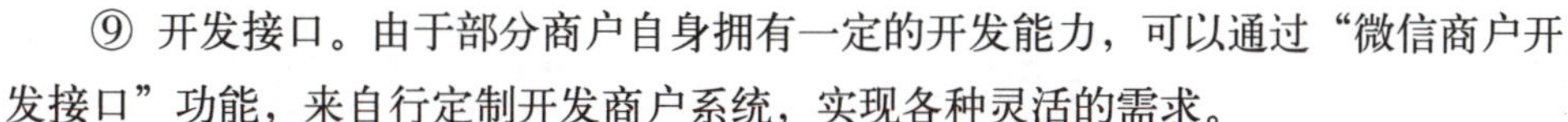

⑨ 开发接口。由于部分商户自身拥有一定的开发能力，可以通过“微信商户开发接口”功能，来自行定制开发商户系统，实现各种灵活的需求。

商户一旦通过商户功能接入流程，会立即获得以下全部接口权限，包括商品管理接口、库存管理接口、邮费模板管理接口、分组管理接口、货架管理接口、订单管理接口、功能接口等。

7.1.2 口袋通

口袋通是帮助商家在微信上搭建微信商城的平台，提供店铺、商品、订单、物流、消息和客户的管理模块，同时还提供丰富的营销应用和活动插件，如图7.21所示。

图7.21 口袋通特色

口袋通有一套强大的微店铺系统，为商家提供了完整的微电商解决方案。使用口袋通，商家可以快速、低成本地搭建一个微商城。

口袋通提供的是底层整套的店铺系统，它和微信(微博)并没有直接联系。不过，通过把微信(微博)账号绑定到口袋通店铺上之后，微信(微博)则成为店铺面向粉丝的重要出口。

更重要的是，口袋通提供了十分强大的客户管理系统(需要微信认证服务号)，您可以对您的每一个粉丝进行分组、打上特定的标签，更加有针对性地进行消息推送。下面介绍口袋通的运营流程。

1. 店铺注册

店铺注册的操作步骤如下：

step 01 首先，点击进入口袋通官网(http://koudaitong.com/#head)，打开口袋通首页，点击“立即注册，免费开店”按钮，如图7.22所示。

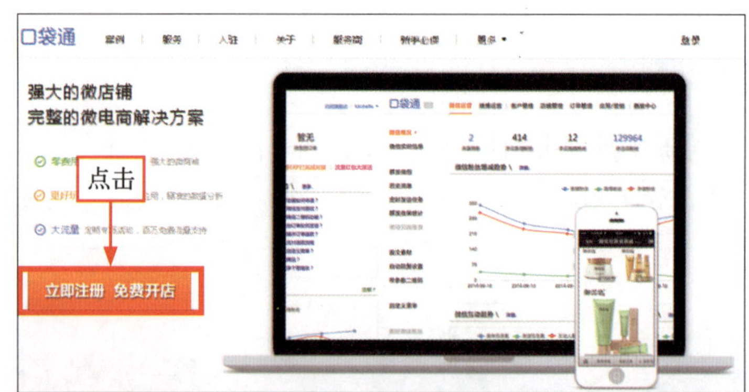

图7.22　点击免费注册

step 02 用户需要使用手机号进行注册，其中个人昵称是在商家社区中显示的，如果用户没有推荐码，就不要填写，点击“确认注册”按钮即可，如图7.23所示。

图 7.23　填写个人信息

专家提醒

这里特别提醒大家一下，口袋通平台需要使用谷歌浏览器Google Chrome来管理自己的店铺，因此需要用户下载安装Google Chrome浏览器。

2. 创建店铺

创建店铺的操作步骤如下：

step 01 用户在完成账号注册后，可以登录口袋通后台界面，点击“创建公司和店铺”按钮，如图7.24所示。

图7.24　创建新店铺

step 02 填写相应的资料，如果是个人，公司名称则填个人的真实姓名。全部填写完毕后，点击“同意协议并创建”按钮，如图7.25所示。

图7.25　填写个人资料

step 03 店铺创建后需提交资料，运营商进行审核成功后方可卖货，认证方式包括以下三种，如图7.26所示。

- 网店认证：需要编辑您网店里一件商品的标题，在标题最后加上我们的验证码，并把该商品链接复制粘贴到商品地址里提交。
- 企业认证：需上传清晰可见的营业执照、法人身份证正反面照片。
- 个人认证：需上传清晰可见的手持身份证半身照。

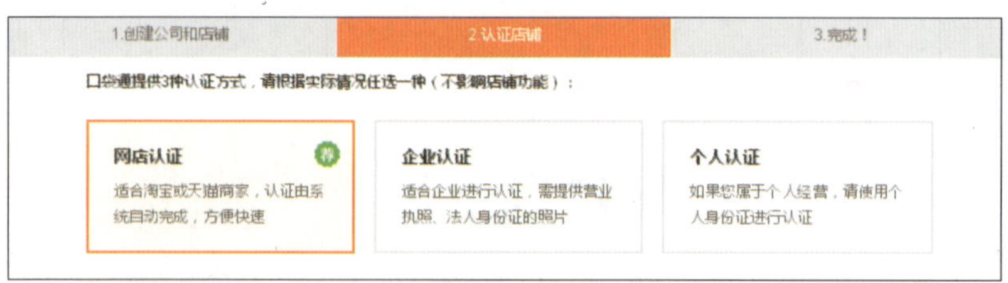

图7.26　店铺认证

3．绑定微信

绑定微信的操作步骤如下：

step 01 用户在填完店铺认证信息后，点击“我有微信公众号，立即设置”按钮，可以立即设置绑定微信，如图7.27所示。

图7.27　绑定微信

step 02 进入绑定微信界面，按操作提示把口袋通的参数填到微信公众平台后台开发者中心。首先打开微信，找到自己的微信公众号，然后点开对话框，发送：测试。如果发送成功，公众号会回复您一条信息，此时点击发送成功，完成设置。

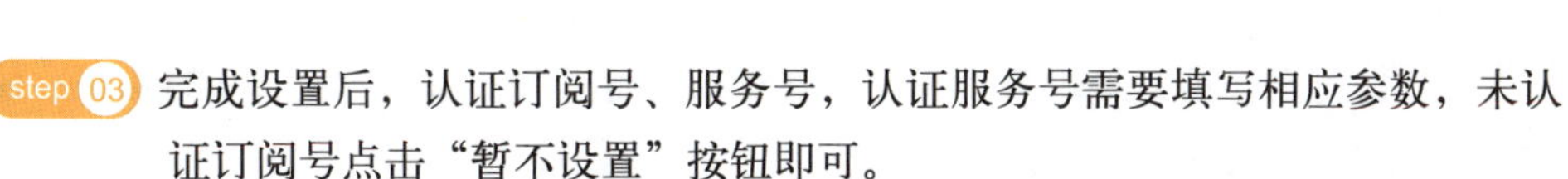

step 03 完成设置后，认证订阅号、服务号，认证服务号需要填写相应参数，未认证订阅号点击“暂不设置”按钮即可。

4. 发布商品

一切准备就绪后，用户就可以为自己的口袋通店铺添加商品了，具体流程如下。

step 01 首先，进入口袋通主界面，点击“商品”按钮，如图7.28所示。

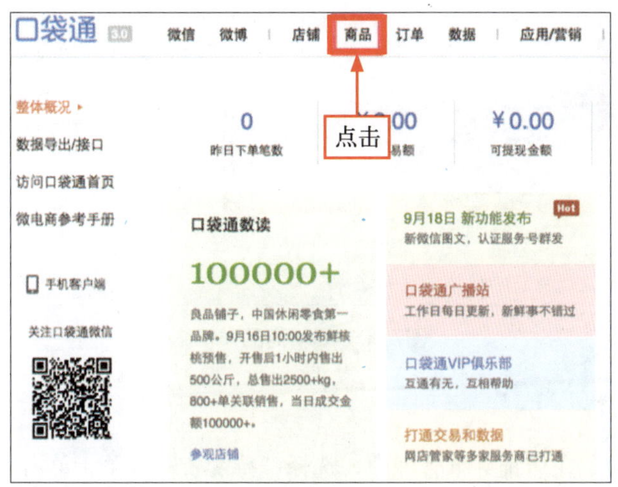

图7.28 添加商品

step 02 执行操作后，选择商品品类，用户可以使用模糊类目或者综合类目为商品分类，如图7.29所示。

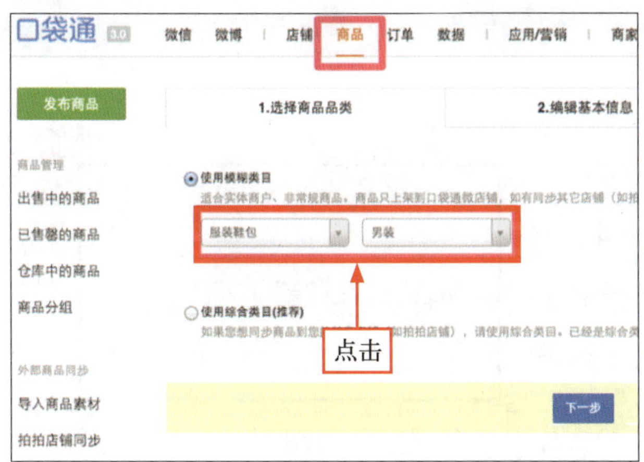

图7.29 选择商品分类

step 03 执行操作后，编辑商品的规格信息和商品详情，即可完成商品的发布，如图7.30所示。

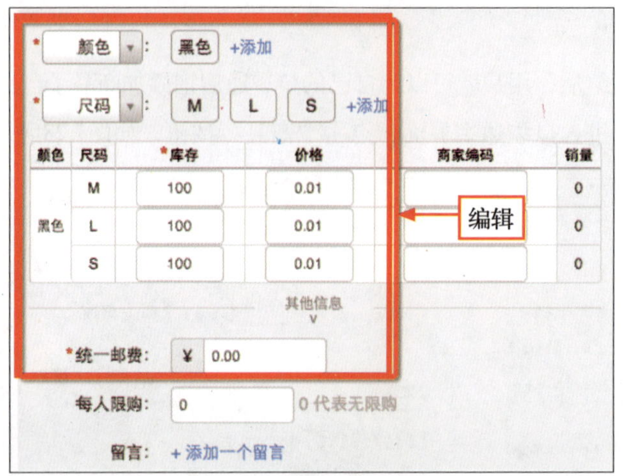

图7.30　编辑商品详情

5．订单发货

登录口袋通，在店铺订单管理中，选择“待发货”订单，单击“发货”按钮；然后选择发货方式、物流公司以及快递单号，点击“确定”即可，如图7.31所示。

图7.31　订单发货

专家提醒

除了提供一个店铺系统必备的功能外，口袋通还开发了很多好玩的营销应用，商家可以使用这些应用和粉丝互动，开展营销活动。除了微信和微博，口袋通开发人员正在做手机短信、邮件的推送服务，该服务的大部分内容都将是免费的，比如发货通知、物流通知、售后等。

7.1.3 微店网

微店网由深圳市云商微店网络技术有限公司运营，是全球第一个云销售电子商务平台，微店网的上线，标志着个人网商群体的真正崛起。如图7.32所示为微店网云商务模式。

图7.32 微店网云商务模式

注册微店后，用户就拥有了一座全场优势正品的网上商城，里面的商品全部由厂家和批发商供货。店主只需要经营自己的微店，当访客进入微店购买他们所需要的商品，店主就获得了收入。下面介绍微店网的操作流程。

1. 店铺注册

店铺注册的具体操作步骤如下：

step 01 登录微店网官方网站(http://app.okwei.com/)，下载微店网手机客户端，安装完成后，在微店网主界面中点击“注册”按钮，然后输入推荐人、店铺昵称、手机号码，点击“验证”按钮获取验证码，如图7.33所示。

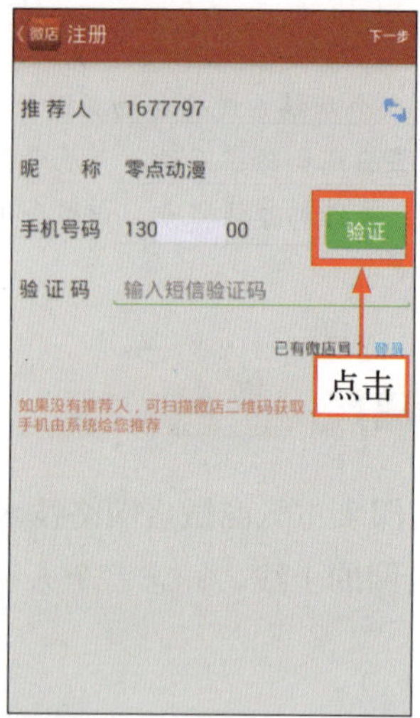

图7.33 微店网注册

step 02 执行操作后，注册手机会收到微店网发送的验证码，在注册界面中输入验证码，点击“下一步”按钮，如图7.34所示。

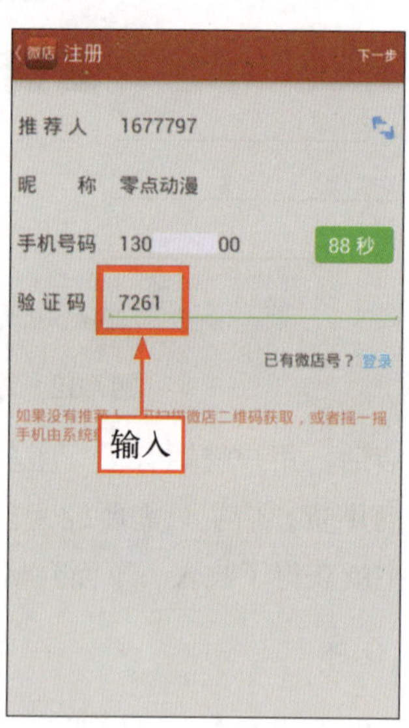

图7.34 填写验证码

step 03 验证完成后，用户需要填写店铺登录密码，两次输入的密码必须一致，点击“下一步”按钮，即可完成店铺注册，如图7.35所示。

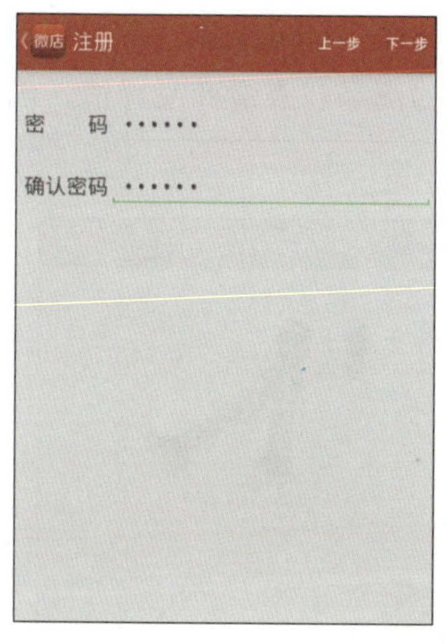

图7.35 注册完成

2. 分享推广

微店网的最大亮点是店主不需要自己开店，只需将平台上的店铺商品分享给自己的好友，一旦产生购买，即可获得一部分佣金。

step 01 登录微店网首页，选择右上角的“分类”按钮，选择要推广的商品种类，如图7.36所示。

图7.36 选择商品种类

step 02 进入相应的商品分类中后，店主可以根据产品的品牌、销量以及价格来选择商品和进行排序，然后点击选中的商品，查看商品详情，确认后点击“分享推广”按钮，如图7.37所示。

图7.37 分享推广商品

step 03 执行操作后，店主即可把选中的商品通过微信、QQ、微博、邮件和短信等方式分享给自己的好友，这里我们以分享至微信朋友圈为例，如图7.38所示。

图7.38 分享至微信朋友圈

微店网中的商品价格由“供货价”+“推广佣金”组成，好友(消费者)进入你分享的微店产生了购买，就可以获得推广佣金的70%。如果是介绍别人来开微店，他们自然就成了你的分销商，消费者在分销商的微店产生了购买，你可以获得推广佣金的30%。

3．添加商品

添加商品其实是分享推广的另一种方式，具体操作步骤如下：

step 01 首先需要登录微店网界面，点击“添加商品”按钮，查看云端产品库，然后点击商品列表的“上架”按钮，如图7.39所示。

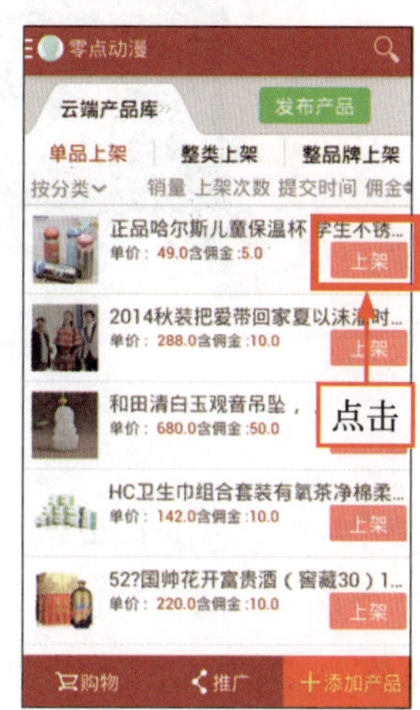

图7.39 查看云端产品库

step 02 选择要上架的频道，点击“确认”按钮后即可推广了，如图7.40所示。

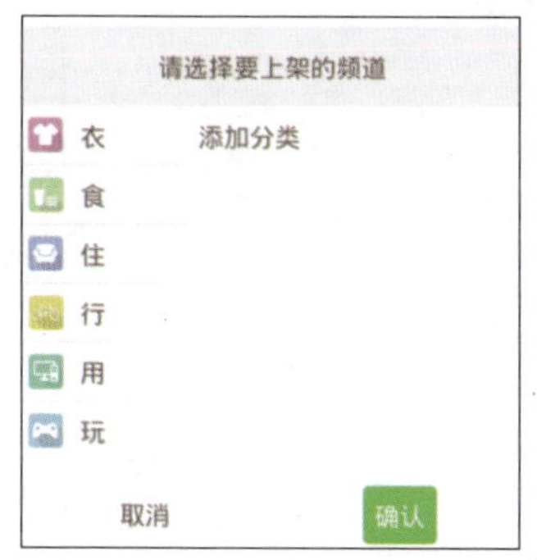

图7.40 完成分类后推广

7.1.4 京东微店

京东微店又称拍拍微店(即腾讯微网购，是腾讯旗下基于QQ网购的移动电商整体解决方案，区别于微商户、微官网的又一新的移动电商平台，后与京东合作，并入京东)，已正式面向拍拍网上所有的企业和个人商家开放，商家可以通过wd.paipai.com申请拍拍微店的开通及装修，如图7.41所示。

图7.41　京东微店

1. 店铺入驻

用户入驻前需先开通运营主体为组织，类型为企业的微信服务号。登记流程如下：登录微信公众平台，选择“服务号”类型并注册，填写相关信息并用邮箱激活，选择运营主体为“组织”，类型为“企业”后，完成相关资料的填写、审核等微信服务号注册流程。需要特别注意的是：服务号企业主体名称需要与入驻微店公司名称主体信息一致，如图7.42所示。

图7.42　服务号登记

店铺入驻的操作步骤如下：

step 01 首先，打开京东微店(http://wei.wanggou.com)首页，点击“入驻微店”按钮，用店铺QQ号进行登录，如图7.43所示。

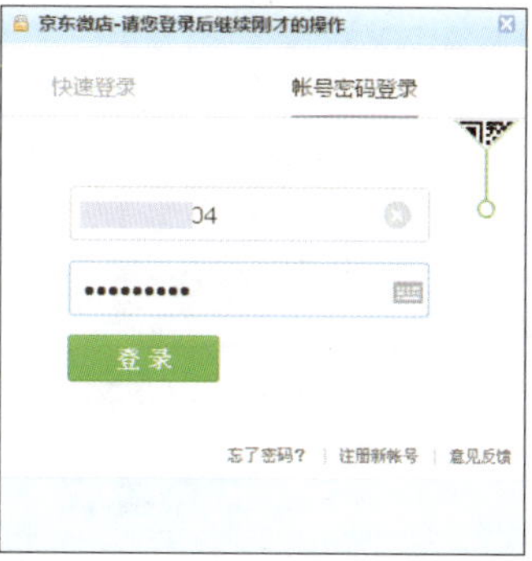

图7.43　入驻微店

专家提醒

京东微店针对申请店铺QQ号有三点要求：一是申请店铺QQ号未有网购、微店清退记录；二是未在网购申请入驻流程中；三是非拍拍店。

step 02 登录后，申请商户进入电子协议签订页面；阅读后选中“我已阅读并同意”复选框，再点击“下一步，提交申请”按钮则进入申请资料填写页面，如图7.44所示。

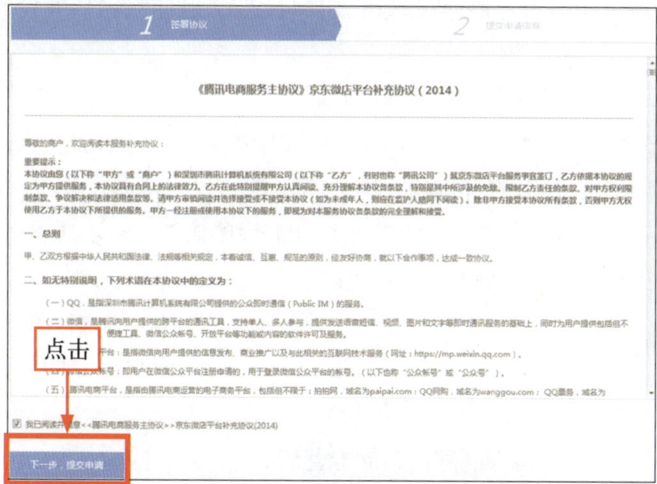

图7.44　阅读相关协议

step 03 执行操作后，进入资质填写页面，除填写公司店铺品牌申请人等相关信息外，还需提交用户注册的微信号、微信原始ID等，如图7.45所示。

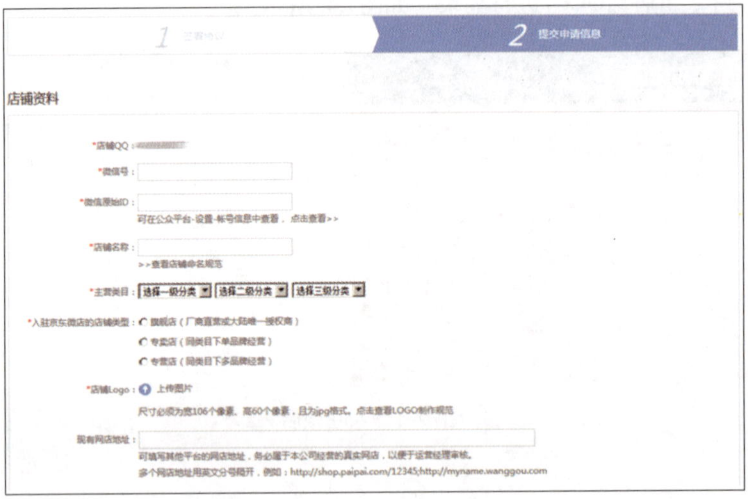

图7.45　提交申请信息

step 04 资料填写准确无误后，点击“下一步，提交申请”按钮，弹出确认框，点击“确认提交”按钮，资料提交成功，店铺入驻完成。

2. 店铺类型

京东微店有以下3类店铺类型：

旗舰店：商家以自有品牌(商标为R或TM状态)入驻京东微店开设的店铺。旗舰店类型如下：

(1) 经营一个自有品牌商品的品牌旗舰店。

(2) 经营多个自有品牌且各品牌归属同一实际控制人的品牌旗舰店。

(3) 由服务类商标所有者开设的卖场型旗舰店。(仅限特邀入驻商户)

专卖店：商家持品牌授权文件在京东微店开设的店铺。专卖店类型如下：

(1) 经营一个授权销售品牌商品的专卖店。

(2) 经营多个授权销售品牌的商品，且各品牌归同一实际控制人的专卖店。

专营店：经营京东微店同一招商大类下两个及以上品牌商品的店铺。专营店类型如下：

(1) 经营两个及以上他人品牌商品的专营店。

(2) 同时经营他人品牌商品和自有品牌商品的专营店。

(3) 经营两个及以上自有品牌商品的专营店。

3．佣金分成

商家在京东微店平台经营需要按照其实际成交额的一定百分比(简称“费率”)向京东公司缴纳交易技术服务费，也即佣金。

佣金＝商家京东微店铺的实际成交额×费率(0.6%～6%)

为激励商户在京东微店平台上积极经营，商户在微店平台上经营所缴纳的佣金(仅只开通公众号的微店交易佣金)，京东公司将以现金补贴的形式全额返还作为奖励，返还金额仅作为广告费使用。返还的佣金奖励将以现金补贴的形式充值到商家在京东公司开通的直通车广告账户中。

7.1.5 微猫平台

微猫是以新浪微博为接口的社会化电子商务平台，将产品信息与购买行为碎片化渗透进所有的社交网络。

通过微猫，商家能做到低成本、新渠道、快速开微店，轻松建立自己专属的客户群，随时随地成交；还可以卖别人的产品，赚取佣金。

step 01 登录微猫官方网站(http://www.wemart.cn/)，点击“注册商家”按钮，如图7.46所示。

图7.46 注册微猫商家

step 02 用户可以选择“新浪微博账号登录”或是“腾讯QQ账号登录”两种登录方式，这里我们以新浪微博为登录账号，如图7.47所示。

图7.47 选择登录方式

step 03 执行操作后，微猫需要用户进行微博授权，同意允许微猫进行获得个人信息、分享内容到微博、获得用户评论等操作，点击“连接”按钮，如图7.48所示。

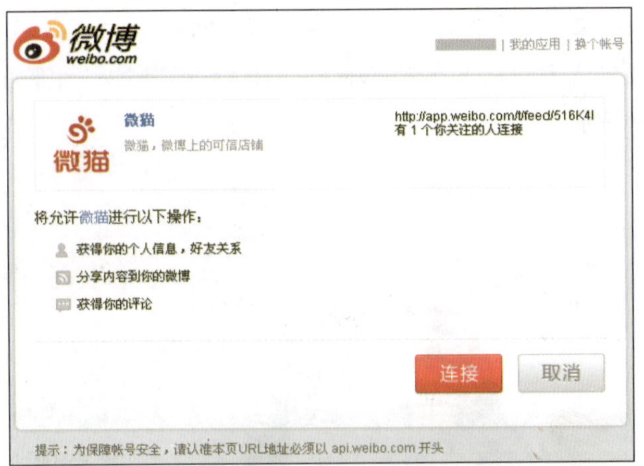

图7.48 微博授权连接

step 04 执行操作后，用户还需要验证手机，输入手机号码后接收到的验证码，点击“马上开店”按钮即可注册店铺，如图7.49所示。

step 05 认证完成后，首先选择商品上架，如果你是淘宝店家，通过“批量导入商品”即可添加商品。若无淘宝店，单击“添加新商品”按钮，如图7.50所示。

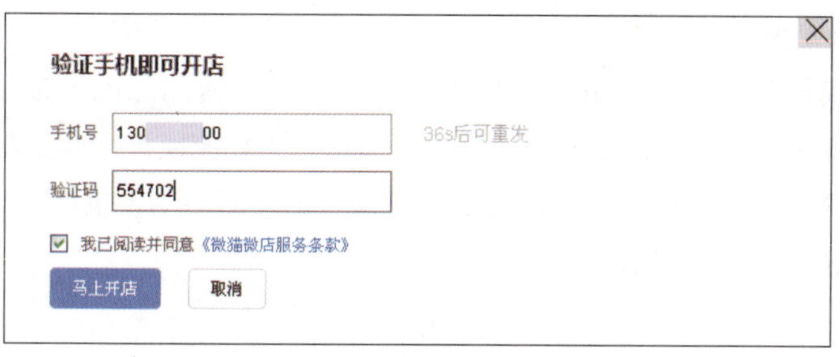

图7.49 验证手机

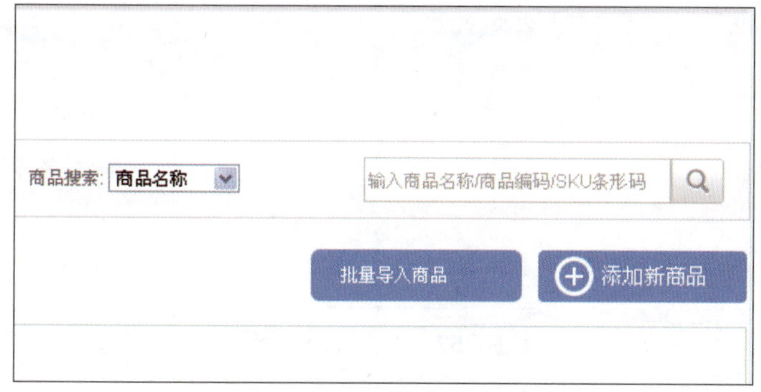

图7.50 添加新商品

step 06 执行操作后，进入“商品管理→添加商品”界面，在这里店主首先需要输入商品名称、商品图片、商品简介等信息，如图7.51所示。

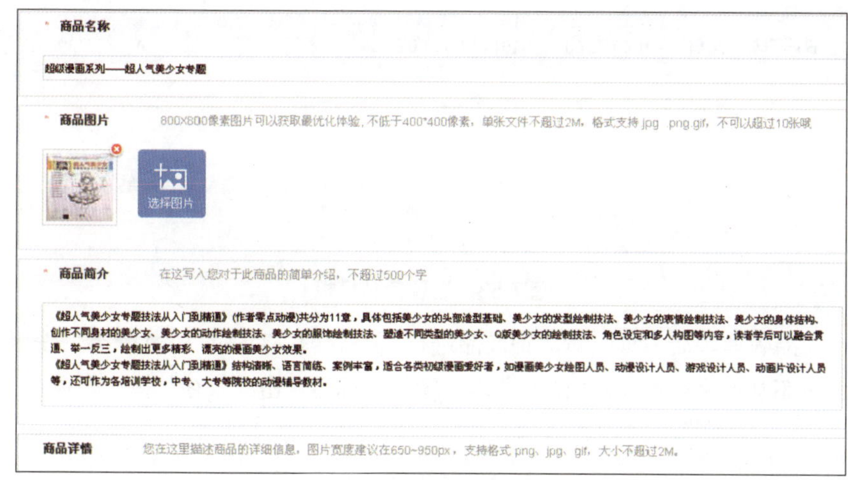

图7.51 编辑商品详情

step 07 商品常规信息编辑完成后，店主需要对以下设置进行修改：

- 物流模板。店主可以针对特殊地区，如香港、澳门和海外市场等地区进行特殊邮费设置，完成后对于这些地区即可采用物流模板，如图7.52所示。
- 营销模板。店主可以在该模板下，设置店铺优惠活动，包括限时折扣和多购包邮等，如图7.53所示。

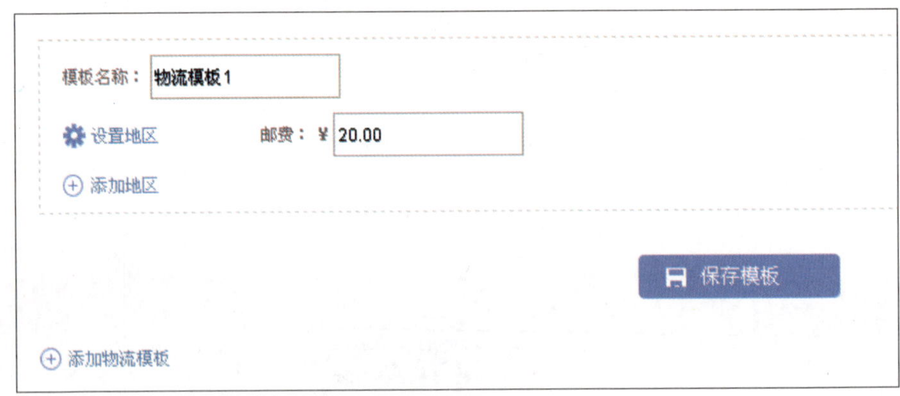

图7.52　设置物流模板

图7.53　设置营销模板

- 商品管理。店主可以对店铺商品进行分类管理，点击“添加分类”按钮，即可添加类目名称，如图7.54所示，输入名称后点击“保存”按钮即可。

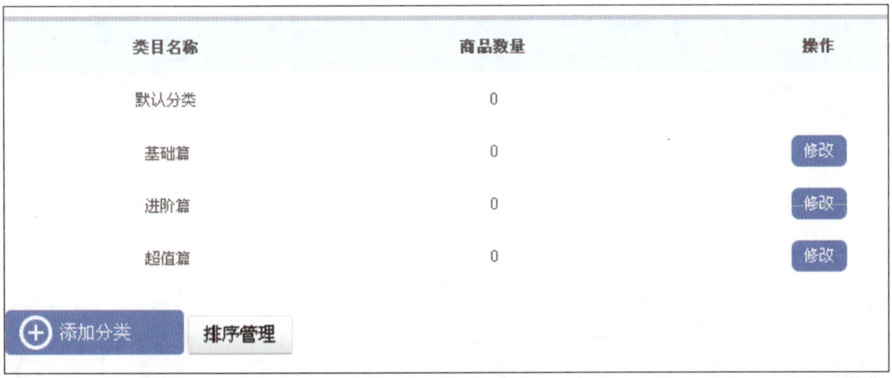

类目名称	商品数量	操作
默认分类	0	
基础篇	0	修改
进阶篇	0	修改
超值篇	0	修改

添加分类　排序管理

图7.54　商品管理

- SKU信息。SKU是英文Stock Keeping Unit(库存量单位)的缩写，即库存进出计量的单位，可以是以件、盒、托盘等为单位。SKU这是对于大型连锁超市DC(配送中心)物流管理的一个必要的方法。现在已经被引申为产品统一编号的简称，每种产品均对应有唯一的SKU号，如图7.55所示。

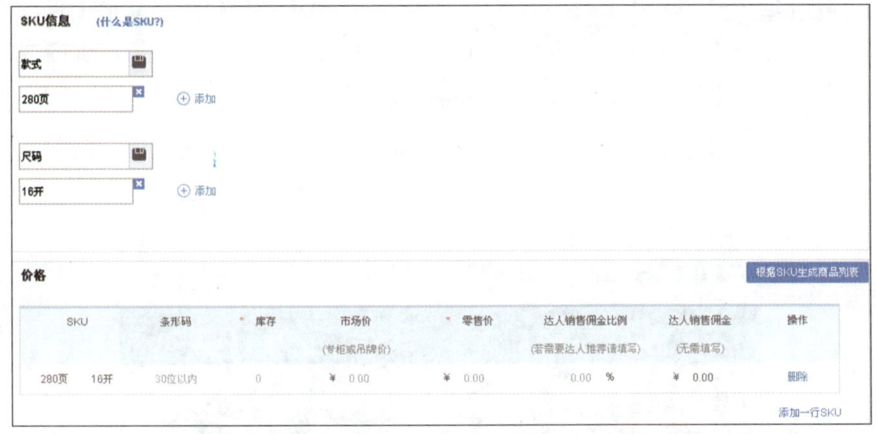

图7.55　SKU信息

step 08 在“交易订单”界面，店主可以查看交易订单和预约订单，交易订单包括待支付、待发货、待退款、已发货等全部订单类型，通过订单搜索，可以查看订单详情，如图7.56所示。

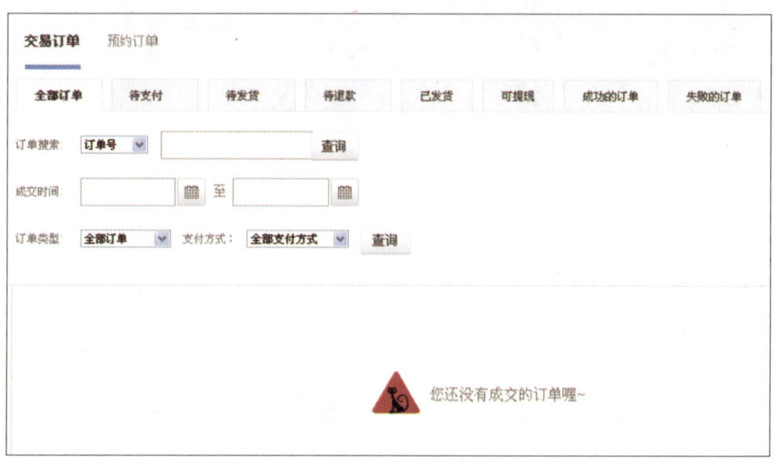

图7.56　订单管理

7.1.6　开旺铺

开旺铺是一家非常好用的移动商店，用户可以简单、快捷地建立属于自己的桌面商店和手机商店，节省店铺租金。同时让周围的用户可以通过手机找到商店，为店家带来更多的业务。下面介绍开旺铺的使用流程。

step 01 进入开旺铺主页，可以选择“桌面版商店”和“移动版商店”两种类型，并在下面的文本框中输入商店名称，点击“开始”按钮，如图7.57所示。

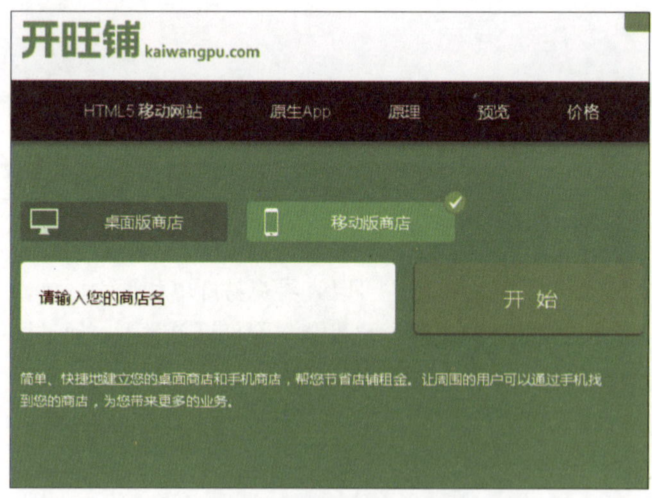

图7.57　注册开旺铺

step 02 执行操作后，设置邮箱、密码、QQ号等，选中“我同意使用协议”复选框，并点击“我也要发布移动商店”按钮，如图7.58所示。

图7.58 设置用户信息

step 03 设置完成后，即可注册开旺铺，进入“我的商品”后台管理系统，如图7.59所示。商家可以在此管理商品类目、配置移动站点支付方式、配置商店信息、设置首页促销，还可以免费领取1个月高级版试用期。

图7.59 完成注册

step 04 接下来最重要的就是添加商品，店主可以在“业务管理→商品目录→商品管理”界面中导入商品，如图7.60所示。

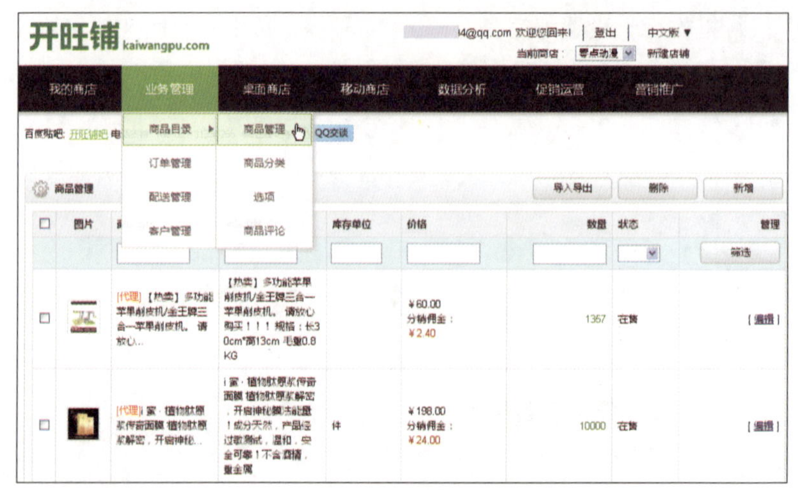

图7.60 商品管理

step 05 此外，店主还可以下载安装开旺铺手机版，通过手机管理自己的店铺，包括商品管理、订单管理、客户管理、运营推广、提取现金等功能，如图7.61所示。

图7.61 开旺铺手机版

7.1.7 中兴微品会

中兴微品会是一个基于手机终端的电子商务交易软件，软件轻便、简洁，方便用户快速使用，能迅速积累用户群，为合作方及消费者积极创造价值，如图7.62所示。

图7.62 中兴微品会

用户安装完“中兴微品会”软件后注册即可成为店家，从2014年4月份开始已向所有人免费开放注册。登录后可以上架商品开店，然后通过社交渠道进行销售，交易成功后即可获得返利。

1. 账户注册

step 01 中兴微品会手机APP下载安装后，进入APP登录界面，点击“立即注册”按钮，进入注册界面，输入手机号码和接收的验证码，点击“下一步”按钮，如图7.63所示。

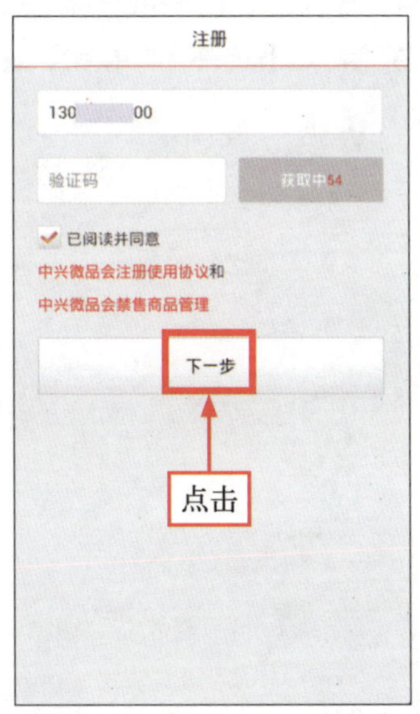

图7.63 注册唯品会

step 02 输入两遍登录密码，点击“下一步”按钮；然后设置店铺头像、店铺名称和微信号，点击“下一步”按钮，如图7.64所示。

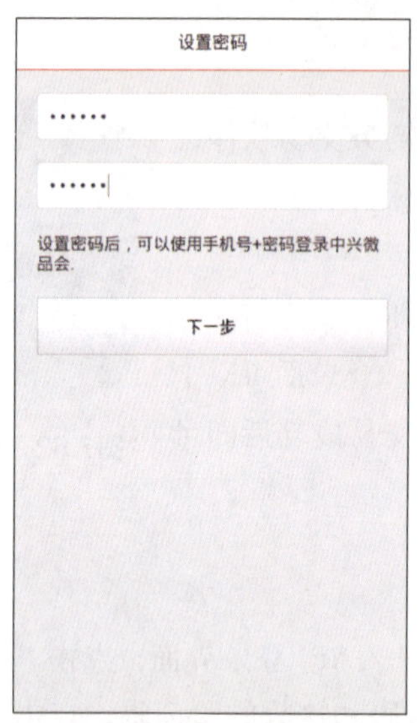

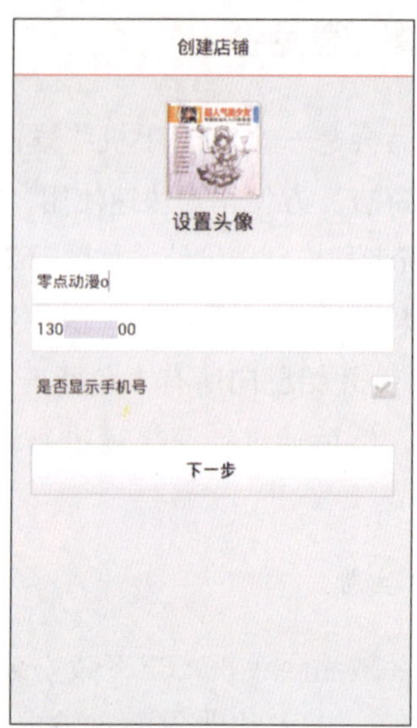

图7.64　设置密码，创建店铺

step 03 执行操作后，需要用户绑定银行卡，包括开户人姓名、开户银行、银行卡号等，点击“绑定”按钮，进入唯品会主界面，如图7.65所示。

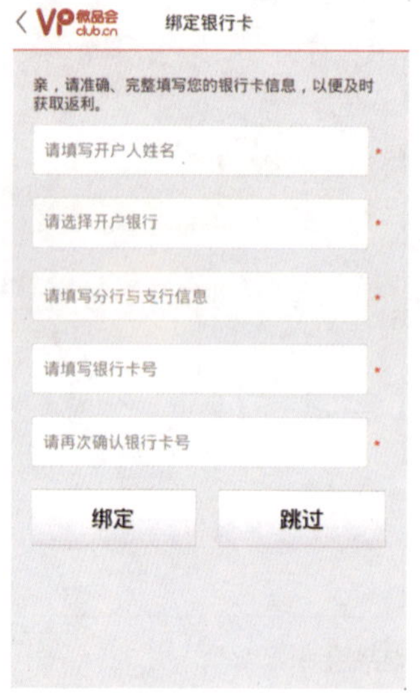

图7.65　绑定银行卡

2．店铺功能

中兴唯品会的常用功能如下。

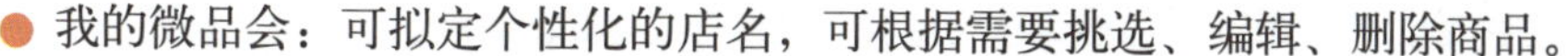

- 我的微品会：可拟定个性化的店名，可根据需要挑选、编辑、删除商品。
- 一键分享：店主的商品或者店铺可以轻松一键分享至微信好友、微信朋友圈、QQ空间、新浪微博、短信、腾讯微博等。
- 销售业绩：可绑定银行卡，每月获得返利。可查看订单、成交金额、访客量等。也可查看销售业绩前100名的排名情况。
- 订单管理：可查看未付款、已付款、已发货、已关闭订单；能轻松对未付款的订单进行一键催款。
- 客户管理：可查看客户的收货详情、历史购买数据等。
- 促销管理：可轻松一键分享近期的促销活动，助您提升销售业绩。
- 最新资讯：系统及时向店主发布最新的消息，让店主了解最新产品、热点活动等。
- 我要加盟：合作方和消费者都可申请加盟成为店主，享受中兴微品会便捷的服务和销售返利。
- 店主特惠：仅限店主购买的商品，优惠更多。
- 今日推荐：推荐新品和活动。

7.2 实战经营，提高用户转化率

所谓转化率，指的是实际下单的顾客在总体访问流量中的比例。3%的转化率，意味着每100位访客中，有3位是下单顾客。了解了常用的微店开店平台，店主们接下来就要努力运营店铺，提升客户转化率。下面介绍微店店铺转化率的四大核心。

7.2.1 产品款式

微店上架产品款式的重要性，大家应该都知道，一个产品好卖的首要前提就是款式被大家喜欢，如果没人喜欢，那可就卖不出去。

所以，店主需要注意两点：一是产品款式是用户能够接受喜爱的；二是产品款式有一定的市场容量，也就是这个市场需要足够的大，如果太小，销量也不会多大，只有市场大，才有卖出去更多的机会。

如何选择产品也是一个比较有技术含量的事情，一般是通过研究市场，可以用相关工具或者直接去搜索关键词看看同行的热销宝贝。发现销量好的宝贝的属性，风格等方面，然后根据找到的属性风格去选款，做详情页再用直通车推广，看点击

率、收藏量，找出来几款比较好的宝贝，然后去主推。

7.2.2 商品描述

顾客进微店逛的时候基本都是有需求的，店主的工作就是要满足顾客的需求，而最能打动顾客和满足顾客的表现方式就是宝贝的描述。

宝贝描述的最大误区就是没有特色，没有经过思考就按照自己的意思填写宝贝的描述。另外顾客最忌讳在不同的店铺看到同样的宝贝描述，这也是一些新手惯用的手法，看到其他店铺的产品和自己的产品一样，就照搬人家的描述，其实这些都是不正确的做法。

宝贝的描述并没有想象中那么简单，首先对宝贝的描述需要有一个大概的思路。而这个思路就是整个宝贝描述的核心。其次，我们可以不断的优化，直到顾客满意为止。尤其是新手对于宝贝描述的问题不要着急。如何下手写宝贝的描述其实是很简单的事情，就是先把自己当作消费者。当你有某种需求的时候，你都会想到哪些问题，都会怎么做，都需要了解什么，把自己当作消费者，然后把问题都记录下来，这样一步一步地不断优化。

7.2.3 商品销量

为什么这么重视销量呢？主要是不同的销量对应的转化率是不同，而销量高的宝贝同比与销量低的宝贝，转化率会高出很多。具体做销量的方式，有以下三种。

(1) 刷销量。

(2) 超低价出售。

(3) 用自己的或者别人的高人气来推广。

7.2.4 商品价格

商品价格要考虑市场情况、竞争对手、顾客需求等，还有就是销售阶段。一般情况下，跟我们款式材质类似的同行的热卖宝贝的价格才是我们参考的价位。销售阶段的不同，店铺整体目标的不同，价格也要做适当的调整。

如果是冲销量阶段，我们可能就要以很低的价格去冲销量。如果说店铺库存紧张，供应商发货会延迟，这时候我们就可以提价来降低转化。

第 8 章 精通微店营销技巧

微店虽小，但五脏俱全。微店店主需要以经营实体店的心态，运营自己的店铺，因为微店的特殊优势，其收益会大于实体店铺。所以，店主想要自己的店铺销量节节攀升，必须掌握店铺营销的技巧，促进更多店铺订单的达成。

- 准确把握，微店营销布局
- 重点应用，微信营销策略
- 微店运营，商品营销技巧

8.1 准确把握，微店营销布局

微店是基于手机的新型商业模式，虽然看似“小巧”，而且门槛较低，但是要想良好地经营微店，仍需要创业者掌握技巧策略，首先从营销布局入手，整体把握微店的推广、促销和运营等。

8.1.1 了解企业营销布局

就营销来说，店铺或企业的布局主要体现在三个方面：市场布局、产品布局、客户布局，如图8.1所示。

图8.1 企业营销布局

1. 市场布局

最起码的布局意识是要进入几个市场，先做什么市场，后做什么市场，每个市场可以分成几个部分。就微店来说，不同的客户群体就意味着不同的市场，包括微信、QQ、微博等各个领域，都可以作为微店布局的战场。因此，了解企业的市场布局，对微店的营销来说同样大有助力。

通常情况下，市场布局由两个部分构成的，一个是区域，一个是渠道。

(1) 区域。在区域布局中重点要把握三点：第一，区域的中心和层次，也就是竞争单元的确定；第二，重点区域的确定和建设，布局体现在所选的重点区域能够形成后续的辐射效应；第三，区域拓展先后和拓展点的选择，布局体现在这些区域能形成联动，能形成整体，战略区域市场就是在这种布局下形成的。

一般来说，区域具有三个特征：一是多样性。市场区域很多，我们不可能在短时间内就全部进入、全部覆盖，一定会有先后的次序；二是面积广。市场区域很大，小到一个县大到几个省，我们必须确定我们的有效作战半径，是以省为单位还是以县为单位；三是复杂性。市场区域也很复杂，有些市场竞争对手已盘踞多年，有些市场还是混战的阶段，其中的市场机会可谓是天壤之别。

专家提醒

区域上的布局是营销布局的关键，没有区域的有效布局，企业的战略实现和整体胜利就没有根基，这点对于微店来说同样适用。

(2) 渠道。在渠道布局中的关键点也是三个：第一，是渠道的取向，即选择哪个渠道进入；第二，重点是哪个渠道，这决定了渠道的主次、拓展次序和资源的投放；第三，在渠道的哪些点布局，哪些终端具有很好的辐射效应，哪些终端是销售的核心。

2. 产品布局

很多企业以及销售人员对产品无规划，在产品进入市场后也没有布局，而产品想一下子卖好、卖火，所有产品都一次性进入所有的市场，其结果是产品都有销量，但产品的销量都不会大，同样的，市场都有点销量，但市场的销量也都不大。

正确的产品布局要从三个方面来入手：第一，用哪个产品突破，后续跟进哪个产品；第二，哪个区域切入哪个产品、哪个品项，乡镇、县城、市区可能需要不同的产品来竞争；第三，哪个渠道匹配哪个产品、什么产品组合。

布局体现着规划，是规划的核心，但和规划不同的是，规划仅是一种系统的想法和计划，但布局已经包含着实施。

3. 客户布局

客户布局是市场布局和产品布局的结果，就客户布局来说，要考虑好三个方面：第一，客户的数量和调整的时机；第二，客户的分布和势力范围；第三，客户的主次之分。

首先说微店客户的数量和调整。在店铺运营前期，客户群体必然是追求数量而非质量，因为只有高点击量，才能带来高成交量；待店铺稍稍成型后，店主便可以将客户群体中的“僵尸粉”剔除，留下价值客户。

其次是微店客户的分布和势力范围。由于微店主要依靠亲朋好友进行营销，因此分布必定集中在自己的朋友圈，这点想必大家都了解。

最后是微店客户的主次之分。任何一家店铺，只有产生了购买行为的消费者才算是真正的属于自己的顾客，这一部分客户必定占据主要地位。而仅仅是浏览店铺或者持观望态度的客户，只能称为潜在客户，占据着次要地位。

8.1.2 去哪儿网营销布局

由于微店店主接触到的顾客大多是个人，且每笔订单较小，因此对于营销布局并没有特别深入的认识，我们不妨通过剖析去哪儿网的营销案例，帮助大家深入了解企业营销布局的技巧策略。

去哪儿网(Qunar.com)是全球最大的中文旅行网站，网站上线于2005年5月，公司总部位于北京。去哪儿网通过网站及移动客户端的全平台覆盖，随时随地为旅行者提供国内外机票、酒店、度假、旅游团购及旅行信息的深度搜索，帮助旅行者找到性价比最高的产品和最优质的信息，聪明地安排旅行，如图8.2所示。

图8.2　去哪儿网

去哪儿网凭借其便捷、先进的智能搜索技术对互联网上的旅行信息进行整合，为用户提供实时、可靠、全面的旅游产品查询和信息比较服务。

1. 目标市场

去哪儿网的目标客户最主要有两个：一是对信息敏感的旅行者。在无穷无尽的各类信息中，旅行者渴望在最短的时间内掌握最即时、最有效的旅游产品信息，希望获得最新的咨询，把握自己的行程。这些要求高的旅行者，即是去哪儿网的用户群体。二是希望广告效应最大化的广告商。广告商都希望可以针对特定群体，特定目的的用户进行产品推广，而去哪儿网通过其先进的垂直搜索引擎，可以有效地命中目标群体，而这些客户的消费潜力很高，广告的效益也可以得到提升。

2. 产品服务

去哪儿网对互联网上的机票、酒店、度假和签证等信息进行整合，为用户提供及时的旅游产品价格查询和信息比较服务。其提供的主要服务如下：

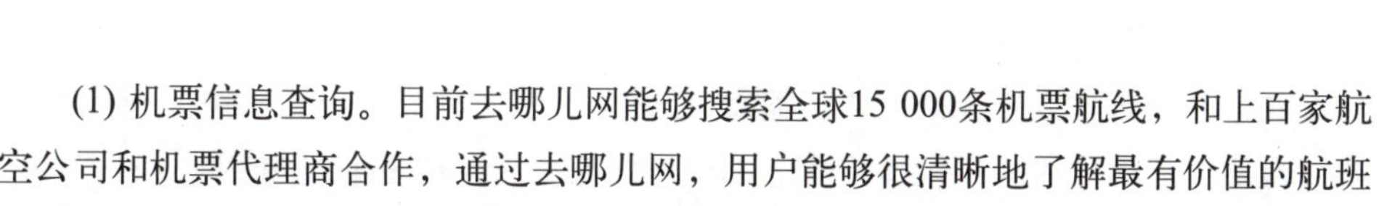

(1) 机票信息查询。目前去哪儿网能够搜索全球15 000条机票航线，和上百家航空公司和机票代理商合作，通过去哪儿网，用户能够很清晰地了解最有价值的航班信息与价格，用户可以在众多选择中找到最适合自己的航班。

(2) 酒店信息查询。去哪儿网搜索范围覆盖全球范围内超过150 000家酒店，并提供9大类搜索条件(价格、星级、服务设施、品牌、地标、商圈、行政区、酒店特色、酒店名)，36种搜索要素以及8种排序方式供用户选择。为客户外出提供更便捷更快速的服务。

(3) 旅游度假。去哪儿网能够快速为旅客提供各类旅行社及在线供应商的旅游度假产品，主要包括主题度假、国内游、出境游、周边游、当地参团等。为游客提供多种玩法，让游客选择最适合自己的出游方式与线路。

(4) 火车票。2010年3月，去哪儿网推出其第四大旅游搜索平台火车票搜索频道。但火车票并不是去哪儿的主营业务，主要与机票服务相比较，供一些经济水平一般的游客查询使用。

(5) 旅行。旅行频道主要为旅客提供旅游线路和攻略，方便旅客安排行程，让旅客有个美好的旅程。

(6) 团购。去哪儿网团购频道是全国首个以旅游营销为主题的团购平台，主要提供高品质服务和产品的优质酒店、度假村、酒店式公寓、经济型酒店、青年旅舍、特色客栈等团购项目。

(7) 签证。对于出国游客来说，签证是困扰他们的重大问题。去哪儿网通过与众多服务机构签订协议，提供各种签证连接，保障了消费者的权益，同时为消费者的签证办理过程节约了成本和时间。

(8) 知道。知道是专为解决客户在日常旅游中遇到的问题而推出的，主要是关于票务交通，酒店住宿，旅游攻略的一些问题，方便旅客出行。

(9) 博客。因为旅游是一种体验式商品，因此更加需要借鉴他人的经验来帮助决策。去哪儿网开发的博客频道满足了游客分享旅游经历和心得的诉求，并增加了客户之间的互通性，有效地提高了点击率，也为其他游客提供了参考。

3. 经营模式

去哪儿网作为中国第一个旅游搜索引擎，从2005年成立至今，一跃成为旅行类网站中月访问量排名第一的网站，这与其成功的经营模式有着不可或缺的关系。这也是微店经营者应该学习的宝贵经验。

(1) 产品多样化和价格策略相结合。针对公司的目标用户和目标客户，去哪儿网通过网站及移动客户端的全平台覆盖，随时随地的为旅行者提供国内外机票、酒店、度假、旅游团购，以及旅行信息的深度搜索，帮助旅行者找到性价比最高的产品和最优质的信息，聪明地安排旅行。

在店铺运营过程中，店主同样可以采用这种方式，一方面增加店铺内的产品种类，打造产品多样化；另一方面，采用阶梯形定价方式，各个价位的产品都有出售，面对不同收入阶层的顾客。

(2) 多样的促销手段。去哪儿网运用了多种促销策略，包括传统的报纸媒介广告，去哪儿网与多家媒体有合作，通过这些媒体的宣传报道，使得去哪儿网的知名度和影响力逐渐扩大，用户数量不断增加，如图8.3所示为2014年抢红包促销活动。

图8.3　去哪儿网促销活动

对于微店来说，同样可以采用促销手段增加商品销量，这一点我们在微店的“促销管理”中有过介绍，此处不再赘述。

(3) 全面精准的搜索服务。根据2013年1月艾瑞监测数据，去哪儿网以7474万月访问人次高居旅行类网站榜首，移动客户端“去哪儿旅行”更拥有超过3400万的激活用户量，并且去哪儿网还与大量的机票和酒店供应商合作，这些都已成为去哪儿网的一个独特资源。

去哪儿网目前已经与大量酒店、航空公司的内部数据实现关联，这些需要大量时间累积起的信任在短期内无法被复制的，去哪儿网依托这样庞大的客户量和合作商能为客户提供全面精准的搜索服务。

(4) 立足本身优势专注垂直搜索。垂直搜索是针对某一个行业的专业搜索引擎，是搜索引擎的细分和延伸，是对网页库中的某类专门的信息进行一次整合，定向分字段抽取出需要的数据进行处理后再以某种形式返回给用户。这也是去哪儿网在技术上的一大优势，应该专注垂直搜索，为客户提供精准的服务。

(5) 实行强强联合，加强市场推进。2011年去哪儿网获得百度战略投资3.06亿美元，继投资3.06亿美元后，双方在用户共享、垂直搜索等领域展开战略合作，去哪儿网与腾讯Web的合作，与手机新浪网开展深度战略合作，首都航空携手去哪儿网，这些合作都是去哪儿网推广自身商务模式的有效手段。

(6) 不断创新的产品和服务。去哪儿不断创新、推出新产品和服务，针对合作企业，去哪网推出酒店直通车和酒店旗舰店，满足企业需求。针对线上客户，去哪儿推出团购和送出大量优惠券，对于特殊节日还有专门版块介绍，更加人性化和全面化。

专家提醒

去哪儿网在市场开拓和竞争的过程中时刻地关注市场的动向和客户的需求，不断地完善其经营模式，使得其可以拥有更好的价格优势，优秀的性价比，同时也取得了较高的市场份额，这点值得微店店主深入思考。

8.1.3 微店成功案例剖析

在微店诞生不久，一个微店主通过出售妻子的儿童绘本以及分享相关文章，成功“日赚3万3”，如图8.4所示为微店店铺成交金额统计。

这一位店主是如何成功的呢？他在某论坛分享了成功的经验。

1. 通过内容发展用户

产品推广内容是干货，该店主在最初的时候方法很简单，就是收集大量对妈妈们有用的绘本资料放到自己的百度云上，然后到论坛、QQ群等发布，内容里有店主的微信号，进而吸引了大量的顾客。

其次，内容要与微信公众号的定位相符，这是一个长时间的尝试过程。一开始店主分享的内容是绘本动画视频，但用户反映孩子在手机上看视频怕损害眼睛。于是他就换成图文绘本，但后来觉得图文绘本侵权，就换成了绘本音频。

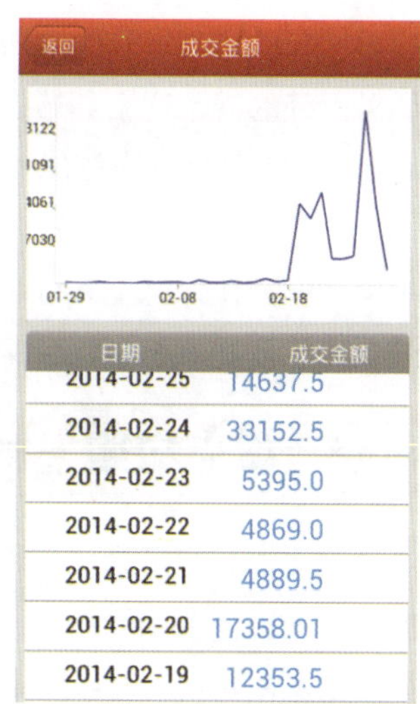

图8.4 微店成交金额

第三，内容需要好的排版和校对，也需要花时间和精力。店家最好在发布之前在自己的手机上看几次，确保排版正确和阅读方便。

2. 与用户建立关系

通过店主成功案例的交易金额，我们可以推算：如果按照3.4万用户消费了3.3万，每人消费约一元，那么10.8万的订阅者应该有10.8万的销售额，但实际却为0。为什么媒体开放平台和微信公众号有这么大的差别？归结原因应该是有没有与用户建立关系。

建立同用户的关系之前我们首先要做的是了解到我们微店的客户在哪里，是从淘宝店铺导入老客户还是在微信里面挖掘新客户，这些都需要做不同的工作来吸引客户关注我们的微店。

一般做微店的卖家都是在一些常用的社交平台上发布商品的信息，比如微信朋友圈、新浪微博和QQ空间，当有朋友或者是粉丝看到信息后想购买就会联系我们微店卖家向我们咨询，之后就可以在淘宝下单、银行卡转账或者微信收款等完成交易。

我们微店卖家要做的就是把这些客户聚集到一个池子里，导入到公众账号就是不错的选择，能够随时跟用户产生互动沟通，也能及时的推送新的产品和打折促销信息给用户。

3. 在购买环节维护客户

运营微店和运营淘宝店铺一样，用户都是需要经过咨询然后下订单购买的，我们要做好的就是这个环节，详细地向用户介绍产品，引起用户的购买欲望，通过热心而且专业的回复应该能够提升转化率。

另外一个需要注意的地方就是发货的环节，我们可以通过微信、QQ等一些方式去通知客户快件已发和订单号这些，把服务尽量做到最好，这样不但能够获得更好的口碑而且能够更容易形成好的品牌效应。

8.2 重点应用，微信营销策略

前文中介绍了微店利用微信朋友圈进行推广的方法，侧重于将店铺送到消费者眼前，而微信营销的技巧，则将“把潜在客户变成顾客”作为重点。下面详细介绍微店朋友圈营销的操作策略。

8.2.1 自我分析

一个微信账号放在面前，我们应该如何利用它来进行微店营销呢？首先要从店主自身入手，做好自我分析。

1. 好友数量

微店营销其实就是朋友圈营销，没有好友也就意味着没有客户。因此，微信上要有一定的微信好友，如果只有几十个，是无法做微信营销的，前期至少要有200个以上，还必须是高质量的好友，才能产生一定的效果。当然也可以通过后期的一些努力增加微信好友。

2. 好友印象

有了好友，还要知道你在好友圈里的“口碑如何”，也就是说你平时和朋友、客户、同学等关系处理的如何，大家对你评价如何，这一点也是非常重要的，大多数的生意都是先从身边的朋友开始，如果朋友对你都不认可，怎么去说服其他人呢？

3. 社会资源

社会资源需要一定的阅历，对于刚刚毕业的大学生来说比较难，但是对于那些已经工作几年的朋友，除了自己的同事以外，还认识和结交了一些其他的朋友，如客户、合作伙伴，有一定的社会人脉资源后，对微信营销会起到非常重要的作用，因为他们都是社会的主流，有资本、有人脉，能够得到他们的支持，会取得一个很好的效果。

4. 文案功底

微信营销都是靠文字打动人，如果你不会用文字描述，只发图片，根本无法打动别人。一个好的产品，是需要有一个会说话的文字去支撑它，这样才有生命力。

例如，卖衣服的店家，如果直接将衣服图片和衣服的颜色、款式、码数放上去，肯定是不会有效果的。

所以做微信营销，必须有一定的文字功底，不需要你的文案有多好，至少你要把这个产品描述清楚，说得明白。这一点笔者的一位朋友做得就非常好，如图8.5所示为她在空间发布的营销动态。

图8.5　文案要打动人

5．营销能力

营销能力也不可忽视，小米手机为什么能成功，就是因为小米公司的营销能力强，在微店营销上同样是非常重要的，店主营销能力的高低，影响着店铺的曝光率和产品销量。

8.2.2　前期准备

微信营销的第二步，是做好前期准备，包括微信名称、产品选择等，而且用来推广微店的微信账号，必须与店铺相关。

1．好的名字

一个好的微信账号名就是店铺最好的形象代言人，因为用户一打开微信首先看到的就是店铺的名字、头像。那么怎样才能为企业微信公众账号取一个好名字呢？

(1) 能快速传播。互联网一个最大的特点就是传播。在传统企业花上10年达到的传播效果，也许利用互联网只要1个小时就可以做到。每天都有很多人通过互联网快速成名，只要你的产品名字好记，就是最好的传播。

(2) 目标关键词原则。微信里面有一个搜索功能，可以让潜在的顾客通过关键

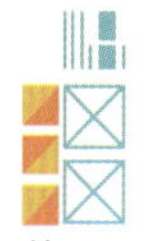

词找到自己感兴趣的微信公众账号。所以企业要想让自己的公众账号在浩如烟海的微信公众账号中被顾客找到，就要在微信公众账号取名时带上自己产品的目标关键词，如图8.6所示为某化妆品微店店铺，微信取名也可以采用这些关键词。

图8.6　名称加入关键词

(3) 加上本地名称。如果自己的微店只做本地顾客，则需要加上本地的地名，如北京英语培训、上海英语培训，这样有助于获取精准的目标顾客。

微信的名字建议是店铺产品加个人名称，不建议名称用什么微店、英文名称、很难识别的。此外，微信号不要太复杂，建议用数字，或者简单英文字母，以方便他人添加微信。

2. 选好产品

做微信营销，选品非常重要，建议选品最好能具备以下几个特点：

(1) 毛利高。保证有50%的毛利，甚至越高越好。

(2) 竞争少。如地方特产、特色手工等。

(3) 质量好。朋友圈内销售的产品必须保证是正品。

(4) 大众需求。满足客户需求是店铺成功的关键。

(5) 易传播。在微信上不方便写太多字，放太多图片，所以产品能在200个字以内说清楚是最好的，也方便大家记住。

8.2.3 营销策略

做好了前期准备，微店主就可以开始着手进行微信营销了，笔者分享了以下技巧供大家参考。

1. 个人品牌

做销售，首先要把自己推销出去。所以店主的微信不仅只发微店产品的宣传内容，还要把你的个人生活、生活感悟等分享出来，让大家知道这个微信后面是一个怎么样的人，如图8.7所示。当然，分享的东西必须是正面的、积极的、正能量的，利于塑造你的个人品牌。

图8.7　打造个人品牌

专家提醒

微信营销，其实就是人的营销，首先要把自己推销出去，让大家对你产生好感，好的印象，自然才会关注你的产品、购买你的产品。所以大家在选择好的产品之后，就要围绕如何在微信圈中树立你的个人品牌，和大家建立一个良好的关系。

2．情感策略

在大家知道了店主是一个怎么样的人，并对店主产生了好感后，就可以很好地利用大家对自己的好印象，进行一些产品的推销。不过要坚持循序渐进的原则，不要一天发很多产品的宣传，这样很容易让大家反感。

3．分享技术

当朋友购买店主的产品之后，店主要第一时间分享出去，让大家看到原来有这么多人购买，并且还有一个不错的购物体验，购买后和收到货后都要分享出去。

分享的时候一定要把订单信息、对话内容截图放上去，显得更真实，这是一个刺激其他朋友购买的有效方式，如图8.8所示。

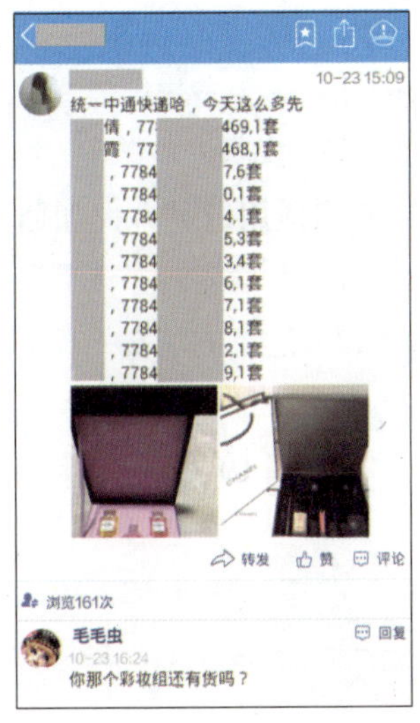

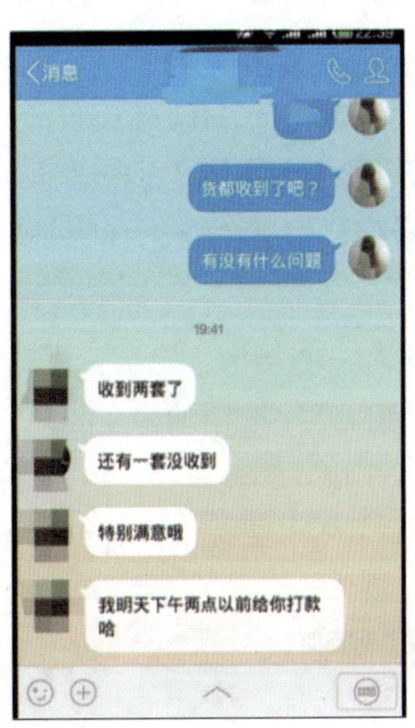

图8.8　分享店铺订单

4．互动环节

在朋友圈里，要让朋友圈的好友知道自己的存在，如好友发了一些不错的内容或者信息，我们要给予评论，如果不知道评论什么至少也要点一个赞。其实，发微信的朋友，无非是想知道有多少人是在关注他，如果经常和人家互动，自然会对店主产生好感，这个是非常重要的一个行为。

5．强推技术

这个是要根据不同的朋友而定，一般是比较好的朋友，以开玩笑的方式进行销

售，但一定要掌握好一个度，不要太强求，适可而止。

8.2.4 如何增粉

微信营销的重点就在于粉丝要多，那么店主应该如何增加粉丝呢？

(1) 将QQ好友、手机通讯录中的朋友全部加上，这些人一般都是认识的朋友、同学、同事、客户等。

(2) 在微博、QQ空间、QQ签名上发布你的微信号，并且隔段时间就要宣传一下你的微信号。

(3) 多加QQ群，根据你的产品特性加入不同的群。

(4) 根据你自己的特长，还有你的产品，写一些分享类的文章，发布到一些论坛，如果网友觉得你写得不错，自然会加你的微信，想和你交流和学习。

(5) 把产品送给一些在微信上有一定影响力的朋友，免费送给他体验，他会帮你分享，可以起到一个宣传产品的效果，还可以帮你增加好友。

(6) 用微信搜附近的人，如果是特产，在你的当地用这种方式加朋友是非常有效的。

(7) 多参加一些培训、论坛、讲座、交流会等，来这里的朋友一般都是为了认识更多的人，所以是一个增加好友的地方。

(8) 互推，找一些关系好、粉丝多的朋友让他帮你在他的微信圈上宣传，帮你做推广，这也是一个非常好的增加新朋友的方法。

8.2.5 注意事项

在进行微信营销的同时，还要关注以下注意事项。

1. 切勿刷屏

这里所讲的刷屏是只发一种形式的微信，如发布产品的微信，只有衣服图片、尺码和颜色介绍，且在十分钟内连发多条微信。建议一个小时内不要超过两条微信，并且要不同形式的微信内容。

2. 只发广告

在微信上除了宣传你的产品外，没有其他的微信内容，这是一个很大的忌讳，尤其是个人微信。应该生活和工作相结合，个人的和产品的都要两兼顾。

3. 没有互动

从来不和微信上的好友互动，不评论人家的微信，也从不和任何朋友沟通，完全在自己的世界里，这样也是一个大忌。

4. 内容空洞

一天要发布很多款产品的微信，就没有时间去用心编辑每条信息，这就成了一个简单的发布、再发布的一个重复工作。如衣服的就是图片、尺码、颜色的介绍，其他就没了，很死板，就可以用心去编辑每条微信，每天不同的花样，不同的形式，朋友们都觉得有意思、有趣，不会枯燥无味，甚至认为关注你的微信很有意思、很有价值，可以学到很多东西。

8.3 微店运营，商品营销技巧

经营一家微店，最终目的是将商品卖出去，可是如今的微商市场汇聚了很多商业精英，周围的微店店铺同样层出不穷，我们应该如何让自己的商品突出，借此保持市场份额呢？可以从商品的管理技巧入手，以下简单介绍。

8.3.1 提升商品曝光率

所谓店铺的曝光率，是指你的店铺能从众多店铺中脱颖而出，立即抓住消费者目光，让顾客点击你的商品。下面介绍微店主应该如何提升商品的曝光率。

1. 优选商品

好的商品才有曝光率，也才值得店主去大力推广营销，因此优选商品是根本。我们以在微店中比较常见的服饰女装为例进行介绍。

首先，选择的商品最好是适合年轻女性，年龄在18～28岁，因为这个年龄阶段的女性是微店中最大的买家群体。

其次，衣服在风格上，应该选择当下年轻女性喜欢的日韩系风格，年龄偏大的大妈款服饰，年轻用户通常是不喜欢的。选取款式不要是那种常常看到的偏老气的款式，也不要是那种一直摆着程式化姿势的模特穿的衣服。如图8.9所示为两种风格的商品对比图。

图8.9　优选商品对比

2. 主图优化

在微店店铺中，漂亮新颖的主图肯定是最吸引买家的，尤其是当搜索页打开无数同款同质的产品时，如果你的产品犹如鹤立鸡群，能够脱颖而出，自然不用担心曝光率，如图8.10所示为同类商品的不同主图对比，左图中商品图片模糊，且未经美化；右图商品主图精美，且布局美观，哪个商品更有曝光率不言而喻。

图8.10　主图优化对比

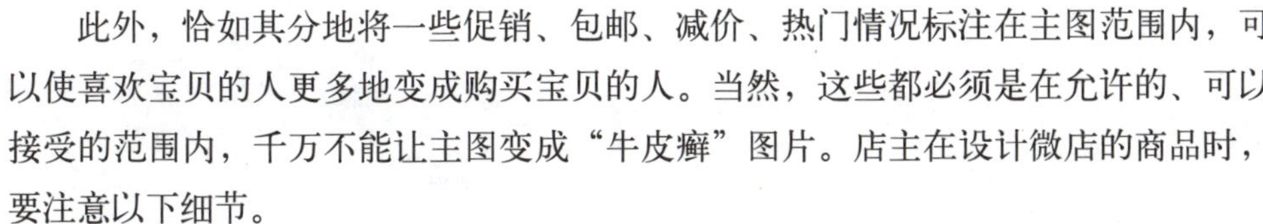

此外，恰如其分地将一些促销、包邮、减价、热门情况标注在主图范围内，可以使喜欢宝贝的人更多地变成购买宝贝的人。当然，这些都必须是在允许的、可以接受的范围内，千万不能让主图变成“牛皮癣”图片。店主在设计微店的商品时，要注意以下细节。

(1) 要求图片明亮、清晰，背景简单不杂乱。

(2) 细节图突出，商品在图片中的占比大。

(3) 不抠图、少拼图。

(4) 不用棚拍和白背景图片。

(5) 尽量选亚洲模特，欧美模特距离感太重。

(6) 明星同款搭配的服装、饰品等商品可以有，但是不要过分突出明星，重点是要突出商品本身。

(7) 少用挂拍和平铺图片，因为挂拍和平铺的图片，很难让用户知道这个衣服长宽高是多少，自然就不会有高的点击量，如图8.11所示。

图8.11 少用挂拍和平铺图片

此外，在店主进行主图优化时，需要坚持以下三点原则：

(1) 严谨。在优化的时候一定要找到适合自己店铺和宝贝的方法，不盲目。

(2) 凸显卖点。把宝贝的卖点也就是优点喊出来，不要再用老套的秒杀、折扣、包邮等，如图8.12所示。

(3) 注重实际效果。图片做好之后一定要进行对比测试，不要主观地认为自己做出来的图片一定就好，我们要客观地对待，进行对比测试，通过流量变化来判断。

没达到优化预期效果、不合格的要果断删除，然后继续优化。

3．商品标题

微店想要提高自己产品的点击量，主要是做好信息标题。如果您的信息标题足够引人入胜，想点击率不高都不行。微店的信息标题，要尽量吸引人，买卖方向要正确，但不能太长，建议不要超过25个汉字。店主可以从以下三个方面进行设置：

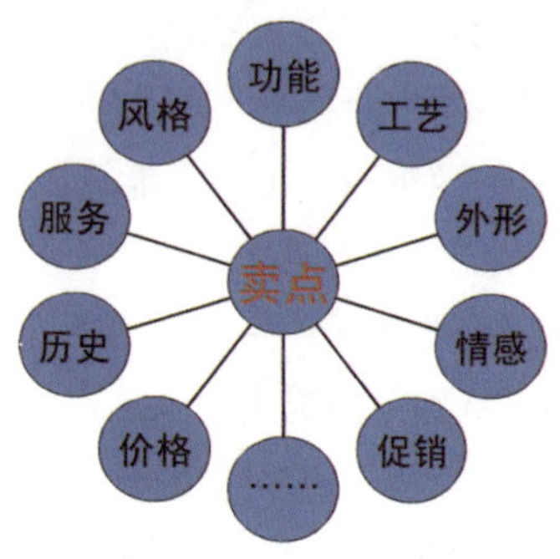

图8.12　凸显卖点

(1) 标题要尽可能包含产品相关的关键字，如食品加工。

(2) 标题尽可能地传达产品信息，引起买家兴趣

(3) 标题要包含诱惑点，例如折扣信息等。如图8.13所示为标题举例。

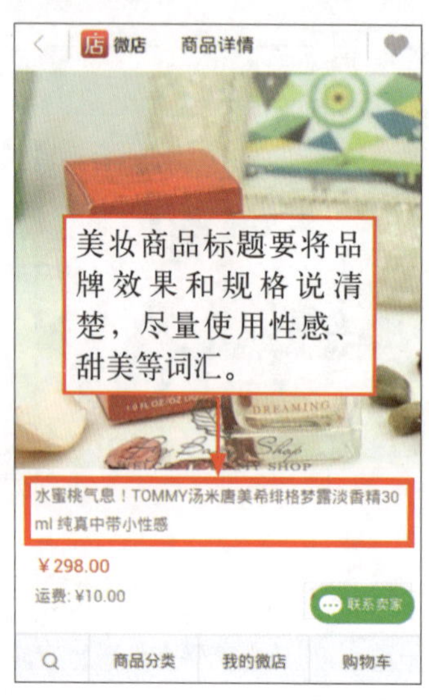

图8.13　商品标题要醒目

4．商品描述

微店里，买家首先看到的就是商品图片和描述，商品的标题就是“商品描述”。那么，究竟什么样的描述能更吸引买家呢？我们首先看下面这两段商品描述：

案例一：kaki同款订单小翻领花边娃娃衫雪纺上衣+黄色短裤套装特价包邮。

(1) 超值套装，全场一件包邮。

(2) 做工精致，品质保证。

(3) 微店独家活动，比自家淘宝便宜20元。

(4) 购物加微信好友有惊喜返现159××××736。

案例二：美国ZOKU冰沙杯！

原价199元，现在只要29元包邮！

一次买两个，第二个可享半价优惠哦(仅需43.5元，颜色请留言备注)！

机会难得，仅限前10名！

5～7分钟即可DIY一份无色素添加的冰沙！

我们来分析一下这两件商品描述的特征：

(1) 商品名称描述清晰。店主对于商品的描述必须精准到位，让买家一眼看出来卖的是什么，不然买家只能凭借图片来判断卖的是什么。

(2) 商品自身特征明显。比如："已开通担保交易""做工精致""5～7分钟即可DIY一份无色素添加的冰沙"等特征，都为商品增色不少。

当然每个卖家在描述自家商品特征的时候要从自身实际情况出发，不要一味模仿，而要想清楚自己商品的特征和卖点在哪里，再总结出来呈现给买家。

(3) 买家利益点鲜明。比如："包邮""微店独家，比自家淘宝便宜20元"等，能直接让买家感知到真的占了便宜，下单的成功率自然会更高。

(4) 有特殊的型号或数量组合销售时，引导买家留言备注。比如："一次买两个，第二个可享半价优惠哦(仅需43.5元，颜色请留言备注)"，这个商品原价29，买2个有优惠是43.5元，于是卖家新添加了一个型号专拍2个。但是这个杯子有很多颜色可以选，如果买家直接拍两个的话，没办法选不同的颜色。

怎么办呢？于是卖家巧妙地用上了订单留言的功能，买家虽然在拍的时候没选颜色，但是可以把自己想要的不同颜色写在订单留言里。

(5) 放出实时的联系方式，方便买家联系。微店目前还没有自己的沟通工具提供给大家，在买卖时难免会产生一些疑问，这个时候如果买家没有办法联系上你，流失的可能性是比较大的。

因此，店主可放出微信、电话号码、QQ号码等，同时给买家一个联系你的理由。比如"购物中有任何疑问，可联系×××""加好友咨询，还有神秘礼物赠送哦"等。

5．营销推广

如果要想自己的店铺能从众多店铺中脱颖而出，店主必须选择一种适合自己的方法来好好推广自己的店铺。前文中，我们介绍了主流的推广方式，包括微信及朋友圈推广、QQ及空间推广、微博推广等，这里笔者补充了几个另类，但确是非常好用的微店商品推广方式。

(1) 小礼物推广。建议在给买家寄商品的同时顺便寄上自己的名片和宣传单或者送一些小礼物，在小礼物上印上自己店铺的名字、微店地址，从而加深买家对你的微店的印象。

(2) 免费活动推广。报名参加微店上的免费活动(适合自己店铺的活动)，如手机淘宝网1元秒杀活动等。

(3) 促销策略推广。一是订购满就送。通过设置满就送可以提升店铺的销售业绩，提高店铺购买转化率，提升销售笔数增加商品曝光力度。二是订购搭配套餐。通过几种商品一起设置成套餐来销售，可以让买家一次性购买更多商品，提高店铺购买转化率，提升销售笔数增加商品曝光力度，如图8.14所示为淘宝网店的套餐设置，供微店主们借鉴。

官方标配	全新未拆封原厂原装，正品行货！假一赔三！
套餐一	官方标配+宏碁手提包+宏碁原装有线鼠标+鼠标垫，含全国联保机打发票
套餐二	官方标配+专用屏幕保护膜+专用键盘膜+宏碁原装有线鼠标+宏碁专用手提包+15寸内胆包+鼠标垫+USB集线器+免费送2米网线，含全国联保机打发票
套餐三	官方标配+专用屏幕保护膜+专用键盘膜+宏碁原装无线鼠标+宏碁原装双肩包+15寸内胆包+鼠标垫+USB集线器+散热底座+8G U盘+免费送2米网线，含全国联保机打发票

图8.14　商品套餐出售

8.3.2　提升商品搜索排名

口袋购物逛淘宝是一款以淘宝网为平台的手机及Web应用，同类产品有蘑菇街、美丽说等。口袋购物产品本身从设计到用户体验，到产品功能均体现了较高的品质，可以给用户带来很好的购物体验，产品设计符合产品的定位，配色符合用户群的个性特征，产品功能稳定。

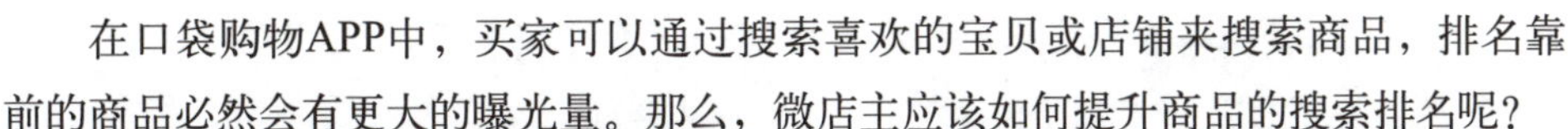

在口袋购物APP中，买家可以通过搜索喜欢的宝贝或店铺来搜索商品，排名靠前的商品必然会有更大的曝光量。那么，微店主应该如何提升商品的搜索排名呢？

当微店卖家通过口袋直通车推广商品时，商品关键词、商品价格和店铺信用是影响商品搜索排名的几个关键点。

1．关键词

口袋购物虽然没有什么关键字出价，但是标题里如果包含热搜关键字，会大大增加商品的展现量。下面我们结合具体实例进行分析。

step 01 进入口袋购物APP的“搜索”界面，选择排在第一位的“女装”分类，进入女装具体分类界面，同样选择排在首位的“套头毛衣”，如图8.15所示。

图8.15 选择商品分类

step 02 点击进入“套头毛衣”分类后，我们可以看到排在前几位的商品，通过查看首位商品的描述，我们可以看到关键词“外套”“套头”“毛衣”等，如图8.16所示。由此看来，店主在编辑商品标题和描述时，关键词的设置十分重要，如果店主出售的商品是女装毛衣，那么笔者举的这个例子可供参考。

图8.16　查看商品关键词

此外，如果店主搜不出自己的商品，可能有以下几个原因：

(1) 搜索关键词不准确，标题没有完全包含所搜关键词。例如，你卖的商品是"防晒霜"，商品标题为"瓷肌CC霜裸妆神器遮瑕防晒美白保湿隔离补水控油超气垫BB霜DD霜"，就会发现这个标题的商品在"防晒霜"这个关键字下是搜不到的，所以一定要检查自己的商品标题是否完全命中关键词。

(2) 商品排序时，由于商品质量得分不高，被排除在外。

(3) 商品下架了。

(4) 商品去重时，被其他热销商品覆盖掉了，导致你的商品没有展现。

2．商品价格

商品价格同样是影响商品搜索排名的重要因素，因为在口袋购物的商品搜索中，"综合排序"包括有"价格从低到高"和"价格从高到低"，买家可能会根据价格进行搜索排序，价格最低或最高的商品，排名自然靠前，如图8.17所示。

专家提醒

所以说，店主要给自己的产品制定一个既让买家满意，又让卖家得意的价格标准。应该怎么做呢？一是要尽可能把对比当中价格以外的因素保持统一。二是价格要符合老百姓喜欢的数字，比如120元，我们可以变为118；比如100，我们可以改成99，这个让买家心理上会舒服一些。第三就是不管用怎样的方法来定价，前期还是需要通过方法来检验的，因为在没有卖出去之前，所有的方法都是经验，而真正最合理的定价，需要靠大量顾客在购买之后进行数据分析检验才能确定。

图8.17 商品价格影响排名

一般来说，商品的价格越低，销量越高，排名自然靠前，如图8.18所示为口袋购物同款比价。

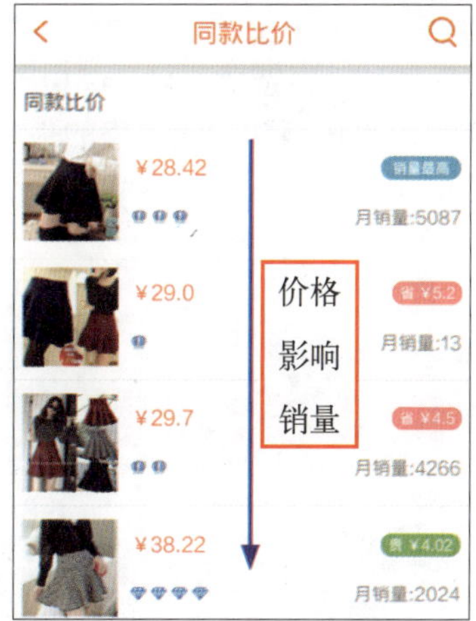

图8.18 同款比价

不过这一规则并不适用于所有产品，店主要根据店铺商品性质确定。如果是非名牌服饰，自然可以利用低价位换取销量；但是如果本身价值较高的商品，如奢侈品，定价自然不能太低。

3．店铺信用

微店店铺的信用同样会影响商品排名，因为买家在搜索商品时，会采用“信用

或好评”排序方式，如图8.19所示。

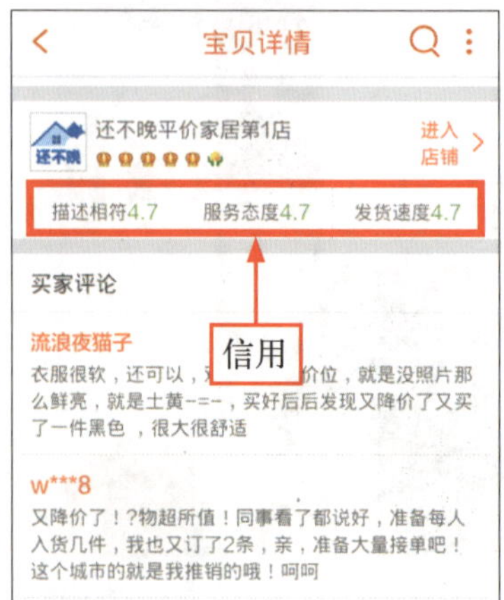

图8.19　店铺信用排名

8.3.3　通过数据优化商品

在口袋直通车中，微店卖家可以根据展现量、点击率、购买率把微店商品分成4类来分析优化，然后以各类目的点击率和去购买率的平均水平来作为衡量其高低的标准，如图8.20所示。

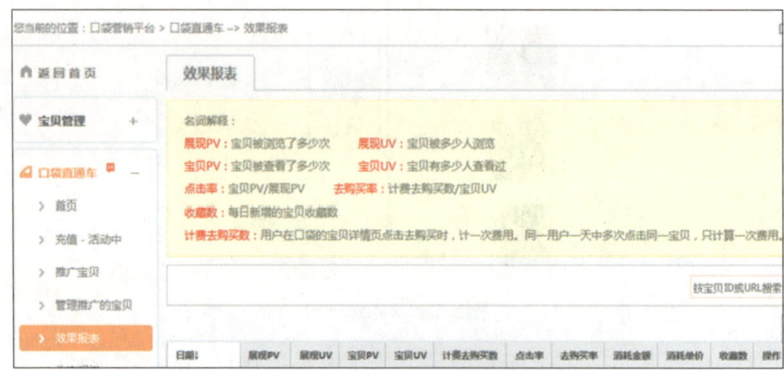

图8.20　口袋直通车效果报表

针对不同的店铺商品数据，主要分为以下四种数据类型：

(1) 高展现高转化。这类商品就是优质的口袋直通车商品，出价、销量、收藏等都优于其他同类商品，占据了靠前的直通车搜索排名，加上点击率和去购买率高于平均水平，卖家基本上就是坐等流量上门。

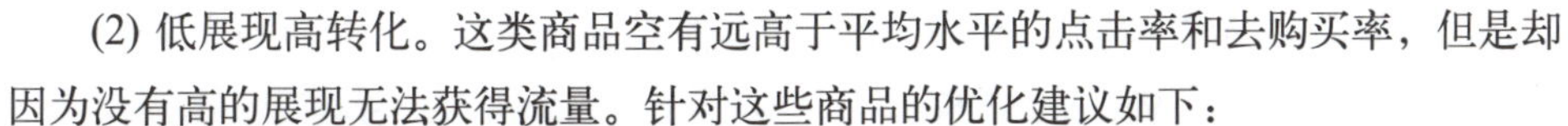

(2) 低展现高转化。这类商品空有远高于平均水平的点击率和去购买率，但是却因为没有高的展现无法获得流量。针对这些商品的优化建议如下：

① 提高直通车出价，抢占前排搜索位置，建议高于平均出价1.5～2倍。

② 报名促销和活动增加展现机会。

③ 开通全店推广、设置店铺公告和优惠券，申请好店资源位，以获得更多曝光。

(3) 高展现低转化。这类商品拥有大量的展现机会，却因为商品的低点击率和低去购买率白白浪费了这些展现机会，可以说是最浪费资源的商品。针对这些商品的优化建议如下：

① 优化商品图片，使其符合微店风格，获得更高点击率。

② 从选品步骤进行把控，尽量选择优质的商品，并以更低的价格、更多的销量、更多的收藏、更好的评价、更完善的详情页来获得更高的去购买率。

(4) 低展现低转化。这类商品需要结合低展现高转化与高展现低转化两种方案的优化方法，才能获得成效。

8.3.4 通过促销增加销量

通过口袋购物后台管理系统，微店卖家可以非常方便地进行商品促销活动，具体操作方法如下。

step 01 通过电脑登录口袋购物平台，进入“口袋购物商家中心”页面，在左侧导航栏中展开“营销管理”选项，单击“活动报名”按钮，如图8.21所示。

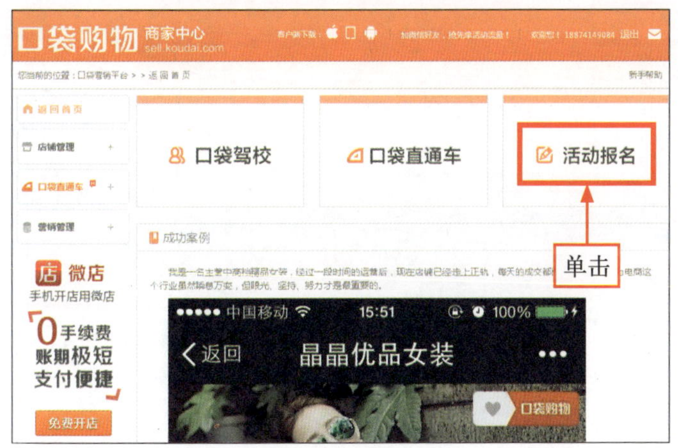

图8.21 登录口袋购物

step 02 执行操作后，进入“活动报名”界面，选择符合要求的活动，单击“报名”按钮，如图8.22所示。

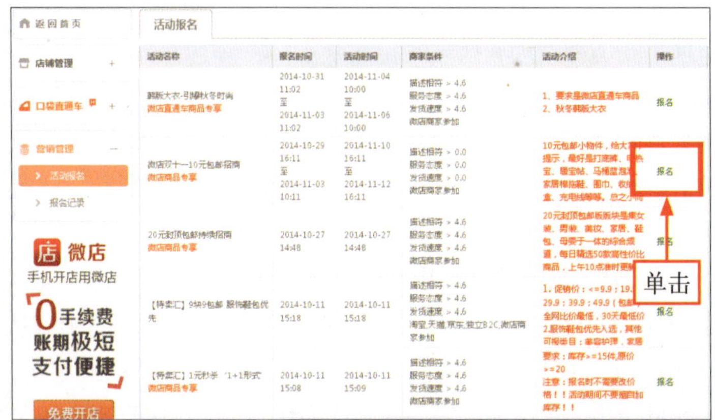

图8.22　活动报名

step 03 进入“活动详情”界面，单击“选择商品”按钮，如图8.23所示。

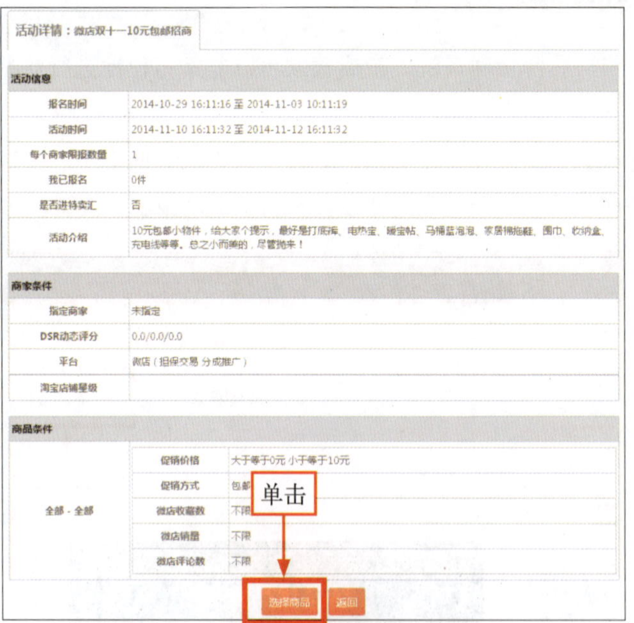

图8.23　选择商品

step 04 执行操作后，进入“选择报名商品”界面，选择符合要求的商品，单击“报名”按钮，如图8.24所示。

图8.24　选择报名产品

step 05 在弹出的对话框中设置促销时间和促销价格，单击“确认”按钮，如图8.25所示。特别提醒：店主必须选中“包邮”复选框才能参加促销活动。

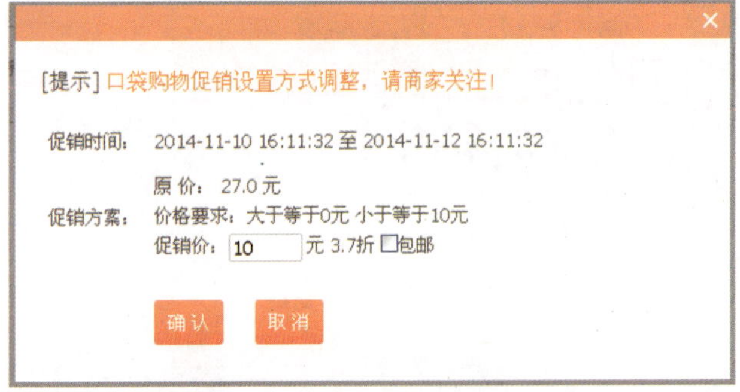

图8.25　设置促销时间和价格

step 06 设置完成后弹出提示信息框，提示卖家去微店修改商品价格，设置完成后，单击“已完成，下一步”按钮，如图8.26所示。

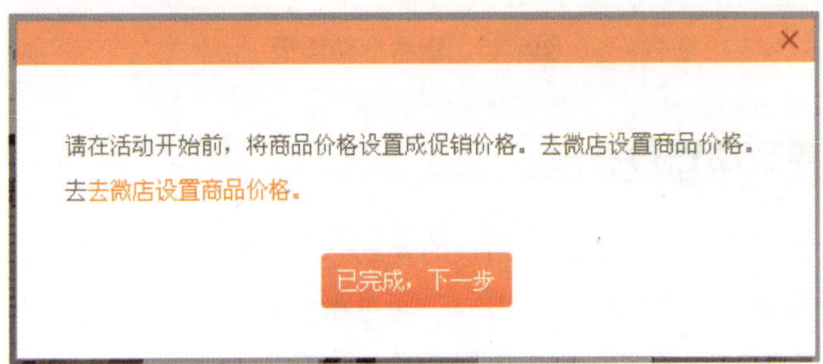

图8.26　完成设置

设置完成后，笔者要特别提醒大家，“限时抢商品”促销活动的要求如下：

(1) 促销价必须低于原价8折且低于30天内淘宝促销价。

(2) 口袋比价最低。

(3) 包邮(除特殊情况外)。

(4) 主图含有文字标签、水印，背景昏暗、模糊、形象严重拉分、构图混乱等一律审核不通过。

(5) 限时抢的流量比底价包邮要高且每天商品控制在30件以内，比较集中，所以以上要求是限时抢的基本要求，运营商会择优入选。

step 07 按照步骤，对促销活动设置完成后，系统会提示“报名已提交成功”，如图8.27所示。用户可单击“查看我的活动”按钮，了解互动详情，如图8.28所示。

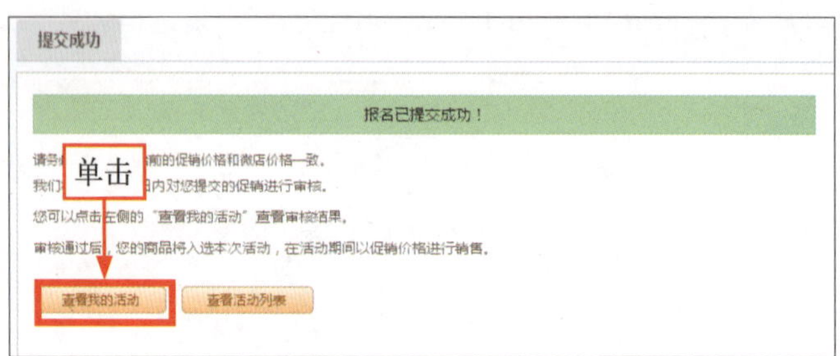

图8.27　报名提交成功

图8.28　查看活动详情

8.3.5　通过互动留住客户

在进行微店营销的过程中，与用户的互动十分重要，无论是对大品牌企业还是小品牌企业，商家都需要做好优质内容，通过微信或其他渠道为老用户或者新用户提供更多的有价值的服务，并且与他们互动。在微店营销中，增加用户黏性是非常重要的，也是非常有必要的，只有做到这一点才能最大限度地留住你的客户。

1. 微信互动

2012年12月，1号店推出了“玩我画你猜，赢惊喜大奖”的微信营销活动，活动分为3个步骤：第一步，关注1号店官方微信；第二步，接收1号店每天一幅画作；第三步，猜出答案发送给1号店，回复最快且答对的粉丝，将获得1号店的独家礼品。根据奖品额度，每日产生3～10名幸运用户，不得重复获奖，参与投稿设计画图的粉丝还有机会获得100元礼品卡。

像1号店推出的这类活动实现成本低，并且巧妙利用奖品吸引粉丝的关注，对粉丝进行物质上的刺激，进而刺激粉丝回复，通过互动来提高微信粉丝的活跃度，提升公共账号的粉丝质量。

毫无疑问，此类活动是较容易在微信公共平台实现的行为，但其局限性在于，必须基于一定的粉丝基数，此类活动才最为有效。因此，店铺在初期粉丝基数不够多的情况下，开展推荐粉丝的互动有奖行动，通过推荐粉丝的关注，推荐人可以将自己推荐的粉丝ID和名称统一发送给公共账号，公共账号运营人员根据推荐人推荐的人员数量进行排名，发放实物奖品。

2. 签到互动

利用签到进行店铺与客户的互动，也是店铺营销的重要手段。以口袋购物APP为例，用户可以点击“签到”按钮，领取积分，如图8.29所示。

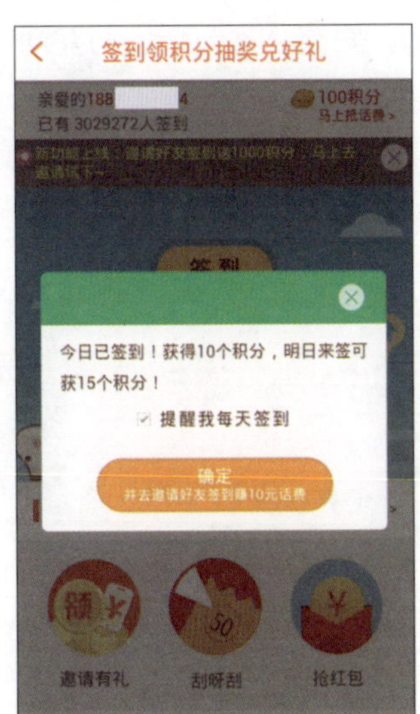

图8.29 签到得积分

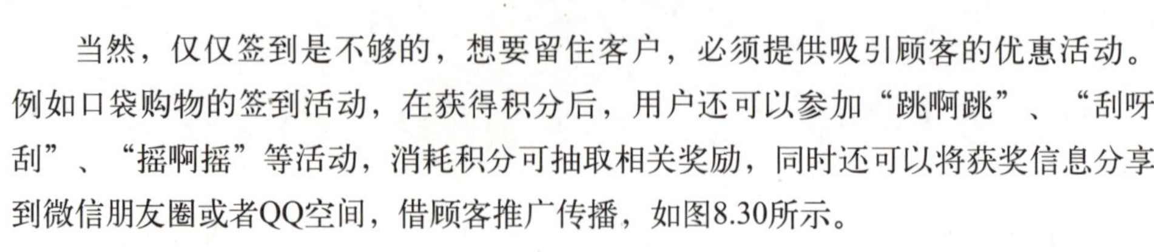

当然，仅仅签到是不够的，想要留住客户，必须提供吸引顾客的优惠活动。例如口袋购物的签到活动，在获得积分后，用户还可以参加“跳啊跳”、“刮呀刮”、“摇啊摇”等活动，消耗积分可抽取相关奖励，同时还可以将获奖信息分享到微信朋友圈或者QQ空间，借顾客推广传播，如图8.30所示。

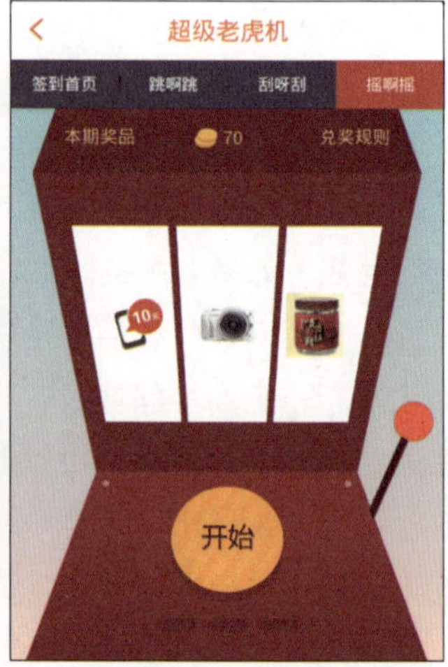

图8.30　积分活动

目前，微店广告主要采用短信、彩信或者是应用Banner、推送等方式，很容易使用户产生反感。因此，微店商家如果要去做专门的广告，一定要让用户乐于接受这些事情，让用户充分参与广告的互动，培养用户从被动到主动接受的习惯。

第9章 微商实战案例解析

所谓微商，即微信电商，是指依附于微信这个载体进行产品销售的电子商务。微店作为微商的典型代表，一方面借助微信、O2O 等商务模式进行营销，另一方面也完善了微商商业模式。本章重点讲述三个方面的问题：O2O 营销、品牌营销和微店运营的成功案例。

- 营销运营，微信电商 O2O
- 店铺价值，打造核心品牌
- 成效卓越，微店成功案例

9.1 营销运营，微信电商O2O

移动互联网的迅猛发展，已经在很大程度上改变了我们的生活，移动支付习惯的养成也为移动电商的蓬勃发展奠定了基础。在移动电商凶猛来袭之际，商家如何利用O2O打造微店营销的闭环是本节讨论的重点。下面笔者将结合具体的案例，为各位解析微店O2O运营的技巧。

9.1.1 微信、微店与O2O

如果有人问，时下国内最火爆的微店平台是哪一个，我们一定会异口同声地回答——微信。的确，微信在2011年的蹿红速度甚至超过了新浪微博，一跃成为国内最流行的社交工具与移动电子商务平台。

截至2013年11月，微信的注册用户量已经突破6亿，成为亚洲地区最大用户群体的移动即时通信软件。微信正逐渐发展成为国内社交中一张必不可少的趣味性个人名片，同时依靠着其社交属性，微信也成为微店商业营销的重要平台。

再说O2O模式，其基本意义是指线上线下，其商务模式的基本商业逻辑是，用户在线上平台预先支付，然后到线下消费体验，商家实时追踪其营销效果，由此形成闭环的商业服务和体验过程。

与其他电子商务模式不同的是，O2O采用“电子市场+到店消费”模式，而不是“电子市场+物流配送”模式。有人认为，O2O模式是B2C模式的升级版，更强调消费体验。目前，国内对O2O概念已经泛化，把在产业链中涉及线上和线下的模式都称之为O2O模式，如图9.1所示。

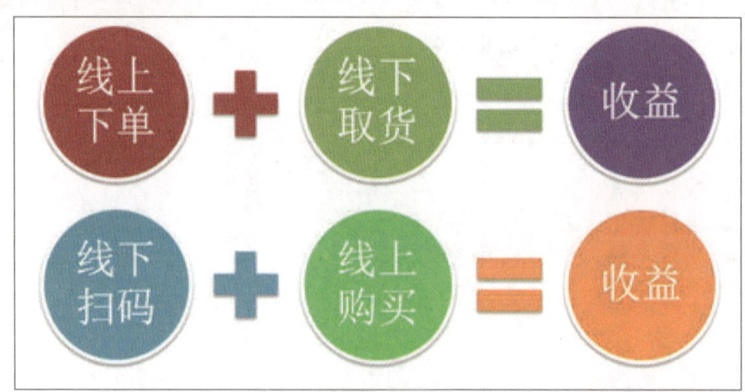

图9.1　O2O商业模式

O2O的核心就是线下与线上结合，打造一体化的营销。而微信5.0版本开通后，微信支付则为O2O提供了未来发展的可能。作为微商的新型力量，微店通过微信，与O2O发生着千丝万缕的关系。严格意义上说，微店其实是O2O商业模式的一种，微店主的店铺经营，可以从O2O模式的实际应用中获得经验。

9.1.2 借助微店：卫浴企业体验O2O

随着通信技术的不断革新，手机硬件与互联技术的深度融合，使得手机成为网络电商的一个接入口，由此诞生的淘宝APP、银行APP也得到了长足的发展。消费者可以随时随地进行商品浏览、下单付款、收货评价。于是，开始有一些超前的企业开始瞄上这块新“蛋糕”，卫浴企业当然也可以借助这种新的渠道进行市场营销。

微店对于商家而言是真正的“零门槛”渠道，一些卫浴厂家对于入驻第三方交易平台的操作不甚熟悉，也不敢轻易试水卫浴电商产业，但是微店的出现，使得不少厂家可以先进行微店的开设，从而轻松接入O2O模式，学习并了解卫浴电商化的知识，如图9.2所示。

图9.2 微店平台上的卫浴产品

可以说，微店的诞生对于线下营销稍感乏力的卫浴厂家而言无疑是个好消息。

卫浴产业的竞争已经趋于白热化，品牌联盟、单店促销、跨界合作等模式已经使得卫浴市场的竞争更加激烈。部分卫浴厂家根本无力见缝插针，从中谋取一定的经济利益。微店的问世，为众多苦于渠道开发的卫浴厂家带来了及时雨。

专家提醒

微店的运作成本低，而且移动互联网的购物方式的流行度与附加价值无可估量，虽说一些传统建材家居厂家能够借助微店转型O2O，但仍旧需要厂家与各地经销商共同探讨销售方式，并做好售后服务，确保消费者在购买产品之后有愉快的购物体验。

9.1.3 挑茶工：借拍拍微店转型O2O

拍拍网是京东旗下的电商平台，付款时用户可通过微信支付购买商品，既方便又快捷。拍拍微店即基于拍拍网移动端的微店铺，自从微信变得火热，随之兴起的微信电商也促使各类微店产品层出不穷。

一家名为“内山农家”的店铺，凭借着出售茶叶，借助拍拍微店，省去了各种中间经销商，直接从生产到加工销售，让利于消费者，实现了成功，而现在他们更计划依托拍拍微店，开启其线下到线上的O2O企业愿景。如图9.3所示为“内山农家”官方旗舰店。

图9.3 内山农家拍拍旗舰店

2008年，内山农家的创立者赖文渊开启自己第一家网店，并且突破传统销售模式，将产销电商一体化经营，茶叶从茶园到茶厂直接到消费者手中，没有经过任何中间商，避免层层加价，让利给消费者。

1. 借助微店转型O2O

虽然借助以拍拍为主的电商平台，让内山农家实现了很好的盈利，但为了给消费者更好的体验，赖文渊萌生开启线下体验店的想法。根据调研显示，目前茶叶拥有5000亿元的潜在市场，而线上仅占5%，前景广阔。

因此，赖文渊计划将自己的战略重点从PC转移到拍拍微店，以微信公众账号为核心，构建自己的线下体验店，实现线上线下联动的O2O战略。如图9.4所示为内山农家口袋购物微店。

图9.4　内山农家微店

提到为什么选择“拍拍微店”，赖文渊指出：拍拍微店有着腾讯和京东的背景，能够增进消费者的信任度，并将现在的用户向微店上转移，更能借助拍拍后台的CRM客户管理工具进行用户的年龄、性别等分类，定向性地寻找潜在目标客服，而便捷的广告直投则可以直接触达他们，于是赖文渊义无反顾地选择了拍拍微店。

2. 以信任和文化吸引用户

为了更好地实现O2O战略，赖文渊制定了详细的微店发展战略，组建了十几个人的队伍。首先开设服务号和订阅号，订阅号中定期分享茶文化和茶叶质量，吸引大家的转发并关注服务号码，服务号则主要来进行店铺商品和促销品的传播。

其次通过拍拍PC端、广点通和多种活动传播为公众账号引流，拍拍微店支持PC和移动端不同定价功能，内山农家设置了拍拍微店略低于PC店铺的价格，驱动大家关注公众号，并养成手机端购买的习惯。经过1个多月的运营，内山农家订阅号已经具有3000多个粉丝，这些粉丝还在不断地转发和发酵。

专家提醒

微店模式特别适合以茶叶食品、保健品销售为主等的卖家，客户信任是这类店铺购买率提升的关键，这就需要在商品、售后服务和及时沟通上做到极致。微店能够将这几点进行完美结合，正因如此，使得内山农家能够依据拍拍微店平台实现店铺转型。

9.1.4 永辉微店：O2O商业平台

永辉微店是永辉超市旗下的O2O购物平台，是一个综合性网上购物中心。出售商品包括：休闲零食、进口食品、美容护理、家居厨卫、生鲜产品等。

永辉微店优先实现移动终端APP线上订购、支付和超市门店线下提货，用户可在公司官网(安卓版)和苹果移动商店(苹果版)中下载上述移动终端APP程序进行购物体验，如图9.5所示。

图9.5 下载永辉微店

移动互联网时代的到来促使移动端成为O2O最重要的发展方向。手机的便携性

也与用户的实时性生活需求正好吻合。当前的趋势是流量搬家：由PC端转移至手机端，移动互联网在生活中对传统互联网的替代性越来越强。

不同于其他微店形式，永辉微店采用的是“线上下单、线下提货”的交易模式，用户在选择了商品后，确认购买并付款，即可利用提货二维码，到附近超市自提点进行提货，如图9.6所示。

图9.6 永辉微店自提商品

专家提醒

推出永辉微店，实现移动终端APP线上订购、支付和超市门店线下提货，既能够增加销售渠道、改善购物体验、提高客流量和成交率，又能够发挥公司众多实体门店的作用，使O2O真正落地。

9.1.5 海底捞火锅：玩转O2O营销

海底捞火锅作为以服务闻名的餐饮品牌，一直都尊崇“把顾客当作家人”的服务理念。例如，在等位区还没开吃就有免费的水果赠送，另外还提供免费的美甲、擦皮鞋服务。作为国内最具口碑的餐饮连锁服务机构，海底捞是较早试水O2O营销的餐饮连锁服务企业之一，凭借在微博、点评网站等互联网平台的口碑，海底捞迅速吸引了大量忠实粉丝。

在做微信营销之后，海底捞更是把极致服务从线下提升到了移动端线上平台，微信公众号粉丝数更是每日增长4000多人。打开微信公众平台，海底捞的自定义菜单设计风格非常简洁：看、吃、玩。想了解海底捞资讯的点击“看”即可，需要线上预约、预订的点击“吃”即可，想玩下小游戏的点击“玩”就可以。

(1) 创意活动吸引粉丝。当用户首次关注海底捞火锅的微信时，就会收到一条关于发送图片可以在海底捞门店等位区现场免费制作打印美图照片的信息，如图9.7(a)所示，是不是瞬间就有吸引力？

(2) 周全的自助服务。用户可以通过微信实现预订座位、送餐上门，甚至可以去商城选购底料。例如，如果你想要外卖，只需要简单输入送货信息，就可以坐等美食送到嘴边。

(3) 深入互动体验。Hi说说是一个微社区平台，可发表自己的意见或建议；Hi游戏里设计了一些与食品有关的小游戏：Hi农场、Hi拼菜、摇摇乐、Hi吃海底捞。简单的小游戏，即使界面简单相信也会有很多顾客愿意试着玩一下，显然比那些打折优惠更有创意，如图9.7(b)所示。

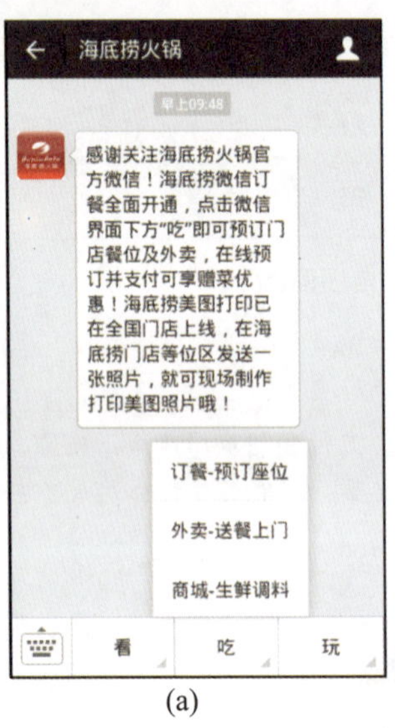

(a)

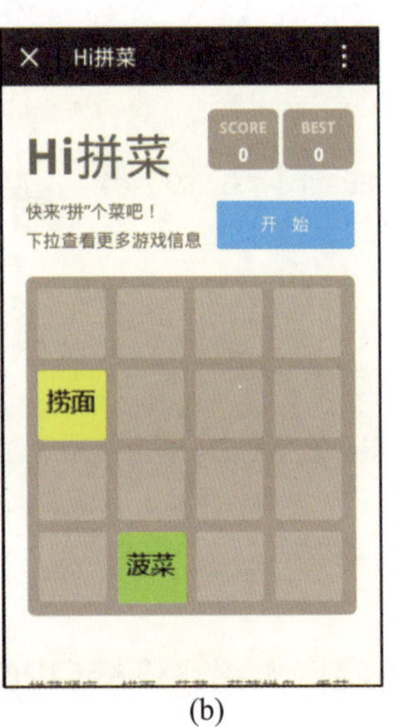

(b)

图9.7　海底捞微信互动

当然，海底捞设计的菜品图案也是看着就有流口水的欲望，最后加上线下优质的服务配合，同时享受“微信价”，怎么能没有吸引力？

据悉，海底捞通过微信接入的订单数在短短几个月之内由400多笔上升到3万多笔，结合微信平台与实体店支付和其他渠道，微信的订单数占到了60%以上，使用微信支付来交易的客户群体更是占到了总客户群体的20%左右，每日通过微信预定

量高达100万。由此可以看出，移动端的便捷加上海底捞的极致服务，其转化率还是非常高的。

9.1.6 天虹微店：打造O2O商城

2013年10月，继与腾讯微生活合作打造了拥有“微信自定义菜单”的零售微信服务号“天虹”后，天虹商场公司打造的另一款移动应用平台“天虹微店”也正式上线。

天虹商场称，随着“天虹微店”的上线，将与天虹实体门店、网上天虹和天虹微信，共同构成天虹全渠道零售平台，公司全渠道端口布局也基本成型。

天虹微店是一款结合手机逛街、购物的应用，下载安装后即成为天虹会员，带手机即享打折积分优惠，随时随地逛百货，订阅喜欢品牌的新品、优惠，定制属于自己的专属百货，如图9.8所示。

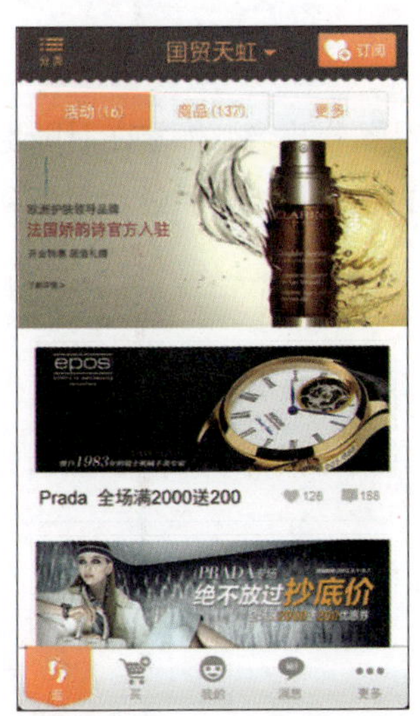

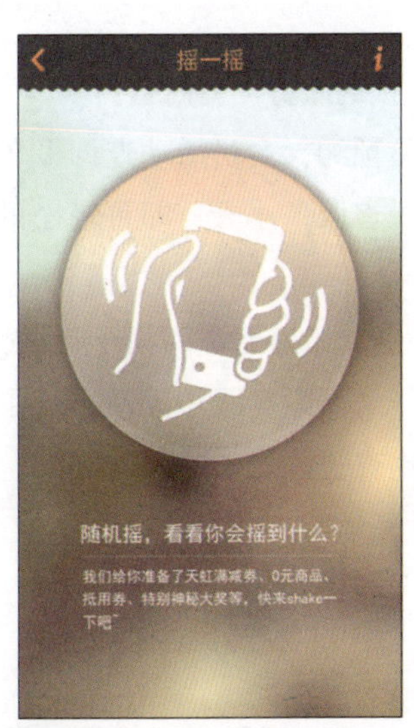

图9.8 天虹微店

天虹微店的主要功能如下。

功能1：无卡一身轻

关注“天虹”微信即获微信会员卡，享受会员特权，除此之外，已有实体卡的会员可通过微信客户端实现会员绑定，打通线下会员卡与线上会员卡对接功能。

之后，顾客来天虹消费购物，出示手机中的天虹微信会员卡就可以享受打折、积分等会员特权；并可查询积分、消费信息提醒等附加服务，同时还可以更为快捷

地即时查询会员活动、微信报名等会员特权。

功能2：微信逛街，打破时空障碍

天虹在微信端设置特别入口，将实体店可视化，线下每家门店精心挑选百余家优质品牌线上立体展示，品牌新品、爆款、促销优惠都会及时发布。

功能3：个性订阅，拒绝骚扰

该功能不同于其他普通公众平台的消息订阅，顾客可以根据需要订阅自己喜欢的品牌，天虹有针对性地将品牌新品及优惠以最快的速度推送给用户，不用一家家地逛、比较内容，新品和优惠就一目了然了，再也不用被无价值的信息骚扰。

功能4：微信送礼，轻松推赠

顾客通过“微信送礼”菜单，可浏览天虹“心意卡”“谢意卡”的产品信息，如中意即可通过时下最流行的“微信支付”轻松购买，购买成功后还可通过微信轻松转送给好友，实现不一般的空中送礼，微信所购礼卡更可在全国任一天虹实体店兑换消费。

功能5：预约服务，省时省力

新品体验预约、会员活动查询报名、商品预售报名，顾客随时随地在微信上呼叫“天虹”微客服“小天”即可轻松报名，再也不用担心错过精彩活动，省时省力又省心。

功能6：智能微客服，购物专属导购

“天虹”智能微客服小天24小时在线，咨询信息第一时间，一对一地替用户解答，扫清购物难题。

功能7：互动游戏，增强购物趣味

用户关注了“天虹”后，可以尽享互动游戏，同时还能获得各种礼品和优惠券。

专家提醒

近年来，在电商企业的冲击下，实体门店节节败退。O2O模式无疑给了实体门店一个借助互联网重建竞争优势的机遇。传统零售商借助微信平台导入客流，并利用该平台提升用户的忠诚度和留存率，实现数字化用户管理、社交化精确营销等。

9.1.7 奔驰Smart：微信O2O助威

O2O消费模式在数码科技和餐饮服务等行业较为活跃，汽车领域很少有企业涉

足此模式。在营销模式一直乐于探索尝新的奔驰Smart品牌在北京车展期间成为“第一个吃螃蟹的人”，Smart通过与微信合作，采用微信手机支付预订抢购的方式，只需“交订金”“抢购”“线下提车”三个过程即可轻松拥有Smart BoConcept特别版。

这次在微信独家售卖的Smart BoConcept特别版由Smart和极具现代简约风格的丹麦家居品牌BoConcept北欧风情联合打造。这款车型采用柠檬黄后视镜罩及亮烟煤色安全车体结构，搭配亚光白车身外观，而内饰则以柠檬黄双缝线衬托独特的烟棕色皮饰座椅，奢华精致而不落俗套。

正是由于如此奢华的车型，加上微信抢购活动为Smart粉丝提供了最便捷的抢购渠道，388台Smart BoConcept仅在第3分钟就被一抢而光，如图9.9所示。

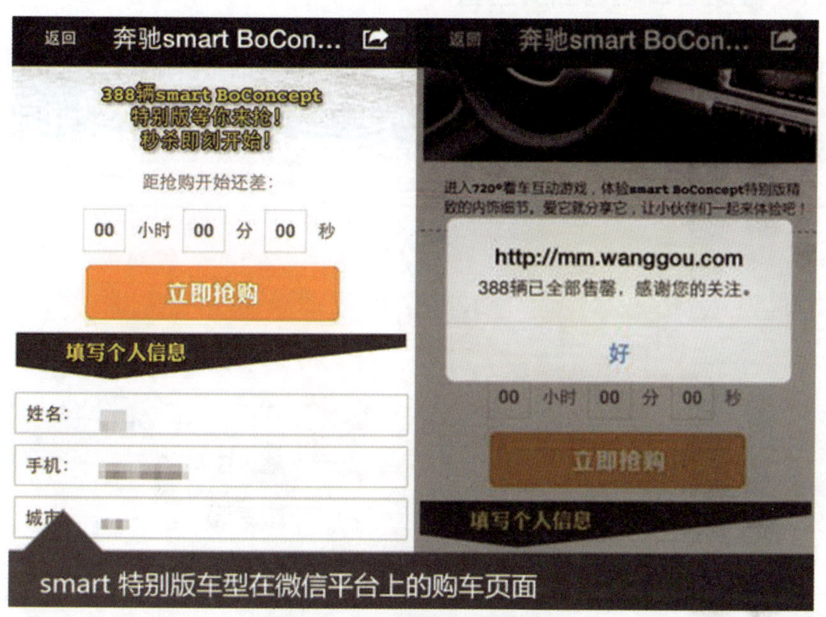

图9.9 Smart微信抢购活动

此外，消费者在抢购前还可以通过微信抢购页面的720度看车游戏体验Smart BoConcept特别版全部产品细节及亮点，这一创新型用户体验更让这次微信购车体验增添了十足的科技范儿。

尽管Smart早在以往的网络营销事件中占了先机，但此次微信售车仍不失其开创意义。微信作为国内最大最火爆的移动端社交网络应用平台，注册用户高达6亿。Smart与微信合作的这次售车活动，无疑成为中国移动网络成功购车的典范事件。

9.2 店铺价值，打造核心品牌

微店品牌的打造，需要依托自身的品牌形象，构建自身品牌终端专卖店的渠道建设，掌控终端消费渠道。简单地说就是要做好产品和售后，逐步建立自身品牌，增强市场的竞争力。

不过对于很多店主来说，店铺品牌略显高端，大多数人觉得“我的微店这么小，没有必要打造品牌”，这是一种错误的认识。无论是微店或网店，还是大型企业公司，都需要打造自己的品牌，提升店铺的价值。下面我们结合具体案例进行介绍。

9.2.1 唯品会：微信品牌运营

唯品会是一家专门做特价商品的网站，以限时抢购的特卖形式，开启了商业营销模式新纪元；由于其倡导一种时尚唯美的生活格调，使唯品会在短时间内搭上电子商务这班列车，快速进入大众视野，如图9.10所示。

图9.10 唯品会

唯品会与国内外知名代理商及厂家的合作，为中国消费者提供低价优质的品牌正品，致力于提升大众时尚品位。

2014年6月16日，由唯品会主办的“2014首届创意营销狂人赛”在全国高校内正式启动报名。首届大赛以“V来型动派，狂人去海外”为口号，旨在挖掘校园内的营销天才，通过鼓励在读本科生、研究生以及高校毕业两年内的年轻人勇于尝试，

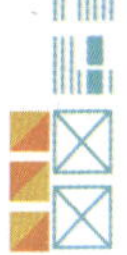

敢于实践，为唯品会在服装、美妆领域的品牌或市场推广迸发出更多的创意营销火花，如图9.11所示。

图9.11　唯品会校园活动打造品牌

通过此次活动，借助微信这一社交媒体，唯品会进行了校园深度营销，一对一的互动，加深了对品牌的认知感。并且通过发布与大学生时尚生活、学习、社交等相关信息，加强与大学生之间的纽带链接，从而扩大了校园市场的深度开阔，通过与学生之间的互动活动，打响品牌知名度的同时，也为唯品会自身获取更多优秀的人力资源，增强了企业品牌雇主的形象。

此外，借助重点门户网站投放唯品会的专题报道，借势对唯品会青春校园的微信号进行二次传播，在运营不到一个月的时间里，获得高度的曝光率。

通过大众传播、创意营销狂人赛等实体互动，以及线上的大力宣传，唯品会走出了一条更为亲民的路线；在介绍品牌理念的同时，也将品牌营销概念深度植入同学心中，并以现场实操的演练，加深了品牌认知度。

9.2.2　维也纳酒店：关注微信粉丝

粉丝的口碑，是店铺品牌打造的重要组成部分，这点维也纳酒店做的就很成功。作为全国中档连锁酒店第一品牌，维也纳酒店微信最初就看到了服务号强大的智能服务接口，并果断升级为服务号，申请并使用微信各大高级接口开发功能服务客户。

移动端更多注重的是客户体验，维也纳酒店通过自定义菜单的深度优化和闭环管理思维，不断地提升平台的客户体验，有效激活了平台会员的消费黏性和活跃度。

(1) 预订系统。与PC官网进行打通，实现微信预订，通过“微信预订立减20元”差异待遇进行流量引导和转化，如图9.12所示。

(2) 互动体验。每日签到的闭环设计，娱乐和让利的双重驱动，让维也纳的会员留在微信平台上，并得到愉快和实惠，如图9.13所示。

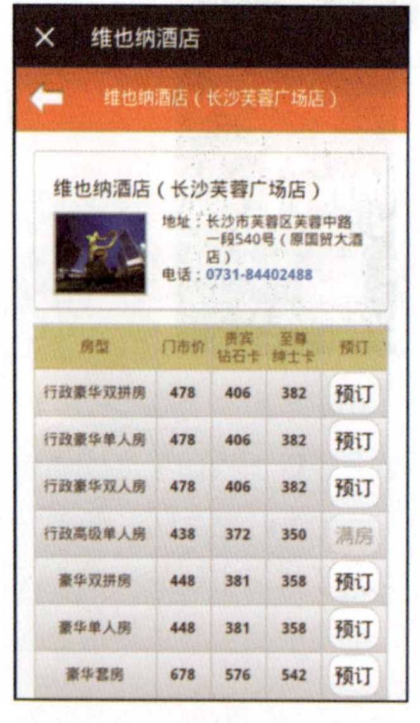

房型	门市价	贵宾钻石卡	至尊绅士卡	预订
行政豪华双拼房	478	406	382	预订
行政豪华单人房	478	406	382	预订
行政豪华双人房	478	406	382	预订
行政高级单人房	438	372	350	满房
豪华双拼房	448	381	358	预订
豪华单人房	448	381	358	预订
豪华套房	678	576	542	预订

图9.12　微信酒店预订系统

图9.13　每日签到活动“砸金蛋”

维也纳酒店微信增加粉丝主要是通过线上线下结合的方式进行，线上的会员邮件、官网、微博全部打上微信二维码，线下的店内海报、宣传单、会员卡、床头、电梯、网线处也标注微信二维码，让更多的人添加维也纳微信账号，实现微信粉丝增加。

微信的自助服务使维也纳订房各环节实现信息一体化和智能化，有效提高客户体验和平台消费黏性。据悉，“维也纳酒店”微信服务号每日增加粉丝800左右，其中男性用户70%，女性用户30%左右。移动化时代，微信订房一定是刚需而且也更便捷。目前，维也纳酒店订房量已经由上线时的每日几十间上升到现在的每日1000多间，订房量效果提升1200%，借助4G网络大背景，未来增速会更快。

9.2.3 星巴克：极致体验提升品牌

对于体验营销而言，顾客更在意的是在细节上的体验。一个优秀的企业，只能在细微之处让顾客感觉舒适，才能让其进行真正的体验营销。

星巴克就深刻地理解了这一点，站在消费者的立场上，从音乐、咖啡制作器具，到墙纸、灯光、桌椅、门窗、沙发的摆设，都请专业设计师设计，以融入当地文化。将顾客的事当作自己的事，只有这样，企业才能从细节上理解消费者内心的感受，将体验式营销发挥到极致，并成为其经典。

星巴克的这种独特咖啡体验包括：情感体验、氛围体验、感官体验和社会体验。这正是星巴克独特魅力所在。

1．情感体验

情感是指氛围感情与情绪，从正面的情绪到负面的感受，从温和的心情到强烈的感情，从喜怒哀乐到爱恨悲愁，都可以纳入情感的范畴。

企业的任务在于探究消费者的情感反应模式，努力创造正面的情感体验，避免负面感受，从而引导其对品牌产生良好的印象。

关于这一点，星巴克创意性地推出了“星巴克早安闹钟”活动，粉丝只需下载或更新“星巴克中国”手机应用，每天早上7～9点，在闹钟响起后的1小时内到达星巴克门店，就有机会在购买咖啡饮品的同时，享受半价购买早餐新品的优惠，如图9.14所示。

图9.14 星巴克早安闹钟

因为独具创意，这一活动一经推出便受到了广大星巴克粉丝和手机用户的青睐，在微博上被大力推荐和分享。

“星巴克早安闹钟”活动巧妙之处在于紧密与生活相结合，趣味生活化的应用可以帮助消费者培养良好生活习惯为切入点，鼓励消费者坚持早起不赖床。

2. 氛围体验

氛围指的是围绕现场或环境产生的效果。好的氛围像磁石一样牢牢吸引着顾客，使顾客频频光顾。以提供好的氛围为诉求的体验营销就是要有意营造这种使人流连忘返的氛围体验。个性化的店堂设计、暖暖的灯光、柔和的音乐等这些都营造出一种独特的星巴克氛围。

3. 感官体验

感官体验就是通过知觉刺激，使顾客感受到美的愉悦与享受，从而达到营销目的。

(1) 极品咖啡。为保证质量，星巴克有专业的采购系统，为了购买到世界上最好的咖啡豆，它们常年在印尼、东非和拉丁美洲一带，与咖啡种植者和出口商沟通，然后在西雅图烘焙，让所有热爱星巴克的人都能品尝到最纯正的咖啡。

(2) 特色环境。星巴克在中国店堂融入了中国元素，每家咖啡店都分成三个区：中国式的木质桌椅区，美国式的宽大沙发区和酒吧式的高桌高凳区。

4. 社会体验

星巴克特别强调文化品位，其名称暗含了其对顾客的定位：它不是普通大众，而是有一定社会地位、收入较高、有生活情调的人群。

9.2.4 小米手机：品牌营销策略

随着移动通信和网络技术的发展，手机领域的竞争也是非常激烈的，几乎每个月就会诞生一个手机品牌，隔几个月再消失一个品牌。小米手机作为国产手机的一个品牌，异军突起，通过一套优秀的营销策划和推广方案，引起了用户强烈的反响。下面我们来看一看小米手机的品牌营销策略。

1. 产品定位

小米科技公司对小米手机的市场定位非常明确，就是面向普通消费者开发高性价比的发烧终端，如图9.15所示。

图9.15 小米手机产品定位

众所周知，手机有入门机、中端机、高端机之分，不同的价格其定位也不一样，手机设计和功能也不相同。目前市面上绝大多数手机都定位于普通消费者，针对初级手机用户。高端玩家对手机配置要求极高，喜欢流畅的操作体验、刷机、玩3D游戏、观看高清电影，很多国际一线厂商都注重高端手机的开发。

但是，高端机动辄四五千元的售价让很多爱机人士望而却步，小米手机凭借着超高配置和中等价格的优势迅速俘获了人气，迅速占领了一定的市场。

从中可以看出，产品的价格定位是影响市场需求和购买行为的主要因素之一，直接关系到企业的收益。产品的价格策略运用得当，会促进产品的销售，提高市场占有率，增加企业的竞争力。

2．品牌忠诚度

品牌忠诚度是指消费者在购买决策中，多次表现出来对某个品牌有偏向性的而非随意的行为反应。它是一种行为过程，也是一种心理决策和评估过程。

忠诚度的形成不完全是依赖于产品的品质、知名度、品牌联想及传播，它与消费者本身的特性密切相关，靠消费者的产品使用经历提高品牌的忠诚度对一个企业的生存与发展和扩大市场份额极其重要。

小米科技公司非常注重公司品牌文化的传播，积极兴建小米社区、米聊、官方微博等网络平台，加强与用户间的交流和沟通，拓展潜在粉丝群体，培养小米手机用户品牌忠诚度。如图9.16所示为小米社区。

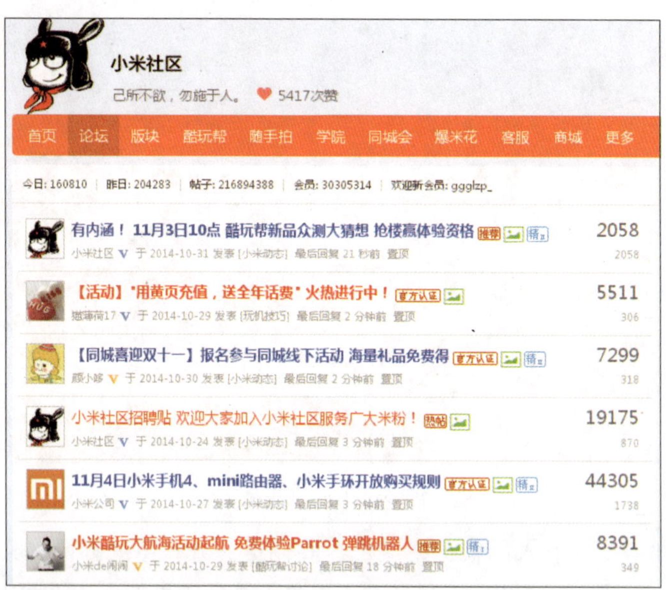

图9.16　小米社区

3．传播策略

为了达到品牌营销的目的，小米手机采用了微博、微信、QQ空间等工具进行推广传播，其中采取的策略，可供微店主们借鉴学习。

(1) 线上线下营销。小米手机在分销渠道上同样也是模仿了苹果在美国的渠道政策，主要采取了电子渠道加物流公司合作的分销模式。

首先，小米手机目前的销售，全部依靠小米科技旗下B2C网站小米网的网络直销的，规避了与实体店和分销商的利润分割，避免了网络诈骗和多余的成本，杜绝假冒商品。

其次，加强与电信商合作。小米科技与中国联通、中国电信达成了协议，一起出售合约手机，这样一来又为小米机的分销增加了新的渠道，小米手机能够拥有更多的用户群且仍然能够保持优惠的价格和便捷的服务。

(2) 微博营销。小米团队发挥了微博营销的优势。小米手机发布之前，策划人员通过与微博用户的互动，使很多人对小米手机表示很感兴趣。产品发布后，又策划了发微博送手机的活动，以及分享图文并茂的小米手机评测等，如图9.17所示。

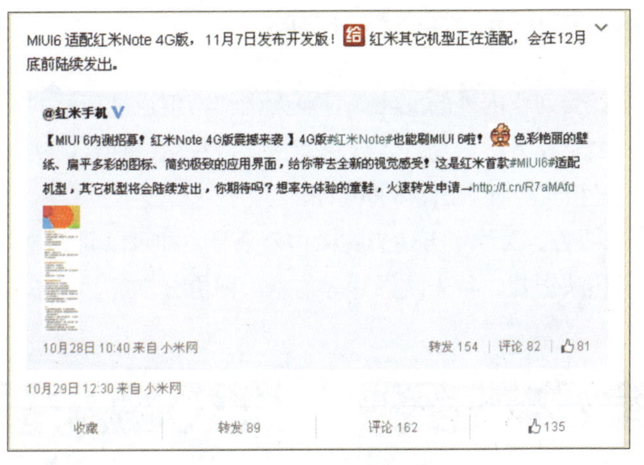

图9.17 小米微博营销

(3) 饥饿营销。在小米手机正式发售后不久，小米科技公司开始限制出售手机，市场供不应求，达到控制市场的目的，利用消费者“得不到的才是最好的”的心理因素，有意降低产量，制造供不应求的“假象”、维持商品较高的售价和利润率，同时也达到了维护品牌形象、提高产品附加值的目的，如图9.18所示。

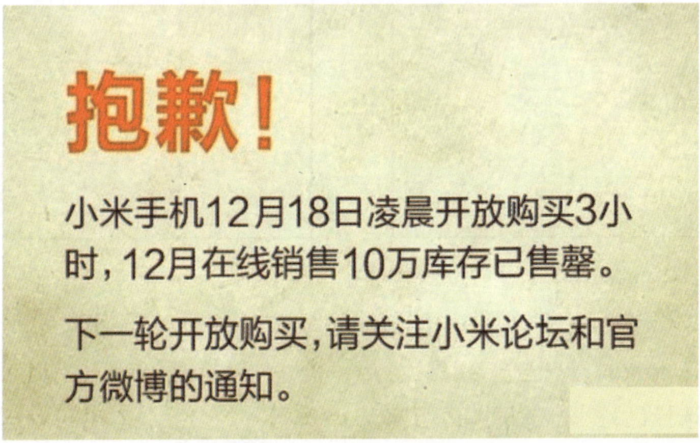

抱歉！

小米手机12月18日凌晨开放购买3小时，12月在线销售10万库存已售罄。

下一轮开放购买，请关注小米论坛和官方微博的通知。

图9.18 小米饥饿营销

(4) 病毒式营销。小米手机在年轻人中已经非常的有知名度，不管对IT产品关注与否，或多或少会了解一些关于小米手机的信息，因为那部分被“病毒”感染的人不断地在为小米手机做宣传，经过介绍，也会了解到小米手机的种种优越性，通过人们之间各种途径的交流，小米科技实现了品牌的输入与推广。

9.2.5 万达影院：功能齐全打造品牌

微信营销一直受到业内外的关注，行业大佬都希望通过新颖的营销渠道创造新的财富。国内知名企业万达影院进入微信营销，依托微信平台，实现快捷购票、多功能自助服务，轻松实现日均出票8000余张。

(1) 微信票务服务。关注了万达影院微信公众号，即可以简单地实现在线预订，在线选座，查询热映影片、待上映影片等信息，评价分享等，足不出户轻松预订，如图9.19所示。

图9.19 便捷的微信购票功能

万达影院微信公众号还会不定期地针对会员做一些活动，增强粉丝黏性。虽说其微信开发上的体验没有自身APP的好用，但是作为会员管理、活动营销以及简单的在线订票选择已经基本够用。

(2) 二维码推广。万达影院通过在票面上印二维码，使得凡是看电影的人都可以随机扫其二维码，配合其强大的服务体系，能很好地抓住粉丝。

(3) 微信互动体验。万达影院为了吸引粉丝，经常会在微信上开展一些活动，例如关注微信可一分钱看电影(限场次)、送可乐和爆米花等，对于影院而言，闲时会有很多空位，不如索性拿来回馈一下粉丝，这种回馈带来了非常可观的效果。

9.3 成效卓越，微店成功案例

了解其他行业或企业的成功案例，微店主们应该对自己的店铺运营更有信心！下面笔者为大家分享几个微店成功的案例，这些创业者们利用微店、微信小店或是其他平台，获得了巨大成功。

9.3.1 工科男的水果微店

福州大学和福建工程学院的6名大学生开了一家“爱上微店—水果苑”的微店，主做水果生意，人气很旺，开业仅仅一个多月，营业额就超过4万元。

他们之所以想到在微店上卖水果，是因为水果是快销品，它虽然不像手机等电子设备那么赚钱，但很容易积累人气，同时也受到微信发展强大趋势的影响。

在初期，他们就请专业的外包公司为自己的“微店”量身打造了购买水果的网页，每日一次的温馨“微信推送”，以及实时推送“每日新品”“今日动态”等，保持了微信平台的活跃度。

大学城内的同学打开微信，添加“爱上微店—水果苑”为好友，就可以直接登录页面，选择水果的品种、数量等，在线下单，然后坐等新鲜水果送上门来，如图9.20所示。

图9.20 “爱上微店”卖水果

为了吸引更多的客户，“爱上微店—水果苑”还会推出节日果篮、水果套餐等服务。目前，他们的微店下设采购部、餐管部、财务部、市场部、配送部和宣传部六个部门，在福建师范大学协和学院内，还拥有自己的水果管理仓库。

专家提醒

微信购买水果网页很便捷，在看不到实物的情况下，可以让消费者能够更加自主地选择，这会给大家带来更多确定感。

9.3.2 微信出售水果拼盘

林烨是福建农林大学金山学院机械专业一名大二的学生，2013年，她在微信上创办了一家微店——微果鲜，通过出售特色水果拼盘，最高纪录月收入超3万元，还在校内开起了实体小店。

微店刚开始卖水果时，订单很少，水果卖不出去。后来，她改变了销售策略，增加了一周一送的方案，如果同学们愿意提前一周下订单，就可以享受9折优惠，这才慢慢好转。接着，她开始利用其他推广平台，如QQ、微博等，取得了较大成果。如图9.21所示为“微果鲜”新浪微博。

图 9.21　“微果鲜”新浪微博

当然，微果鲜主要的出售平台还是集中在微信，用户可以在微信中搜索“微果鲜”或是扫描新浪微博中的二维码，添加“微果鲜”为好友，即可通过咨询购买水果了，如图9.22所示。

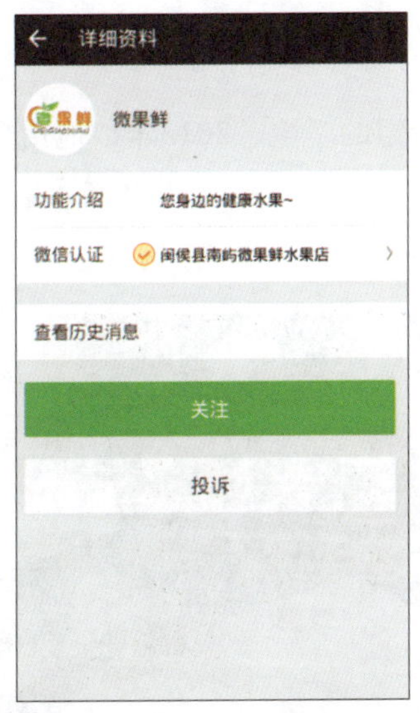

图9.22 添加微果鲜好友

9.3.3 浙师大微店卖牛奶

2014年3月，浙师大文传学院广告专业的四个同班同学，用微信开了一家微店卖牛奶，通过支付宝等支付平台付款，就能享受每天有美女送奶上门的待遇。开店差不多半年，这4个小伙伴已经发展成七八个人的团队，月营业额达到了2万元。

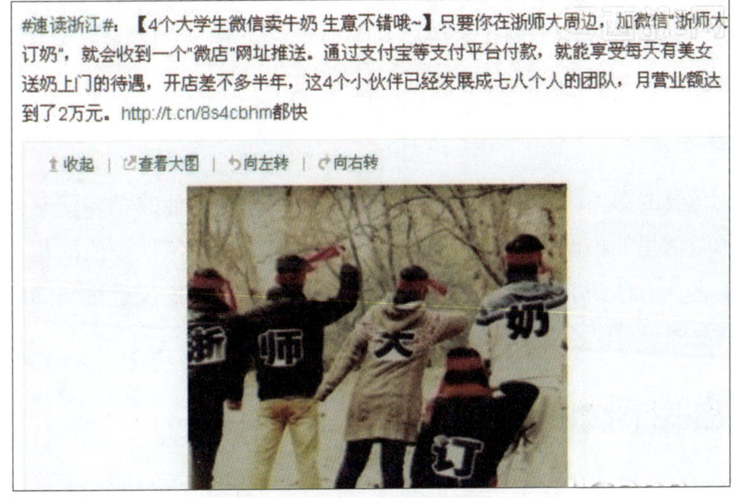

图9.23 浙师大订奶

9.3.4 大学生微信卖鲜花

蒋灵曾经是浙江经贸职业技术学院国贸系的学生，2013年，他用金元宝微店(http://www.jinyuanbao.cn/)开了一家卖花的微店，主营各类鲜花和“永生花”，首月营业额超13万，如今月均收入4万元，如图9.24所示。

图9.24 微店卖鲜花

1. 产品选择

蒋灵的微店里除了销售一小部分鲜花，主营的产品是“永生花”。“永生花”也叫保鲜花、生态花，使用玫瑰、康乃馨、蝴蝶兰、绣球等品类，经过特殊工艺处理过的鲜花，无论是色泽、形状、手感几乎与鲜花无异，它保持了鲜花的特质，且颜色更为丰富、用途更广、保存时间至少2年。

2. 粉丝经营

如今，蒋灵的微博粉丝已经积累了六千多名，光顾过他的顾客就有上千人。在他的微博和微信里的粉丝没有僵尸粉，顾客通过微博和微信认识他的花店，很多顾客都是回头客，有些新客人也都是老顾客介绍的。现在不仅仅是杭州的顾客，从蒋灵的微信朋友圈里可以看到，有很多顾客都来自省外。

9.3.5 图书行业微信卖书

作为老牌传统行业，图书出版也开始在微信上卖书了，2014年4月，北京华文天下图书有限公司率先在微信上开店，利用微信公众账号出售图书。

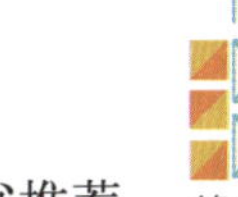

首先，用户需要订阅“华文天下”微信账号，点击“购物专区”进入图书推荐界面，如图9.25所示。

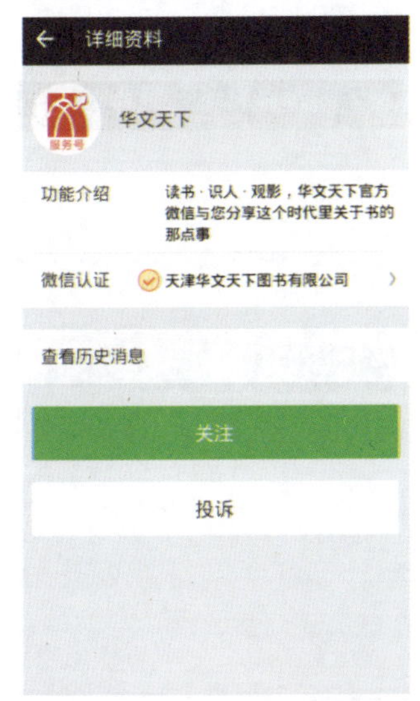

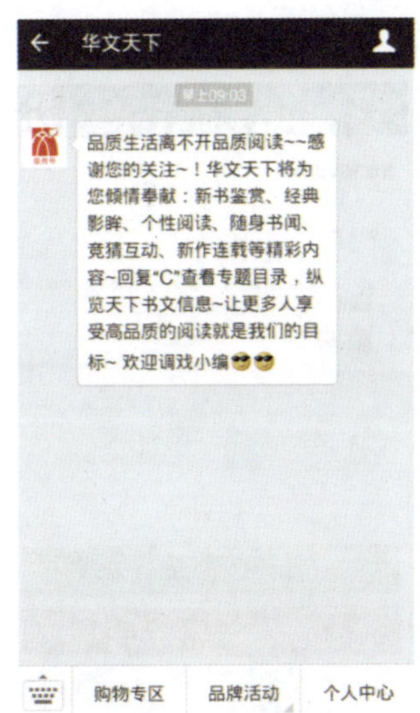

图9.25　华文天下公众账号

此时用户进入华文天下图书旗舰店微店，选择感兴趣的书籍，可查看商品详情，输入购买数量后，可加入购物车，也可立即购买，如图9.26所示。

图9.26　购买图书

点击“立即购买”按钮，进入“确认订单”界面，在这里买家可以查看订单信息以及配送方式、价格等，选择“请填写收货地址”，在“收货地址”界面中填写完地址信息后，选择支付方式即可完成购买，如图9.27所示。

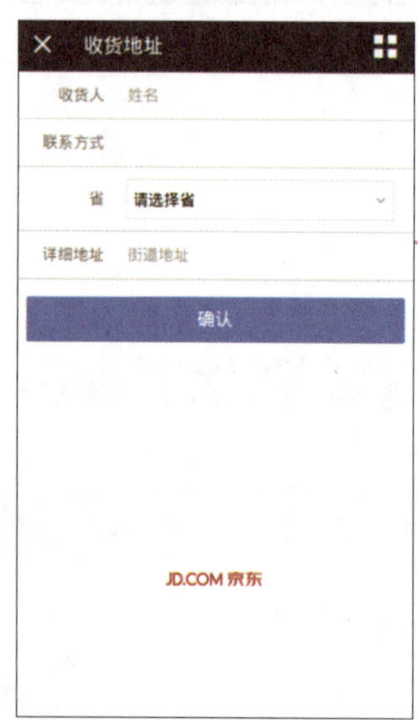

图9.27　完成购买

华文天下的微店除了卖书，还有“新书连载”“出版资讯”“我们的封面你来定”等众多内容推送与活动。

9.3.6　中老年群体微店代购

“代购”是近年来兴起的一个很火的名词。简单地说，代购就是付款托人购买国外的原装产品。不过这一行为只在年轻群体中火热，对于很少接触网络的中老年群体，可以说是很有规模的潜在市场。

近期，来自广州某财经大学的大三学生小苏，已经成功融入了市区多个“广场舞大妈”的群体，兼职干起了“中老年人网购”生意，帮助中老年人触网、代购各种文体用品和生活用品。

半年来，小苏穿梭于好几处中老年人休闲聚集地，他把网上物美价廉的中老年人用品采集来放到自己的手机“袋鼠店”里，再向中老年人演示产品、下单代购。他的手机网店每月销量都过万元，能赚近千元网上商家的佣金。

这里小苏使用的“袋鼠店”是手机微店的一种，它是一种开店无须进货的网店

(包括移动端)，采用格子铺模式，在袋鼠店，全网商品都是店主的进货渠道。如图9.28所示为袋鼠店官网。

图9.28 袋鼠店

袋鼠店结合了“轻店+主题社区”的模式，向店主会员免费提供域名空间、店铺模板/建设、技术支持、商品自动维护、订单跟踪及统计等多个服务，店主会员可在短时间内完成建站操作，平台的最大优势是充分聚合了全网商品，建立起庞大的商品库，店主可非常方便快捷地通过系统商品库自由搭配商品。